# A história

FUNDAÇÃO EDITORA DA UNESP

*Presidente do Conselho Curador*
Herman Jacobus Cornelis Voorwald

*Diretor-Presidente*
José Castilho Marques Neto

*Editor-Executivo*
Jézio Hernani Bomfim Gutierre

*Assessor Editorial*
João Luís Ceccantini

*Conselho Editorial Acadêmico*
Alberto Tsuyoshi Ikeda
Áureo Busetto
Célia Aparecida Ferreira Tolentino
Eda Maria Góes
Elisabete Maniglia
Elisabeth Criscuolo Urbinati
Ildeberto Muniz de Almeida
Maria de Lourdes Ortiz Gandini Baldan
Nilson Ghirardello
Vicente Pleitez

*Editores-Assistentes*
Anderson Nobara
Fabiana Mioto
Jorge Pereira Filho

# François Dosse

# A história

Tradução
Roberto Leal Ferreira

© 2010 Armand Colin Publisher, 2010, 2e
© 2012 da tradução brasileira

Fundação Editora da Unesp (FEU)
Praça da Sé, 108
01001-900 – São Paulo – SP
Tel.: (0xx11) 3242-7171
Fax: (0xx11) 3242-7172
www.editoraunesp.com.br
www.livrariaunesp.com.br
feu@editora.unesp.br

CIP – Brasil. Catalogação na fonte
Sindicato Nacional dos Editores de Livros, RJ

D762h

Dosse, François, 1950-
    A história / François Dosse; tradução Roberto Leal Ferreira. – 1.ed. –
São Paulo: Editora Unesp, 2012.

    Tradução de: L'histoire
    ISBN 978-85-393-0246-8

    1. História – Filosofia.  I. Título.

12-3341.                                                                                             CDD: 901
                                                                                                    CDU: 930.1

Editora afiliada:

Asociación de Editoriales Universitarias
de América Latina y el Caribe

Associação Brasileira de
Editoras Universitárias

# Sumário

**Introdução**  1

**1 O historiador: um mestre da verdade**  7
Heródoto: o nascimento do *histor*  7
Tucídides ou o culto da verdade  14
A erudição  20
O nascimento da *diplomática*  25
O discurso do método  30

**2 A imputação causal**  41
Políbio: a busca de causalidades  41
A ordem da probabilidade: Jean Bodin  48
Esboço de uma história perfeita: La Popelinière  50
Das leis da história: Montesquieu, Voltaire, Condorcet  54
A embriaguez cientificista: o social reificado  61
A estruturalização da história  65
A subdeterminação ou a crise do causalismo  76
O ideal-tipo em Weber  86

## 3 A narrativa   93

O historiador: um retor   93

O pintor da Antiguidade: Tácito   101

O pintor dos valores cavalheirescos: Froissart   109

Das *Memórias* na razão de Estado: Commynes   112

A estética romântica   116

Os "retornos" à narrativa: Paul Veyne,
Michel de Certeau, Lawrence Stone   124

Uma poética do saber histórico   135

A inserção na intriga biográfica   137

## 4 Os rompimentos do tempo   145

A dupla aporética do tempo:
Aristóteles e Agostinho   145

Um pensamento fenomenológico do tempo histórico:
Husserl   151

A historialidade segundo Heidegger   154

A narrativa: guardiã do tempo   159

A construção historiadora do tempo   164

O tempo presente   168

O tempo da acontecimentalidade   171

A ação situada: Georges Mead, Karl Popper   175

O tempo histórico rompido em Walter Benjamin   182

O carnaval da história: Nietzsche   185

O tempo longo configurado: Norbert Elias   189

O descontinuísmo das *epistemes* de
Michel Foucault   193

Da arqueologia à genealogia: Michel Foucault   200

A acontecimentalização do sentido   204

A história

## 5 O *télos*: da Providência ao progresso da razão   217

A fortuna em ação na história   217

*Clio* batizada   221

A história-Providência: Bossuet   229

A Providência segundo Vico   232

A história cosmopolita: Kant   234

A razão e a contingência na história: Hegel   239

Fim ou fome da história?   247

O materialismo histórico: Marx   253

O processo histórico sem sujeito: Althusser   257

## 6 Uma história social da memória   265

O romance nacional   265

Em busca da França   269

A lenda dos reis: Mézeray   271

A batalha das origens   275

Distinção entre duas memórias: Bergson   281

A dissociação entre história e memória   283

Problematizar a memória pela história   287

O futuro do passado   297

Entre repetição e criatividade   301

A guerra das memórias e a história   304

## Referências bibliográficas   309

## Índice onomástico   323

# Introdução

Poderíamos retomar, em relação à história, a pergunta que Santo Agostinho se colocava a respeito do tempo: "O que é o tempo? Se ninguém me pergunta, eu sei; mas se me perguntarem e eu quiser explicar, não sei mais".[1] A complexidade da velha questão do "o que é a história?" acentua-se ainda em razão de uma imperfeição da língua francesa,* que designa com a mesma palavra o que nossos vizinhos europeus se acostumaram a diferenciar: *Geschichte* e *Historie* em alemão, *history* e *story* em inglês ou ainda *istoria* e *storia* em italiano, um termo que designa a própria trama dos acontecimentos [*événements*] e outro que indica a complexa narrativa que a relata. A unificação desses dois níveis na língua francesa traduz, porém, uma realidade que nos mergulha de imediato no que singulariza a disciplina histórica como conhecimento indireto, como saber que só nos chega por meio de rastros que tentam preencher uma ausência.

Durante muito tempo, os historiadores de profissão na França refletiram sobre seus métodos, mas voltaram delibera-

---

1  Agostinho, *Confessions*, p.264.
*  Nesse sentido, como também na língua portuguesa. (N. E.)

damente as costas para qualquer reflexão de ordem epistemológica. Sempre demonstraram muitas reticências em relação à filosofia da história. Como recorda Antoine Prost,[2] para o líder da escola histórica francesa dos *Annales*, Lucien Febvre, "filosofar" constitui um "crime capital".[3] A progressiva profissionalização da disciplina histórica ao longo do século XIX, seguida do diálogo privilegiado com as ciências sociais em pleno século XX, não permitiu aproximar a prática da história e o pensamento sobre a história produzido pelos filósofos.

A perda de bom número de certezas e a renúncia das exorbitantes ambições hegemônicas modificaram profundamente a situação historiográfica, dando lugar a novas interrogações sobre as noções usadas pelos historiadores, que se voltam sobretudo para o passado de sua disciplina e para os filósofos que pensaram as categorias da historicidade. O objeto deste livro não visa de modo algum a preconizar um sistema da história nem tem pretensão exaustiva. Ele se pretende, mais modestamente, um convite aos filósofos para que leiam os historiadores e aos historiadores para que leiam a filosofia da história.

A conjuntura parece favorável a essa nova configuração ou aliança entre essas duas áreas conexas, pois o historiador de hoje, consciente da singularidade de seu ato de escrever, tende a passar *Clio* para o outro lado do espelho, numa perspectiva essencialmente reflexiva. Daí decorre um novo imperativo categórico, que se exprime pela exigência, de um lado, de uma epistemologia da história entendida como um questionamento constante dos conceitos e noções empregados pelo historiador de profissão e, de outro lado, de uma atenção historiográfica voltada para as análises propostas pelos historiadores do passado. Vemos delinear-se assim o surgimento de um espaço

---

2 Prost, *Douze leçons sur l'histoire*, p.8.
3 Febvre, resenha de *Apologie pour l'histoire*. In: _____, *Combats pour l'histoire*, p.433.

# A história

teórico próprio dos historiadores, reconciliados com seu nome próprio e definindo a operação histórica pela centralidade do ser humano, do ator, da ação situada.

Depois de valorizar os fenômenos de longa duração com Fernand Braudel, em especial por ocasião de sua tese defendida no pós-guerra sobre *O Mediterrâneo e o mundo mediterrânico na época de Filipe II*, os historiadores avaliam que uma reviravolta atinge grande parte das ciências humanas, empenhadas num processo de humanização.[4] A "virada crítica" dos *Annales* no fim da década de 1980 atesta essa ampla "conversão pragmática"[5] pela qual o historiador leva finalmente a sério os atores,[6] depois de um longo eclipse. Para o historiador, a principal incidência dessa reorganização ao redor dos atores traduz-se por uma reconfiguração do tempo e por uma revalorização do curto prazo, da ação localizada, do acontecimento.

A conversão da disciplina histórica à pragmática a desperta de seu sono estrutural. Permite dar à noção de apropriação um lugar central e levar a sério os modelos temporais de ação dos atores do passado, seguindo o exemplo da nova sociologia da ação.[7]

De sua parte, a atual "virada historiográfica", como a chama o historiador Pierre Nora, convida a comunidade dos historiadores a revisitar as mesmas fontes históricas a partir dos rastros que os fatos, os homens, os símbolos e os emblemas do passado deixaram na mcmória coletiva. Esse conectar/desconectar da tradição histórica por esse momento memorável que vivemos abre caminho para uma história completamente diferente:

---

4  Cf. Dosse, *L'empire du sens: l'humanisation des sciences humaines*.

5  Cf. Delacroix, La falaise et le rivage. Histoire critique du "tournant critique", *EspaceTemps*, n.59-60-1, p.86-111.

6  Cf. Lepetit, L'histoire prend-elle les acteurs au sérieux?, *EspaceTemps*, n.59-60-61, p.112-22.

7  Cf. Boltanski; Thévenot, *De la justification*.

Não mais os determinantes, mas seus efeitos; não mais as ações memorizadas, nem mesmo comemoradas, mas o rastro dessas ações e o jogo dessas comemorações; não os acontecimentos por si mesmos, mas sua construção no tempo, a obliteração e o ressurgimento de seus significados; não o passado tal como se passou, mas suas reutilizações permanentes, seus usos e abusos, sua pregnância em relação aos sucessivos presentes; não a tradição, mas a maneira como ela se constituiu e transmitiu.[8]

Esse vasto canteiro de obras aberto, por um lado, para a história das metamorfoses da memória e, por outro lado, para uma realidade simbólica palpável e ao mesmo tempo indeterminável que os objetos ideais podem ser traduz bem o que pode ser esse tempo intermediário, definido pelo filósofo Paul Ricoeur como ponte entre tempo vivido e tempo cósmico. O estudo da memória convida, portanto, a tomar a sério os atores do passado.

Para além da atual moda comemorativa, sintomática da crise do horizonte de expectativa de um presente marcado pela ausência de projeto de nossa sociedade moderna, a disciplina histórica é convidada a reatar com os imperativos do presente. O novo regime de historicidade que daí resulta continua aberto para o devir, mas não é mais a mera projeção de um projeto plenamente pensado, fechado em si mesmo. A própria lógica da ação mantém aberto o campo das possibilidades. Convida o historiador a reabrir as potencialidades do presente a partir dos possíveis não comprovados do passado. A função da história permanece viva, portanto, e o luto das visões teleológicas pode tornar-se uma oportunidade para repensar o mundo de amanhã.

O desvio historiográfico e epistemológico pelo qual enveredamos participa dessa vontade de exumar a pluralidade das

---

8 Nora, *Les lieux de mémoire*, t.3, v.1, p.24.

# A história

escritas da história, com o intuito de compreender melhor o preço que se pagou pelas rupturas que permitiram ao discurso histórico ganhar autonomia e se tornar um discurso singular. As rupturas necessárias para ser reconhecida como uma disciplina de caráter científico marginalizaram inúmeras potencialidades inexploradas de um passado que permanece ainda por interrogar em relação a nosso presente. Hoje, a reflexão sobre as noções e os conceitos de que se serviram os historiadores não pode mais abrir mão de um desvio pelo passado da disciplina, não com a finalidade de uma autocelebração, mas para entrar plenamente numa nova era, a era do momento reflexivo da operação histórica.

Propomo-nos, pois, revisitar o passado da disciplina histórica para compreender melhor seu sentido por meio de uma dupla interrogação: a interrogação historiográfica, a respeito da prática dos próprios historiadores, e a especulativa, a respeito da tradição filosófica de reflexão sobre a história. Nossa abordagem parte dos conceitos essenciais da disciplina histórica que suscitaram a interrogação filosófica, mas nossa demonstração se apoia, em cada etapa, nos trabalhos dos próprios historiadores, desde a Antiguidade grega até a conjuntura historiográfica atual.

# 1
## O historiador: um mestre da verdade
**Heródoto: o nascimento do *histor* – Tucídides ou
o culto da verdade – A erudição – O nascimento da
*diplomática* – O discurso do método**

### Heródoto: o nascimento do *histor*

A história como modo específico de discurso nasceu de um lento despontar e de separações sucessivas do gênero literário em direção à busca da verdade. Heródoto, que durante muito tempo foi apresentado como o mentiroso veraz, encarna bem essa tensão de uma escrita amplamente marcada por seu lugar de origem, a Grécia do século V a.C., mas delineia um projeto de ruptura: o nascimento de um gênero novo, a história. Heródoto substitui o reinado do aedo – o poeta contador de lendas e distribuidor do *kleos* (a glória imortal para os heróis) – pelo trabalho da pesquisa (*historiê*), executado por um personagem até então desconhecido, o *histor,* que assume a tarefa de retardar o esquecimento dos rastros da atividade dos homens. Em ambos os casos, trata-se de domesticar a morte, socializando-a:

> Heródoto de Halicarnasso apresenta aqui os resultados de sua pesquisa, para que o tempo não venha a abolir os trabalhos dos homens e para que as grandes façanhas realizadas, quer pelos gregos, quer pelos bárbaros, não caiam no esquecimento.[1]

Aquele que foi apresentado por Cícero como "o pai da história" é um grego de Halicarnasso, na Jônia, que viveu entre dois grandes conflitos: o das guerras médicas e o da Guerra do Peloponeso, entre 484 a.C e 420 a.c. O autor de *Histórias,* composto de nove livros, dedicou dois terços de sua obra aos antecedentes das guerras médicas. Com ele, é de fato o historiador que nasce pelo duplo emprego do nome próprio e da terceira pessoa, desde o prólogo de sua obra, estabelecendo uma distância, uma objetivação em relação à matéria narrada. Ao contrário da epopeia, já não são os deuses que se manifestam para contar o passado: "História, de Heródoto de Túrio, é a exposição de sua investigação...".[2]

Heródoto inova, ao efetuar certo número de deslocamentos decisivos que possibilitam o surgimento do gênero histórico. De fato, já não se celebra a lembrança das façanhas apenas, mas busca-se a conservação na memória daquilo que os homens realizaram, glorificando não apenas os heróis, mas os valores trazidos por coletivos de homens no âmbito das cidades.[3]

---

1 Heródoto, *Histoires,* livro I, prólogo.
2 Ibid.
3 Cf. Châtelet, *La naissance de l'histoire.*

# A história

## A pólis

A consciência política nascente, origem da identidade cidadã, torna possível a passagem do lendário homérico para o continente do histórico numa perspectiva pragmática, que permite a transmissão da herança cultural às gerações futuras. A grande reviravolta que preside ao nascimento da história reside na afirmação da comunidade cidadã, da *pólis*. É, pois, a consciência política que conduz da essência épica do discurso à existência política. A passagem de Homero para Heródoto é também a manifestação de um início de secularização, possibilitado pela posição ocupada pelo *histor*. Ele substitui as musas e os heróis como autor da narrativa. O mestre da verdade não é mais o ator, mas torna-se o ausente da história:[4] esse é o lugar ocupado pelo historiador, cujo discurso é a própria marca do afastamento, da distância atestada pelo uso do "ele", que lhe permite instaurar a narrativa. Resulta daí uma estrutura em espelho[5] entre a narrativa do passado e o presente no interior de um mundo do texto dividido entre a inserção na intriga e o horizonte de expectativa do leitor. Essa distância intermediária, esse espaço textual desdobrado, é próprio da operação historiográfica. Dá lugar a um regime de historicidade em que o passado está imbricado no presente: "Ele se constrói segundo uma problemática do processo, ou de citação, ao mesmo tempo capaz de trazer uma linguagem referencial que funciona ali como realidade e de julgá-lo a título de um saber".[6]

As *Histórias* de Heródoto tornaram-se o espelho em que o historiador se interrogou incessantemente acerca de sua identidade. É ali que ele encontra as raízes da humanização do tempo efetivo, a participação do homem numa temporalidade

---

4 Cf. Certeau, *L'absent de l'histoire*.
5 Cf. Hartog, *Le miroir d'Hérodote*.
6 Certeau, *L'écriture de l'histoire*, p.111.

sensível, ao passo que o mito ou a lenda exibiam ciclos atemporais ou circulares. Quando Heródoto faz a narrativa das guerras médicas, que opuseram os gregos ao Império Persa, é animado por uma vontade demonstrativa arraigada num coletivo que age dentro da realidade da cidade nascente na Grécia. Ele registra as causas profundas do drama por que passa seu país durante as invasões bárbaras, partindo do caso concreto das guerras médicas.

A atestação da verdade do dizer em Heródoto, que se torna fronteira descriminante do discurso do *histor*, situa-se no ver, no olhar, que constitui o instrumento privilegiado do conhecimento no mundo jônico antigo: "Preferimos a visão a tudo mais. Porque a visão, de todos os sentidos, é aquele que nos proporciona mais conhecimentos e nos revela mais diferenças".[7]

## Primado do olho sobre o escrito

Assim, a narrativa histórica pretende fazer crer que o olho escreve, o que leva a conceder o primado à percepção, à oralidade, sobre a escrita, que é apenas secundária. Quando falta o ver, resta a possibilidade do recurso ao que ouvimos dizer, o que ainda reforça a preeminência da oralidade. É o momento em que o *status* concedido ao escrito é um tanto desvalorizado. Ele é apanágio do Império Egípcio, em que os escribas desempenham o papel de guardiãs das prerrogativas de um soberano autocrata. Pertence, portanto, à zona de sombra do mundo bárbaro, estranho à democracia nascente. A verdade, por sua vez, situa-se no oral, se não no oráculo. A separação ainda não é radical entre o aedo e o *histor*, e Heródoto vai de cidade em cidade, como um rapsodo, para divulgar suas narrativas em leituras públicas, valendo-se de todas as técnicas retóricas do agradável.

---

7  Aristóteles, *Métaphysique*, 980a25.

# A história

Heródoto multiplicou as viagens em função das necessidades de sua investigação, a ponto de parecer para alguns (como Jacoby, em sua tese de 1913) como um geógrafo e um etnógrafo, antes de se tornar realmente um historiador. Retomando essa análise, o geógrafo Yves Lacoste iniciou um vasto projeto de pesquisa em 1976 no campo da geopolítica, usando como emblema aquela que ele considera a mãe da disciplina: uma revista denominada *Hérodote*. A tese de um corte epistemológico interno na obra de Heródoto sofreu recentemente um forte abalo com a demonstração do historiador François Hartog,[8] para o qual Heródoto tem um projeto de conjunto que inclui descrições minuciosas dos citas no interior de uma problemática que consiste em falar de seus costumes, em nome de um referente que é, na realidade, o dos cidadãos gregos, quer o das guerras médicas, quer o das estratégias de Péricles.

Decorre daí um deslocamento das questões colocadas pelo historiador a suas fontes em relação à verdade. Já não se trata tanto de saber o grau de veracidade da expedição de Dario na Cítia, mas como a guerra cita prenuncia as guerras médicas. Esse plano duplo de temporalidade na escrita de Heródoto torna possível uma leitura da guerra cita a partir de um modelo de inteligibilidade posterior, fornecido pelo conflito das guerras médicas. François Hartog mostra, assim, que os citas ocupam o lugar dos atenienses em relação aos mesmos persas e que a fuga de Dario rumo à ponte ameaçada sobre o Bósforo prefigura a fuga de Xerxes para o Helesponto. Aliás, a continuidade entre essas duas expedições é garantida por um personagem, conselheiro do rei, irmão de Dario e tio de Xerxes, Artabano, que encarna a memória do rei, seu *mnemon*. Quando Xerxes convoca a assembleia dos principais chefes da Pérsia para propor o ataque contra os gregos, Artabano é o único que se opõe, evocando a guerra cita e, com isso, alertando contra uma lógica da repetição a que o poder dos grandes reis parece condenado.

---

8 Cf. Hartog, op. cit.

Diante da força maciça dos persas, a arma dos citas é a dos gregos, a astúcia da inteligência, a *métis* dos gregos analisada por Marcel Detienne e Jean-Pierre Vernant.[9] Os citas, povo de caçadores nômades, veem-se na posição de caçados pelas tropas dos persas, levando-os por seus rastros a regiões distantes, para que se percam num espaço que é familiar a eles, os citas. Essa estratégia astuciosa remete às sugestões da Pítia, que aconselha os atenienses a não travar batalha enfileirada diante de Xerxes.

Essa prova pelos citas, esse desvio pelo outro para conhecer melhor seus próprios limites, é finalizado por um juízo normativo, que equivale a valorizar a cidade grega contra o despotismo. Daí resulta uma oposição binária entre o modelo da *diké* (a medida) da cidade grega, na qual reina a lei comum como fundamento do Estado, na forma de um regime democrático, e o modelo do *húbris* (a desmedida) do regime persa, no qual os déspotas dominam a seu bel-prazer: Ciro, Cambises, seguidos de Dario e Xerxes.

Esse esquema de análise inova, na medida em que não contrapõe dois regimes por suas características raciais ou psíquicas, mas pela modalidade de organização política. O fato de o déspota ter um poder exclusivo provoca nele um deslocamento de sua desmedida no que diz respeito a seus apetites guerreiros e sua sede sexual. Nesses domínios, seu desejo nunca é satisfeito e o *húbris* é sua lei. O déspota não consegue se impedir de transgredir as regras sociais, violar as proibições. Assim, Xerxes deseja a mulher de seu filho. Marca seu poder no corpo de seus súditos, chicoteando, mutilando a sua vontade. Ao mesmo tempo, o poder político se protege do enfraquecimento do corpo do rei. Quando o rei cita adoece, os adivinhos são chamados e, se a causa constatada do mal for o perjúrio, cortam-lhe a cabeça como faziam com o inimigo.

---

9 Detienne; Vernant, *Les ruses de l'intelligence.*

# A história

O que durante muito tempo foi interpretado como digressões etnográficas são outras tantas fichas anexadas aos documentos para refletir melhor sobre o que é o espírito de conquista e a maneira de lhe resistir; para Heródoto, a resposta é tornar-se nômade, insular, ante a força bruta e maciça, como mostrou Pascal Payen.[10] A conquista insere a cronologia narrativa em outra, tanto em relação a uma temporalidade que se deve dominar quanto em relação ao espaço que é preciso conquistar. A estratégia da insularidade é a mais eficaz como forma de resistência, e o espaço percorrido delimita as modulações do tempo, impondo-lhe seus ritmos.

Por muito tempo, Heródoto foi apresentado como mentiroso, um mero contador de casos. A tradição historiográfica manteve sobretudo o violento ataque de Plutarco no século I d.C., em *Sobre a malignidade de Heródoto*, cuja tese é que Heródoto é não só mentiroso, mas um mentiroso perverso. Embora elogie o estilo do historiador grego, Plutarco vale-se desse argumento para fortalecer a acusação de mitólogo, negando a Heródoto qualquer relação com a verdade. Só no século XVI é que Heródoto sai do purgatório com a obra de Henri Estienne, que em 1566 lhe dedica uma autêntica apologia. O descobrimento do Novo Mundo, a multiplicação das viagens, a importância dada à alteridade nesse começo da modernidade oferecem um contexto mais favorável à recepção da obra de Heródoto. Depois de um novo banimento de Heródoto no século XIX, em razão da suspeita que atinge as fontes orais, a demonstração feita hoje por François Hartog significa captar a pertinência desses dois qualificativos aparentemente contraditórios de um Heródoto pai da história, portanto da verdade, e ao mesmo tempo pai das mentiras. Isso remete à ambivalência do discurso histórico, sempre dividido entre o real e a ficção.

---

10　Payen, *Les îles nomades.*

François Dosse

# Tucídides ou o culto da verdade

## A desqualificação da obra de Heródoto

Tucídides conta que, ainda criança, teve a oportunidade de ouvir Heródoto em pessoa contar suas *Histórias* em Olímpia. Tal foi sua admiração que chorou de emoção. Apesar do encantamento, a apenas uma geração de distância, o filho mata o pai, e Heródoto sofre uma desqualificação quase imediata por parte do discípulo Tucídides, que o acusa de permanecer próximo demais da lenda e distante demais das regras estritas do estabelecimento da verdade. Heródoto passa então por um contador de histórias, demasiado propenso a inventar para preencher as lacunas documentais. O pai da história torna-se também o pai da mentira. Essa aproximação pode parecer paradoxal, em torno da figura do oximoro: o mentiroso veraz; no entanto, o historiador François Hartog observa como essa fórmula é rica em relações indissociáveis entre história e ficção. Tucídides, porém, tenta uma dissociação mais radical da história e desqualifica a obra de Heródoto, executado como um logógrafo, "cujas composições visam ao prazer do leitor, mais do que a verdade: trata-se de fatos incontroláveis, cuja antiguidade condena no mais das vezes ao papel de mitos a que não se pode dar fé".[11] Segundo Tucídides, Heródoto é um mitólogo (*mythôdes*), e se dissocia do mestre para insistir na busca da verdade na definição que ele dá do trabalho historiador, análogo nesse ponto à investigação judiciária. A verdade torna-se a razão de ser do historiador, e Tucídides estabelece certo número de regras constitutivas do método que deve ser seguido: "Só falo como testemunha ocular ou após uma crítica a mais atenta e completa possível de minhas informações".[12] As

---

11 Tucídides, *Histoire de la guerre du Péloponnèse*, prefácio.
12 Ibid.

# A história

primeiras palavras do prefácio de sua *História do Peloponeso* estabelecem um cuidado com a objetivação do real histórico: "Tucídides de Atenas, *História da Guerra do Peloponeso*. O autor pôs-se ao trabalho desde os primeiros sintomas da guerra".[13] Delimitando o campo de investigação ao que teria percebido, Tucídides reduz a operação historiográfica a uma restituição do tempo presente, resultante de uma supressão do narrador, que se retira para deixar que os fatos falem melhor. No próprio nascimento do gênero histórico, portanto, encontramos essa ilusão de uma autossupressão do sujeito historiador e de sua prática de escrita, com o intuito de dar ao leitor a impressão de que os fatos falam por si mesmos. Pura transitividade, o trabalho historiador parece anular-se na narrativa constitutiva de seu objeto. Esse método de escrever é vigorosamente denunciado pela helenista Nicole Loraux como um ato autoritário, que visa a instituir a autoridade do sujeito historiador consagrado no lugar de uma verdade imutável, depois de destituir seus predecessores, no caso Homero e Heródoto. Por esse procedimento, o historiador também invalida qualquer visão ulterior diferente da sua, na medida em que as gerações futuras não conhecerão os fatos relatados.[14] Embora seja exagerado censurar Tucídides por não respeitar um protocolo mínimo de pesquisa, de possível verificação das fontes, segundo regras normativas ulteriores, como faz Nicole Loraux, é pertinente revelar a ilusão do encerramento dos dossiês históricos, ilusão que durante muito tempo será compartilhada pela comunidade de historiadores.

## As lições da história

É ainda uma guerra o objeto de predileção do procedimento historiador: dessa vez, a Guerra do Peloponeso, ao longo da

---

13   Ibid.
14   Cf. Loraux, Thucydide a écrit la guerre du Péloponnèse, *Metis*, v.1, n.1, p.139-61.

François Dosse

qual se enfrentaram Atenas e Esparta. Tucídides torna-se historiador para controlar o caos dos acontecimentos que contrariaram sua carreira política. De fato, eleito estratego em Atenas, em 424 a.c., é vencido pelo general espartano Brásidas; condenado, deve tomar o caminho do exílio até o fim da guerra entre as duas cidades que dirigiam duas coalizões: uma reunida em torno da talassocracia ateniense, e outra constituída ao redor de um império terrestre, o de Esparta. O conflito inflama a Grécia no fim do século V a.c., sem que os contemporâneos o percebam em sua unidade. Eles vivem esse conflito como uma sucessão de incidentes que tem início com a Guerra de Arquidamos, entre 431 e 421 a.c., prossegue com a Guerra da Sicília em 415-413 a.c. e termina com a guerra propriamente peloponésia entre 414 e 404 a.c. Segundo Tucídides, esse choque era previsível. Ele era inevitável, porque duas concepções políticas se opõem no pano de fundo, para além das peripécias do conflito: de um lado, um regime aberto para a *ágora*, o do *demos* ateniense; de outro, um regime político de vocação militar, o de Esparta. Para ele, assim como para Heródoto, a história é coisa de homens e, portanto, lança suas raízes na mais profunda psicologia. A provação dos acontecimentos abala as motivações psicológicas mais arraigadas, as quais só raramente resistem a esse choque que as transforma. A honra torna-se ambição; o gosto pela dominação legítima torna-se avidez tirânica; o heroísmo, violência; a prudência, hipocrisia: "A guerra, fazendo desaparecer da vida cotidiana a facilidade, ensina a violência e põe as paixões da multidão em sintonia com a brutalidade dos fatos".[15] Tais paixões se encarnam no político, o único que pode transformar os acontecimentos em matéria histórica. A determinação última de Tucídides no interior da configuração ateniense é política. O laço entre o indivíduo e a cidade é tão estreito que aquele só pode realizar-se nesta. Tucídides dá a

---

15 Tucídides, op. cit., III, 82.

## A história

sua obra de historiador uma virtude pedagógica em matéria de política e, com isso, define uma função que terá grande futuro: a das lições da história. Tucídides pretende extrair para as gerações futuras os ensinamentos do declínio que observa no Império Ateniense e define sua obra em ruptura com o caráter lúdico da atividade literária: "Mais do que um texto aparatoso, composto para o auditório fugaz, encontrar-se-á aqui um capital inesgotável".[16] O historiador é então um verdadeiro clínico, cuja qualidade do diagnóstico é proporcional à proximidade que pode reivindicar com seu objeto de estudo.

## O saber histórico consiste no ver

Refletindo sobre as razões do declínio do Império Ateniense, Tucídides, como Heródoto, privilegia o olho ou o olhar como fonte da verdade, mas, ao contrário de seu antecessor, rejeita toda fonte indireta, o "dizer o que se diz". O saber histórico é exclusivamente o ver. Ele condena o historiador a limitar seu campo de investigação ao período que lhe é contemporâneo e ao lugar onde ele se situa. A herança legada por Tucídides, com sua insistência no contrato de verdade, permaneceu no centro da vocação histórica, assim como sua preocupação com a demonstração que anima a narrativa factual, verdadeiro operador de uma escolha consciente para sustentar diante do leitor a hipótese por verificar. Assim, a lógica do imperialismo ateniense torna-se o verdadeiro princípio regulador do discurso histórico, que esclarece ao leitor a coerência que se acha por trás do aparente caos dos conflitos militares.

Tucídides celebra a potência ateniense como a exceção magnífica e ao mesmo tempo o modelo impossível de imitar, portanto condenado ao fracasso ou, como Sísifo, ao eterno recomeço. O imperialismo do império marítimo ateniense está

---

16  Ibid., I, 22.

na própria base da guerra que o opõe à liga terrestre constituída por Esparta, denominada Liga Lacedemônia. Valendo-se de um princípio regulador e de uma causa profunda, alçada a motor da história em torno de uma vontade coletiva chamada "atenienses", Tucídides constrói o que se tornará o próprio esquema da escrita histórica, com sua lógica não raro inexorável de uma trilogia articulada ao redor das causas, dos fatos e das consequências.

Por trás da narrativa factual, o cuidado demonstrativo de Tucídides leva-o a fazer escolhas, a evitar perder-se no turbilhão dos acontecimentos em virtude de quatro regras de unidade: unidade de lugar (o mundo grego em sentido amplo); unidade de tempo (duração do conflito entre Atenas e Esparta); unidade de composição (com uma demonstração onde tudo acontece); e, por fim, unidade de problema (a guerra). Seus encadeamentos tentam escapar da contingência e privilegiam a parte psicológica das decisões humanas. Ele põe em cena o choque das vontades, dos raciocínios. Os acontecimentos que daí decorrem afloram tais como são percebidos pelos próprios atores. São, portanto, outras tantas singularidades, mas inscrevem-se num terreno de forças, de condições com tendências mais profundas e distantes, que fazem de cada qual o sintoma de elementos de alcance mais geral.

O procedimento utilizado com mais frequência por Tucídides para fazer aparecer o encadeamento psicológico é alternar o choque de duas intenções antagonistas: "A história de Tucídides é uma antilogia em ação".[17] As batalhas travam-se primeiro sobre a qualidade da argumentação dos discursos antitéticos. Assim, por ocasião da batalha de Naupactus, os dois estrategos espartanos, Cnemos e Brásidas, tentam elevar o moral das tropas, explicando-lhes que a falta de experiência em combates navais é amplamente compensada pela superioridade da coragem

---

17  Romilly, *Histoire et raison chez Thucydide*, p.54.

# A história

e do número. De sua parte, o estratego ateniense, Formião, também receando o desencorajamento das tropas, empenha-se em derrubar o argumento do número, explicando que, se os espartanos são tão numerosos, "é por causa de seu sentimento de inferioridade que eles armaram tantos navios, não ousando atacar com forças iguais",[18] e Formião acrescenta o argumento da tarimba ateniense em combates marítimos. Portanto, a primeira fase do confronto é puramente argumentativa, e o resto, a batalha em si em seu desenrolar-se tático, decorre daí: o fim da batalha dá razão a Formião, já que os peloponésios se apavoram e se dispersam diante da primeira surpresa. O que está realmente em jogo, portanto, é adquirir uma inteligibilidade do real, e o discurso do historiador Tucídides aspira a ela, em sua posição dominante em relação aos conflitos descritos.

Nesse estágio, o discurso historiador é muito marcado pela importância da retórica argumentativa. Tucídides guardou os ensinamentos de Protágoras, segundo o qual em toda questão existem duas argumentações contrárias, igualmente convincentes, e de seu confronto nasce um movimento dialético do pensamento. Essas antilogias significam seguir de perto o adversário em seu próprio terreno, como no caso da batalha de Naupactus, em que a inferioridade numérica dos atenienses apavorou os peloponésios, na medida em que devem ter pensado que, para atacar em tais condições, os atenienses deviam ter uma sólida autoconfiança. A manipulação da antilogia remete, pois, à filosofia grega, como condição da compreensão, e ao mesmo tempo ao modelo democrático de exposição de pontos de vista opostos: "Da relação entre os dois discursos inversos pode sair a verdade".[19]

Pela narrativa histórica, Tucídides celebra a força ateniense, mas a considera ao mesmo tempo uma exceção e condenada

---

18  Tucídides, op. cit., II, 89.
19  Romilly, op. cit., p.223.

a um eterno recomeço. Esse horizonte dramático do fracasso que convém superar corresponde ao estado de espírito desse fim de século V a.c., que consagra o fim do mundo das cidades e o advento de entidades políticas mais amplas. Alguns veem no século seguinte uma saída na definição de uma política na escala da Grécia e, em seguida, em escala pan-helênica. Outra via nesse mundo em mutação é a via filosófica, a da busca de uma sabedoria prática e da definição de uma nova ética. Essa é a escolha dos filósofos que preferem retirar-se da vida pública para imbuir-se dos próprios princípios da ação. Assim, Platão parte das conclusões de Tucídides, ou seja, da oposição entre força e justiça, como preliminares para sua obra filosófica, e Sócrates detém os jovens que, como Alcibíades, desejam ardentemente lançar-se na vida pública. "Sabes ao menos o que é o bem?", pergunta-lhes.[20]

## A erudição

Nos séculos XV e XVI, o Renascimento revisita e acentua o corte entre história e literatura, iniciado na Antiguidade. O projeto de uma história total e a abertura para novas fontes – que não mais exclusivamente literárias – apoiam-se no avanço de métodos novos, que se constituem como ciências auxiliares da história.[21] Um público apaixonado pela história deseja alimentar suas convicções políticas e nacionais e satisfazer sua curiosidade em relação à Antiguidade e às origens da França. Nesse público, a preponderância dos togados é notável. Entre 1540 e 1584, de 378 autores franceses, 178 são magistrados, oficiais, juízes ou membros do Parlamento de Paris. Guillaume Budé e numerosos juristas possibilitam o progresso da análise filológica

---

20 Platão apud Romilly, *Thucydide et l'impérialisme athénien*, conclusão.
21 Cf. Huppert, *L'idée de l'histoire parfaite*.

# A história

e do estudo de aspectos concretos da sociedade, como o direito ou a moeda, renovando de modo espetacular o conhecimento do passado. O interesse histórico pelo período antigo, que fascina o espírito renascentista, apoia-se nos progressos da Arqueologia, na Numismática e no surgimento de uma ampla corrente reformadora nos meios jurídicos, ilustrada em especial por homens como Jacques Cujas e François Hotman. Essa corrente defende o retorno ao direito romano, estudado em relação com a evolução social da época. Esses togados, que são os novos produtores e consumidores da história, lançam as bases de um método crítico das fontes. O humanismo convida a um retorno aos clássicos, ao gosto pelo antigo e a um olhar deslumbrado diante dos textos dos historiadores gregos e romanos. O enorme sucesso de Plutarco e de seu *Vidas paralelas*, traduzido para o francês em 1559, atesta esse entusiasmo. Vinte anos depois, Montaigne dirá que ele é "o breviário das damas" e confessa nos *Ensaios*: "Plutarco é meu homem".[22]

## A ruptura realizada por Lorenzo Valla

Podemos considerar que o grande e decisivo acontecimento no abalo da noção de verdade ocorreu quando Lorenzo Valla conseguiu estabelecer a falsidade da doação de Constantino. Esse documento fundamental na partilha entre autoridade papal e imperial dizia que o imperador Constantino deu ao papa Silvestre a posse de Roma e da Itália e aceitou a autoridade temporal do Vaticano sobre o Ocidente cristão. Essa demonstração se tornou a pedra angular do método crítico. Filólogo, Valla dedicou seus trabalhos ao estabelecimento de uma gramática histórica da língua latina. Iniciou por volta de 1440 a crítica da doação de Constantino, quando estava na corte do rei de Nápoles, Afonso de Aragão, e gozava da proteção desse príncipe.

---

22 Montaigne, *Essais*, livro II, cap.10, p.191.

Podemos avaliar a importância da ruptura realizada por Valla quando sabemos que, na Idade Média, a verdade era estabelecida pela autoridade que a detém. Ora, Valla contesta a autoridade suprema, a do papa, na demonstração dessa falsa doação. Desde as primeiras páginas, Valla não esconde a ambição de seu projeto:

> Escrevo agora contra os vivos e não mais contra os mortos, contra uma autoridade pública e não contra uma autoridade privada. E contra qual autoridade? Contra o papa, que cinge não só a espada leiga dos reis, mas também a espada espiritual do episcopado supremo, de modo que não podemos nos proteger dele, de sua excomunhão, de sua execração, de seu anátema, por trás de nenhum escudo de príncipe.[23]

A transgressão é tão perigosa que o estudo não foi publicado enquanto Valla viveu, só em 1517.

A rejeição de Valla esteia-se numa crítica erudita da fonte histórica. Ele rejeita a tradição teocrática, porque lhe parece ilógico que um imperador se desfaça deliberadamente do próprio patrimônio. Por sua vez, mostra a contradição desse exercício da autoridade temporal com os princípios dos Evangelhos. A aceitação pelo papa de uma doação que lhe confere um poder temporal opõe-se ao ensinamento de Cristo, para o qual seu "reino não é deste mundo". Mas ele não se limita a invocar esses ilogismos. A ruptura historiográfica que ele provoca e que modifica radicalmente o regime da verdade em história deve-se aos meios empregados para demonstrar a falsificação na escrita e à audácia de atacar um texto sagrado, autenticado pelo papa.

Valla enumera os vários erros linguísticos, os "barbarismos" do falsário e os múltiplos anacronismos históricos, graças a um excelente conhecimento da civilização e da língua latina. Con-

---

23 Valla apud Barret-Kriegel, *L'histoire à l'âge classique*, v.2, p.34.

# A história

clui que está diante de uma falsificação e, o que é pior, de uma falsificação grosseira. Portanto, pode estabelecer com certeza que a doação "foi feita não na época de Constantino, mas muito depois dele".[24] Valla possibilitou o desenvolvimento da erudição nos séculos XVI e XVII. A filologia histórica foi uma antecipação da atividade do historiador-antiquário clássico, uma atividade sem apoio institucional, sem amparo logístico de uma verdadeira política da Igreja ou do Estado. Em contrapartida, a descoberta de Valla abriu a possível discussão dos textos do direito canônico e inaugurou as controvérsias de interpretação dos textos sagrados, que até então estavam fora da discussão e que vão alimentar as divisões religiosas no século XVI.

Sem dúvida, a Idade Média já estabelecia uma distinção entre os textos autênticos e os textos apócrifos, mas a erudição humanista dá outro sentido a essa distinção. Segundo Bernard Guenée, "os historiadores da Idade Média não criticavam depoimentos: eles pesavam testemunhas".[25] Na Idade Média, o critério que servia aos historiadores para hierarquizar as fontes e garantir a qualidade da documentação era, com efeito, apresentá-las como "autênticas". Mas tal qualificativo remete à detenção de uma autoridade em que é preciso crer. A um documento "autêntico" em razão da autoridade que emana de seu autor opõe-se o documento "apócrifo", que não goza da caução das autoridades. Os historiadores, cujo trabalho tem originalmente uma relação com a verdade, devem fazer, portanto, que seus trabalhos sejam aceitos pelos poderes das cortes e das cidades.

## Poder/saber

A relação entre poder e saber é estranhamente circular e não existe outra história, a não ser a oficial. O historiador Rigord,

---

24  Ibid., p.37.
25  Guenée, *Histoire et culture historique dans l'Occident médiéval*, p.134.

# François Dosse

quando escreve a história do rei Filipe Augusto por volta de 1200, a pedido do abade de Saint-Denis, deve submeter a obra ao rei antes de publicá-la, "para que se tornasse, só então, pela autoridade do rei, um monumento público".[26] Somente depois de obter a bênção do poder político, os *Gesta Philippi Augusti*, de Rigord, foram incorporados às *Grandes chroniques de France* [As grandes crônicas da França], consideradas do século XIII ao século XV a mais autêntica das histórias. Apesar dessas rígidas limitações na expressão da verdade, os historiadores começam a distinguir ao longo da Idade Média as fontes narrativas das fontes diplomáticas, parecendo-lhes as últimas mais seguras, já que seu horizonte é sempre exprimir a verdade. A expressão é onmipresente em diversas formas: *veritas historiae, regula veritatis, Veritas rerum, verax historicus, veritas gestarum, integra rerum veritas* etc. As proclamações são ainda mais insistentes, na medida em que sentimos despontar o mal-estar que toma conta dos historiadores que concebem sua função no fato de dizer a verdade, mas não podem perder as boas graças dos poderes estabelecidos. Guilherme de Tiro escreve no século XII: "Se esconder a verdade dos fatos já é grave o bastante para desqualificar um escritor, o erro que consiste em macular a verdade com a mentira, em transmitir à posteridade crédula um relato que carece de veracidade é muito mais grave".[27] Por sua vez, dizer a verdade expõe ao pior e ninguém pode denegrir abertamente os financiadores ou as autoridades que devem avalizar o discurso historiador. Assim, Guilherme de Malmesbury observa que quem escreve a história de seus reis vê-se logo "em pleno mar", ameaçado de naufrágio.

Podemos avaliar como, atacando a autoridade mais eminente, isto é, o papado, Valla realiza uma verdadeira revolução historiográfica. De fato, ele consegue substituir a autenticidade

---

26  Rigord apud Guenée, op. cit., p.137.
27  Guilherme de Tiro apud Lacroix, *L'historien au Moyen Âge*, p.133.

A história

fundada na autoridade pela autoridade fundada na verificação e abre um imenso campo de investigação, graças a esse novo *igualador de validade* que não protege mais as massas de arquivos, até então à sombra da hierarquia dos poderes. Os textos tornam-se iguais de direito e, portanto, submetidos todos eles ao olhar crítico. O efeito dessa descoberta é considerável, tanto no plano jurídico quanto no teológico, pois o questionamento de um texto que pertence ao direito canônico inaugura a discussão possível dos textos sagrados, até então fora do debate, da controvérsia.

## O nascimento da *diplomática*

### O lugar da inovação: Saint-Maur

Esse estudo científico de um documento textual confrontado com o contexto histórico suposto foi uma antecipação essencial para o futuro desabrochar da erudição. Essa forma de escrita da história, que será chamada "história-antiquário", desenvolve e codifica as regras da crítica das fontes no século XVII. O lugar da inovação é sobretudo a congregação beneditina de Saint-Maur. Criada em 1618 sob Luís XIII, essa congregação beneditina passou por uma profunda reforma, cujo efeito permitiu o avanço da pesquisa histórica, graças à possibilidade oferecida aos membros da congregação de se livrar de boa parte das tarefas materiais para se dedicar ao trabalho intelectual.

Muitos monges foram designados então para estabelecer o estado das bibliotecas da ordem beneditina e examinar os manuscritos não só para buscar rastros de santos, prodígios, milagres edificantes da ordem, mas também para inventariar os bens da congregação. A abadia de Saint-Germain-des-Près foi designada para tornar-se o centro dos estudos eruditos lançados pela congregação. O superior, Jean-Grégoire Tarisse, definiu

# François Dosse

o protocolo de pesquisa: encontrar as atas, as fundações e as posses dos mosteiros, cuidar do governo das abadias, dos regulamentos e dos costumes com base em documentos originais, destacar os grandes feitos e as curiosidades naturais, enumerar os santos, as relíquias e os santuários, mencionar as punições, os prodígios, os milagres e os fatos edificantes e, por fim, vincular todas essas informações à história da ordem e da Igreja.[28]

Um ensino histórico foi ministrado aos monges designados para essa pesada responsabilidade, da qual dependia a fama da ordem. O programa estabelecido foi dividido em três partes: o estudo das antiguidades clássicas, das antiguidades nacionais e, por fim, uma iniciação ao método histórico. Das quarenta ocupações que os membros da congregação podiam praticar, mais da metade era reservada aos estudos e dois terços destes eram consagrados à história. Da maestria e da minúcia do trabalho de erudição daí resultante virá a famosa expressão "trabalho de beneditino".

No fim do século XVII, a congregação de Saint-Maur era um verdadeiro Estado dentro do Estado, com 179 mosteiros e 3 mil religiosos. Segundo Momigliano, o trabalho desses "antiquários", muitas vezes comparado a uma mutação do gosto, inaugurou sobretudo "uma revolução do método histórico".[29] Esses especialistas em patrologia e numismática, esses orientalistas, não se reuniam às terças e aos domingos na biblioteca de Saint-Germain por interesse pelos detalhes, mas por desejo de ter acesso às *antiquitates*, pela "ideia de uma civilização trazida de volta à vida pela reunião ordenada de todos os vestígios do passado".[30] O projeto de conservação, de estabelecimento de catálogos, era animado também pela preocupação com a busca da verdade.

---

28  Cf. Barret-Kriegel, op. cit.
29  Momigliano, *Problèmes d'historiographie ancienne et moderne.*
30  Ibid., p.251.

A história

## Mabillon

Foi no ambiente propício dessa efervescência intelectual que Jean Mabillon (1632-1707), beneditino de Saint-Maur, publicou em 1681 *La Diplomatique* [A diplomática], um livro que criou uma nova disciplina. *La Diplomatique* seguiu-se a uma viva polêmica que contrapôs duas congregações rivais. Em 1675, o jesuíta Papenbroeck questionou a autenticidade dos documentos merovíngios depositados na abadia de Saint-Denis. A réplica de Mabillon consistiu em deslocar a controvérsia. Em vez de se esfalfar numa acumulação indefinida de provas para defender a honra da Ordem de São Bento, ele opôs ao adversário seu método de abordagem histórica, publicando dois ensaios preparatórios a sua *Diplomatique: mémoire pour justifier le procédé que j'ai tenu dans l'édition des vies de nos saints* [Memória para justificar o procedimento que adotei na edição das vidas de nossos santos] e *Brèves réflexions sur quelques règles de l'histoire* [Breves reflexões sobre algumas regras da história]. A primeira regra atribuída à história por Mabillon é a busca da verdade: "Assim como o amor da justiça é a primeira qualidade do juiz, a primeira qualidade do historiador é o amor e a busca da verdade das coisas passadas".[31] Com Mabillon, a história objetiva seus métodos. A deontologia da verdade que anima os progressos da erudição passa pelo trabalho da prova, do reconhecimento e da utilização dos documentos originais. É nesse âmbito que Mabillon estabelece a superioridade da pluralidade dos testemunhos sobre a antiguidade e a elevação hierárquica das testemunhas. Isso exige do historiador um verdadeiro pacto de sinceridade no trabalho: "Não basta ao homem que trabalha com a história ter amor pela busca da verdade, ele deve também ter a sinceridade de dizê-la e escrevê-la de boa fé, tal como a crê".[32]

---

31  Mabillon, *Brèves réflexions sur quelques règles de l'histoire*, p.104.
32  Ibid., p.107.

Essa nova disciplina constituída pela *diplomática* tem como função contribuir para formular com clareza as regras que permitem distinguir e classificar os documentos antigos, julgar os velhos títulos. O estudo erudito trata do documento em seu conteúdo, mas também está atento aos suportes materiais utilizados: o tipo de tinta, as folhas dos pergaminhos, a figura das letras, os selos, as fórmulas etc. Graças à *diplomática*, Mabillon inscreve a história na série das disciplinas de conhecimentos e acentua a distância em relação à literatura, de onde vem o gênero histórico, em nome das regras estritas de conformidade na abordagem da massa arquivística. Com a *diplomática*, o que desaparece são os arranjos dos historiadores medievais, que justapunham narrativas militares e diplomáticas a narrativas de prodígios divinos. Com Mabillon, a história fundamenta-se em documentos comprovados e abre caminho para um enorme esforço arquivístico, para extrair deles as cartas autenticadas que se tornarão o patrimônio comum da comunidade historiadora científica. Como escreve Marc Bloch: "Naquele ano – 1681 – foi definitivamente fundada a crítica dos documentos dos arquivos".[33] Embora a *diplomática* contribua de maneira decisiva para constituir os fundamentos da erudição histórica, ela também tem seus limites, tanto de ordem filosófica como epistemológica.

Ao contribuir para a arte do dicionário, do catálogo e, portanto, para o estabelecimento de um sistema geral de classificação, Mabillon, pertence realmente a essa época da representação clássica tal como demarcada por Michel Foucault: "Esse espaço aberto na representação por uma análise que se antecipa à possibilidade de nomear".[34] O trabalho de erudição realizado por Mabillon preparou a classificação posterior dos espaços dos botânicos e dos zoólogos, de Lineu, Jussieu, Cuvier ou Geoffroy Saint-Hillaire: "A gramática dos diplomas

---

33  Bloch, *Apologie pour l'histoire*, p.77.
34  Foucault, *Les mots et les choses*, p.142.

A história

antecipou o léxico das floras e das faunas".[35] Mas os limites do método aparecem no convite a uma ascese que se limita a um estreitamento do campo de observação, a uma depuração radical, para que a ordem leve a melhor sobre a historicidade. A *diplomática* de Mabillon pertence à *episteme* desse século XVII, que tenta categorizar a partir de um processo maciço de simplificações a fim de estabelecer taxinomias: "O que mudou realmente não foi o desejo de saber, mas a nova maneira de vincular as coisas ao mesmo tempo ao olhar e ao discurso. Uma nova maneira de fazer história".[36]

## A derrota da erudição

Essa revolução do século XVII, porém, permaneceu sem futuro imediato. A filósofa Blandine Barret-Kriegel mostrou muito bem como o século XVIII foi o século da "derrota da erudição".[37] Esse fracasso é comprovado pelas palavras de Jean d'Alembert no *Discurso preliminar* da *Enciclopédia* publicado em 1751:

O país da erudição e dos fatos é inesgotável; vemos, por assim dizer, aumentar todos os dias sua substância com aquisições feitas sem dificuldade. O país da razão e das descobertas, pelo contrário, é de extensão bem pequena e muitas vezes, em vez de aprendermos o que ignorávamos, só conseguimos com nossos estudo desaprender o que acreditávamos saber.[38]

No entanto, depois do longo eclipse do século XVIII, ao longo do qual a associação tentada pela *diplomática* entre a língua, a fé e a lei será desfeita, a erudição volta a ser um valor primordial da pesquisa histórica no fim do século XIX.

---

35  Barret-Kriegel, op. cit., v.2, p.203.
36  Foucault, op. cit., p.140.
37  Barret-Kriegel, op. cit.
38  Jean d'Alembert apud Barret-Kriegel, op. cit., v.2, p.307.

François Dosse

# O discurso do método

## A profissionalização da história

Com o século XIX, o chamado "século da história", o gênero histórico realmente se profissionaliza, adquirindo método próprio, com regras, ritos, modos particulares de entronização e reconhecimento. Os historiadores da chamada escola "metódica" pretendem-se cientistas puros e anunciam, assim, uma ruptura radical com a literatura.[39] Em 1880 é criada uma licenciatura de ensino da história que, nesse momento, dissocia-se da licenciatura literária, até então indiferenciada. Essa profissionalização da história traz consigo todo um sistema de sinais de pertença a um perfil singular. O historiador apresenta-se em seus escritos na humilde situação de filiação a uma comunidade de cientistas, dentro da qual sua subjetividade é mantida à parte. O bom historiador pode ser reconhecido pela dedicação ao trabalho, pela modéstia e pelos critérios incontestáveis de seu juízo científico. Rejeita em bloco o que Charles-Victor Langlois e Charles Seignobos, os dois grandes mestres da ciência histórica na Sorbonne, autores do famoso livro destinado aos estudantes de história *Introduction aux études historiques* [Introdução aos estudos históricos] (1898), chamam de "a retórica e as aparências enganosas" ou "os micróbios literários" que poluem o discurso histórico científico. Impõe-se um modo de escrever que apaga os rastros da estética literária em proveito de uma estilística quase anônima, de valor pedagógico, a tal ponto que se tornou alvo das invectivas de Charles Péguy, que estigmatizou "o Langlois tal como falado", censurando á história por seu culto à ciência, sua obsessão pela crítica em detrimento da qualidade estética.

---

[39] Cf. Delacroix, Dosse e Garcia, *Les courants historiques en France, XIX^e-XX^e siècle*.

# A história

Multiplicam-se as revistas científicas. Em primeiro lugar, jovens *chartistes* fundam a *Revue des Questions Historiques* [Revista das Questões Históricas] em 1866, com o objetivo de um grande trabalho de revisão histórica, em defesa dos valores do Antigo Regime e da união da monarquia com a Igreja. Extremamente marcada por seu pertencimento ao campo legitimista, nem por isso a revista perde caráter científico. Os republicanos, que vão constituir o que será chamado escola metódica, reúnem-se, por seu lado, numa nova revista, criando em 1876 a *Revue Historique* [Revista Histórica]. Essa escola teve o mérito de retomar por conta própria a herança da erudição no âmbito de uma Terceira República que procurava estabilizar-se politicamente, apesar das turbulências do caso Dreyfus e num quadro nacional privado da Alsácia e da Lorena, inspirando-se na eficácia dos métodos alemães. No fim do século XIX e começo do século XX, assistimos a uma proliferação de revistas especializadas em história, com a criação em 1899 da *Revue d'Histoire Moderne et Contemporaine* [Revista de História Moderna e Contemporânea], seguida da *Revue du XVIᵉ Siècle* [Revista do Século XVI], das *Annales Révolutionnaires* [Anais Revolucionários], do *Bulletin Économique de la Révolution Française* [Boletim Econômico da Revolução Francesa], da *Revue des Études Napoléoniennes* [Revista de Estudos Napoleônicos] ou ainda da *Revue d'Histoire des Doctrines Économiques et Sociales* [Revista de História das Doutrinas Econômicas e Sociais]. A profissionalização é acompanhada do surgimento de um novo sistema de valores, que traz a busca da verdade e a reivindicação de objetividade para o primeiro plano.

## A escola metódica

No editorial-manifesto da escola metódica, "Du progrès des études historiques en France depuis le XVIᵉ siècle" ["Do progresso dos estudos históricos na França desde o século XVI"], publicado no primeiro número da *Revue Historique*, Gabriel Monod mostra

François Dosse

o caminho do duplo modelo da história profissional: a Alemanha, capaz de organizar um ensino universitário eficaz, e a tradição erudita francesa, desde os trabalhos dos beneditinos. Considera que "foi a Alemanha que mais contribuiu para o trabalho histórico de nosso século [...]. Podemos comparar a Alemanha a um vasto laboratório histórico".[40] E acrescenta que seria errado ver os alemães como eruditos carentes de ideias gerais, ao contrário dos franceses. A respeito de seus trabalhos, escreve que

> não são fantasias literárias, inventadas de momento, por capricho e para encanto da imaginação; não são sistemas e teorias destinadas a agradar pela bela aparência e pela estrutura artística; são ideias gerais de caráter científico.[41]

O comitê de redação da *Revue Historique* faz uma geração mais antiga, representada por Victor Duruy, Ernest Renan, Taine ou Fustel de Coulanges, trabalhar com os mais jovens, como Gabriel Monod e Ernest Lavisse, em torno de um axioma, o da história como "ciência positiva". Afirmando escapar do subjetivismo, os promotores da revista declaram-se também partidários da imparcialidade, em nome da ciência e do respeito pela verdade:

> Portanto, não ergueremos nenhuma bandeira; não professaremos nenhum credo dogmático; não nos colocaremos sob as ordens de nenhum partido; o que não quer dizer que nossa revista será uma Babel, em que se manifestarão todas as opiniões. O ponto de vista estritamente científico em que nos colocamos bastará para dar unidade de tom e de caráter a nossa coletânea.[42]

---

40 Monod, Du progrès des études historiques en France depuis le XVI<sup>e</sup> siècle, *Revue Historique*, n.1.
41 Ibid.
42 Ibid.

## A história

Por trás do estandarte científico, porém, surgem claramente tendências implícitas e explícitas entre esses historiadores metódicos. Todos aderem a uma visão progressista da história, segundo a qual o historiador trabalha pelo progresso do gênero humano. A marcha para o progresso desenvolve-se como uma acumulação de trabalho científico, numa abordagem linear da história, enriquecida com a contribuição de ciências auxiliares, como a antropologia, a filologia comparada, a numismática, a epigrafia, a paleografia e a diplomática, que lhe dão um aspecto cada vez mais moderno no século XIX.

Evidentemente, logo após Sedan e a amputação do território nacional, todo esse esforço coletivo é posto a serviço da pátria. É explícita a finalidade nacional, e o trabalho histórico visa ao rearmamento moral da nação: "Assim é que a história, sem se propor *outro fim senão o proveito que se tira da verdade*, trabalha de maneira secreta e firme para a grandeza da pátria, ao mesmo tempo que para o progresso do gênero humano".[43] Mobilizado por um objetivo claro, que parece em sintonia com uma necessidade nacional imperiosa, Monod pretende constituir uma autêntica comunidade historiadora, unida pela busca de um método eficaz e movida pelo acúmulo gradual dos trabalhos do ofício de historiador desde o século XVI. Para ele, não existe tensão entre o objetivo científico e o objetivo nacional, tanto mais que as fontes arquivísticas e os trabalhos históricos acumulados desde o século XVI o foram, quanto ao essencial, no interior da matriz nacional.

### Uma ciência da contingência

A disciplina histórica que se torna autônoma no plano universitário deve pensar seu desenvolvimento à parte da literatura, assim como também deve voltar as costas para a filosofia, que

---

43  Ibid.

# François Dosse

se constitui ao mesmo tempo num curso específico. Assim, ela é pensada por essa escola como ciência do singular, do contingente, do idiográfico, em contraposição à epistemologia das ciências da natureza, que podem visar à elaboração de leis ou fenômenos repetíveis, logo do nomotético. Recuperando a inspiração erudita e sua preocupação com a crítica das fontes, Langlois e Seignobos escrevem juntos as regras de autenticação da verdade, segundo os procedimentos de um conhecimento histórico que não passa de um conhecimento indireto, ao contrário das ciências experimentais:

> Primeiro, observamos o documento. Está tal qual estava quando foi produzido? Não se deteriorou desde então? Procuramos saber como foi fabricado, para devolvê-lo, se for preciso, a seu teor original, depois de determinarmos sua origem. Esse primeiro grupo de pesquisas prévias, que tratam da escrita, da língua, das formas, das fontes etc., constitui o domínio particularíssimo da CRÍTICA EXTERNA ou crítica erudita. Intervém em seguida a CRÍTICA INTERNA: ela se empenha, por meio de raciocínios analógicos, dos quais os principais são emprestados da psicologia geral, em se representar os estados psicológicos por que passou o autor do documento. Sabendo o que disse o autor do documento, perguntamos: 1) que ele quis dizer; 2) se acreditou no que disse; 3) se tinha razões para acreditar no que acreditou.[44]

A pedagogia das ciências históricas de Langlois e Seignobos dá as costas à filosofia para constituir as regras do ofício de historiador, que "exerce uma profissão de trapeiro", valendo-se de um método cujo valor heurístico é mais pedagógico que especulativo: "A história cura da credulidade, essa forma tão disseminada de covardia intelectual". Encontramos nessa ten-

---

44  Langlois; Seignobos, *Introduction aux études historiques*, p.45-7.

A história

tativa a mesma preocupação do editorial-manifesto de Monod, de 1876, em firmar um bloco republicano ainda novo e frágil sobre a união da ciência e da pedagogia.

## Uma preocupação didática

Os historiadores da escola metódica não eram os ingênuos por que foram tomados. Não podemos mais dizer que cultivavam um fetichismo do documento e negavam a pertinência da subjetividade historiadora. Como bem mostrou o historiador Antoine Prost, eles tinham plena consciência de que a história é construção.[45] A escola metódica via a grandeza do historiador em sua capacidade de domar a própria subjetividade, de mantê-la sob controle. É verdade, porém, que a afirmação disciplinar da história baseia-se em duas exigências consideráveis: uma escrita puramente ascética e uma preocupação essencialmente didática, que afasta os pesquisadores de qualquer questionamento sobre a história como escrita. Trata-se de uma escolha deliberada, a de uma história que procura o caminho do rigor, afastando-se de suas origens literárias:

A história sofreu muito por ter sido um gênero oratório. As fórmulas da eloquência não são ornamentos inofensivos; elas ocultam a realidade, desviam a atenção dos objetos para dirigi-la para as formas; debilitam o esforço que deve consistir [...] em representar as coisas e compreender suas relações.[46]

Langlois e Seignobos têm plena consciência de que os "fatos" sobre os quais trabalham os historiadores resultam de uma construção social que convém pôr em perspectiva, graças ao método crítico dos documentos, tanto do ponto de vista

---

45  Prost, Seignobos revisité, *Vingtième siècle*, n.43, p.110-7.
46  Seignobos, *L'histoire dans l'enseignement secondaire*, p.38-9.

François Dosse

externo de sua autenticação quanto no plano interno, também chamado de "hermenêutico": "Assim, a arte de reconhecer e determinar o sentido oculto dos textos sempre ocupou um lugar de destaque na teoria da *hermenêutica*".[47] O documento, considerado o último estágio de uma longa série de operações, só ganha sentido depois do processo de desvelamento de todas as operações que levaram o autor a lhe dar visibilidade.

Seignobos, que será o bode expiatório de Lucien Febvre, servindo de contraste para melhor promover o programa de ruptura dos *Annales* a partir da década de 1930, corresponde muito pouco à caricatura de obcecado pela história-batalha, preocupado exclusivamente com o político, em que o transformaram. Como recordou Antoine Prost, ele definiu muito cedo em sua carreira um projeto de história social, escrevendo em seu primeiro artigo, em 1881, que "a história tem por objetivo descrever, por meio de documentos, as sociedades passadas e suas metamorfoses".[48]

Para Seignobos, a história também não é, como se disse mais tarde, a mera restituição de documentos apresentados como os fatos em sua autenticidade, mas, ao contrário, um procedimento de conhecimento indireto, hipotético-dedutivo, o que é ressaltado por ele ainda em 1901: "Como todo conhecimento histórico é indireto, a história é essencialmente uma ciência de raciocínio",[49] acrescentando:

na realidade, nas ciências sociais, trabalhamos não com objetos reais, mas com as representações que fazemos dos objetos. Não vemos os homens, os animais, as casas que recenseamos, não vemos as instituições que descrevemos. Somos obrigados a *imaginar* os homens, os objetos, os atos, os motivos que

---

47 Langlois; Seignobos, op. cit., p.131.
48 Seignobos apud Prost, *Douze leçons sur l'histoire*, p.147.
49 Id., *La méthode historique appliquée aux sciences sociales*, p.5.

A história

estudamos. As imagens é que são a matéria prática da ciência social; são essas imagens que analisamos.[50]

Mas, numa época em que o historiador considerava que, uma vez estabelecida a autenticidade do fato relatado, sua missão estava cumprida e o caso estudado estava definitivamente fechado, é nas ciências da natureza que se encontra o modelo da escrita histórica.

## O caso Fustel de Coulanges

Se há um historiador cujas palavras acerca da metodologia da história, ditas no ocaso da vida, correspondem à ingenuidade denunciada mais tarde pelos *Annales*, esse é Fustel de Coulanges, que encarna uma geração mais antiga na *Revue Historique*. Ele aparece como um "caso", como bem analisou François Hartog.[51] Fustel começou sua carreira de historiador com uma obra inovadora dedicada à *Cité antique* [Cidade antiga], publicada em 1864. Sua temática trata de uma história problematizada e amplamente aberta para os fenômenos de sociedade, tanto que Marc Bloch o reconhecerá como fundador da história social. Fustel pretende mostrar como se constitui e se dissolve o vínculo social em Roma. Depois do fracasso de Sedan, procura dissociar uma aristocracia voltada para as liberdades e a deriva constituída pelo despotismo. Constrói, então, um quadro binário em ação na história que contrapõe uma aristocracia exposta aos perigos da democracia. Essa visão o afasta da tentativa de enraizamento histórico da República democrática dos outros metódicos. Ele se singulariza também ao eliminar qualquer validade em relação à contribuição alemã, considerando que as raízes da França se situam apenas em

---

50  Ibid., p.118.
51  Hartog, *Le XIXᵉ siècle et l'histoire*.

Roma Antiga. Fustel dissocia-se tanto dos republicanos quanto dos liberais a partir do acontecimento de 1870, que tem para ele o papel de um trauma que o faz aderir ao pensamento tradicionalista. Em 1887, uma polêmica violenta contrapõe-no a Gabriel Monod em "De l'analyse des textes historiques" ["Da análise dos textos históricos"] sobre questões de método. Ele contesta as teses germanistas que têm a simpatia de Monod na *Revue des Questions Historiques*, rival da *Revue Historique*. Nesse artigo, Fustel demonstra um verdadeiro culto idólatra do documento, comparando o historiador ao químico:

> Devemos nos entender em relação à análise. Muitos falam dela, poucos a praticam. Tanto na história quanto na química, ela é uma operação delicada. Por um estudo atento de cada pormenor, ela deve extrair do texto tudo o que nele se acha; não deve introduzir nele o que nele não se acha.[52]

O trabalho de discriminação consiste em isolar, em depurar e decompor o texto. Fustel reduz a leitura e a interpretação do historiador a uma mera restituição do documento como verdade: "Nem é preciso dizer que a verdade histórica só se encontra nos documentos".[53]

O historiador deve limitar-se, portanto, a explicitar o sentido de cada uma das palavras, como um filólogo. Devem ser banidas todas as implicações subjetivas do historiador, pois o método praticado só pode ser estritamente indutivo e o historiador deve deixar as hipóteses no vestiário para se pôr a serviço do texto apenas, obliterando-se completamente. O processo de conhecimento é considerado direto, resultante do discernimento do olhar.

---

52  Coulanges, De l'analyse des textes historiques, apud Hartog, op. cit., p.351-2.
53  Ibid., p.349.

## A história

A via real da história é, portanto, a Filologia, pelo respeito à literalidade e pelo cuidado com a exaustividade. Fustel restringe a prática historiadora a um cientificismo reativo, a um debruçar-se encolhido sobre os textos, à rejeição de qualquer forma literária da escrita historiadora e à obliteração do historiador: "O melhor historiador é aquele que se mantém mais perto dos textos, que os interpreta com mais correção; que escreve e pensa somente segundo eles".[54]

---

54  Coulanges, *La monarchie franque*, p.33.

# 2
## A imputação causal

Políbio: a busca de causalidades – A ordem da
probabilidade: Jean Bodin – Esboço de uma história
perfeita: La Popelinière – Das leis da história:
Montesquieu, Voltaire, Condorcet – A embriaguez
cientificista: o social reificado – A estruturação da
história – A subdeterminação ou a crise do
causalismo – O ideal-tipo em Weber

## Políbio: a busca de causalidades

Além da busca de verdade que leva o gênero histórico a se dissociar da ficção, é a uma busca de explicação para o caos, a uma tentativa de ordenação explicativa que se entregam os historiadores desde a Antiguidade. De fato, desde Políbio, a história se identificou no mais das vezes com uma pesquisa causal. Políbio fixou como objetivo compreender por que passou pela experiência trágica da guerra e da deportação. Nascido na Grécia, na pequena cidade de Megalópolis, na Arcádia, sob o domínio macedônio, Políbio pertencia ao grupo de notáveis aqueus que o Senado romano decidiu deportar para Roma para

François Dosse

submeter definitivamente a região ao Império. Em Roma, na condição de estrangeiro e vencido, Políbio tentou compreender os fundamentos dessa dominação. Mantido dezessete anos fora de seu país, passou por uma verdadeira mutação em contato com Roma, à qual acabou aderindo. Gozava ali de numerosas proteções que lhe permitiam frequentar os meios dirigentes. Sua imensa obra, *Histórias*, da qual dois terços se perderam, é totalmente voltada para esta questão central: "Como e graças a que governo o Estado romano conseguiu, coisa sem precedentes, estender seu domínio a quase toda a terra habitada, e isso em menos de 53 anos?".[1] Para responder a essa pergunta, Políbio estava bem situado na transversal entre a civilização grega em declínio da qual ele provinha e a civilização romana em expansão a qual acabou por aderir, a ponto de se tornar um defensor ferrenho de seus valores. Essa trajetória o transforma num caso singular, capaz de observar e analisar a evolução de seu tempo a partir desse espaço intermediário, na junção de dois mundos. Sua experiência pessoal e os testemunhos recolhidos por ele são outras fontes de sua história.

## A história pragmática

Mais que qualquer outro até então, Políbio refletiu sobre os problemas do método, da organização do material histórico, ainda que devamos evitar o anacronismo de aplicar a ele os critérios modernos da ciência histórica, pois sua narrativa histórica permanece sob o reino da *diké* (justiça). Segundo Políbio, a história deve resolver uma equação e fornecer os elementos da explicação, hierarquizar as causas do fenômeno observado e evitar ser apenas uma pintura externa ou pura enumeração de peripécias. Renunciando deliberadamente a agradar, pretende sacrificar tudo a seu cuidado metodológico, escolhendo

---

1 Políbio, *Histoires*, I, 1, prefácio.

## A história

a seriedade e correndo o risco da austeridade: "Expus-me a só agradar a uma única categoria de leitores, e só posso oferecer à maioria do público um texto tedioso".[2] Para definir o tipo de história que pretende promover, Políbio se vale do qualificativo de pragmático, que abrange essencialmente o fato de a história ser ensinamento.

Segundo ele, a história pragmática estrutura-se de acordo com três imperativos: explicar, pela exposição das causas e dos efeitos dos acontecimentos; julgar, pela apreciação da justiça e da oportunidade das decisões e dos atos dos homens; e advertir, pela inserção de preceitos na narrativa histórica. O segundo sentido do qualificativo "pragmático" em Políbio é designar uma divisão entre uma história fabulosa – a da filiação com os deuses lendários ou a das migrações dos povos e das fundações das cidades – e a história séria – a única pertencente à dimensão pragmática, pelo desenvolvimento metodológico exigido por ela. Assim, a história ganha em inteligibilidade o que perde em emoção, e o método apodítico preconizado subordina tudo à demonstração, segundo um sistema de provas hierarquizado.

A grande originalidade de Políbio é submeter sua narrativa aos imperativos do problema que o historiador se propõe resolver:

> Devemos dar menos importância, quando escrevemos ou lemos a história, à narrativa dos fatos em si do que àquilo que antecedeu, acompanhou ou se seguiu aos acontecimentos; pois, se tirarmos da história o porquê, o como, aquilo em vista do qual o ato foi executado e seu fim lógico, o que sobra não passa de virtuosismo, algo que não pode se tornar objeto de estudo; isso distrai momentaneamente, mas não serve para absolutamente nada no futuro.[3]

---

2  Ibid., IX, 1.
3  Ibid., III, 31,11-3.

O historiador traz com ele uma grade de inteligibilidade abstrata que lhe permite ler o caos do real. Segundo Políbio, o acontecimento histórico só recebe uma explicação completa por meio da interferência entre três pontos de vista: a determinação da data, o modo de desenvolvimento e a causa da irrupção. Para conseguir essa explicação, o historiador deve dominar um método que Políbio chama de apodítico, que significa demonstrativo, graças a um sistema de provas. A história apodítica requer uma demonstração contínua, empenhada em provar que a versão dos fatos relatada é a mais autêntica, preenchendo-a com provas e testemunhos variados.

## A busca causal

Políbio apresenta a explicação causal como condição primeira da explicação histórica. "Afirmo absolutamente", escreve ele, "que os elementos mais necessários da história são as sequências de acontecimentos e as concomitâncias, mas sobretudo as causas."[4] No Livro III de suas *Histórias*, empenha-se numa verdadeira teoria geral das causas.[5] O acontecimento só recebe significado a partir do momento em que o historiador consegue encontrar suas causas, e Políbio propõe um encadeamento causal em que se encaixam causas particulares e causas gerais. Ele critica seus predecessores a esse respeito, porque por muito tempo confundiram as causas da Guerra Púnica com o começo da guerra, ao passo que ele pretende dissociar as causas, os pretextos e o começo da guerra, três momentos que devem estar numa relação de sucessão e não de confusão.

Políbio considera também que as causas resultam de operações mentais que antecedem a ação, numa concepção intelectualista e psicologizante, e nega o fato de que fenômenos

---

4 Ibid., III, 32.6.
5 Cf. Pedech, *La méthode historique de Polybe.*

# A história

de ordem física ou material possam ser apresentados como causas. Ao contrário dos fenômenos naturais, as causas estão ligadas à imaginação criadora, à razão e a uma vontade estritamente subordinada ao entendimento. "Chamo causas", explica Políbio, "o que está na origem de nossas escolhas e de nossas discussões, ou seja, as disposições morais, as intenções e as reflexões por elas provocadas em nós e por meios das quais tomamos decisões e formamos projetos."[6]

Na análise concreta do fenômeno da guerra, ele distingue três etapas: o estudo das considerações que levaram a tomar armas, o exame dos motivos e das razões invocadas pelos beligerantes e a exposição das causas ocasionais da guerra. Acerca da Segunda Guerra Púnica, a tese de Políbio baseia-se na continuidade do antagonismo romano-púnico desde o primeiro conflito e privilegia o fator psicológico, designando como decisivo para o confronto o espírito de desforra do pai de Aníbal, Amílcar. A prova teria sido estabelecida por um juramento prestado por Aníbal, a pedido do pai, de jamais ser amigo dos romanos. Políbio insiste, portanto, não só na investigação das fontes que apoiam sua tese, mas também no poder dos fatores psicológicos, como o jogo complexo da vontade dos chefes, suas ambições e seus ressentimentos. Encontramos aí a função de lição da história para os que são chamados a exercer o poder, pois Políbio pretende demonstrar a importância das faculdades intelectuais: "Não há escola mais autêntica nem melhor exercício para os negócios políticos do que as lições da história".[7]

Políbio considera que uma das razões que permitiram a Roma exercer sua potência é a forma de sua Constituição, que inclui, segundo ele, não só o regime político, mas também os costumes da civilização romana. A Constituição em sentido amplo determina a causalidade histórica mais geral. "Cumpre

---

6 Políbio, op. cit., III, 6.
7 Ibid., I, 1.

François Dosse

considerar", escreve ele, "a causa mais ampla em todos os casos, tanto para o êxito quanto para o contrário, a estrutura da Constituição; dela derivam, como de uma fonte, as ideias e as iniciativas dos atos, bem como seu resultado."[8] Como causas gerais, as constituições tendem a reger até a evolução histórica, e é assim que a história de Esparta se explica, quanto ao essencial, pela Constituição de Licurgo.

Essas constituições obedecem a leis denominadas naturais por Políbio. A primeira lei é a da *anaciclose*, ou seja, a regra de sucessão cíclica dos regimes políticos. Políbio retoma o esquema aristotélico de distinção de três regimes primários e suas formas secundárias degeneradas: a monarquia degrada-se em tirania; a aristocracia, em oligarquia; e a democracia, em *oclocracia*. A evolução histórica parece condenada a ver sucederem-se alternadamente as formas puras, seguidas das formas degeneradas desses regimes políticos, segundo uma ordem fixa e circular. O único modo de escapar a essas revoluções periódicas, a essa instabilidade crônica, é estabelecer uma Constituição mista, que se inspire no que há de melhor nos três princípios da monarquia, da aristocracia e da democracia, a fim de evitar a corrupção de um sistema único que descamba inelutavelmente no excesso. Contudo, Políbio considera que existem três modelos que, por seu caráter misto, escaparam à *anaciclose* e, portanto, conquistaram uma espécie de estabilidade: o regime espartano de Licurgo, o Estado cartaginês e a Constituição romana. A segunda lei natural ressaltada por Políbio é a assimilação das constituições aos organismos vivos, que passam inevitavelmente por três estados: crescimento, maturidade e declínio. Tal lei, aliás, abala a busca de estabilização e entra em contradição lógica com a ideia de um regime misto que seja capaz de perdurar, mas Políbio julga ter encontrado nessa imbricação de leis a principal chave da evolução política de Roma.

---

8  Ibid., VI, 2.9.10.

## A história

A busca causal é utilizada por Políbio para sair da contingência. Visa ao universal, estreitando uma narrativa articulada ao redor de um número limitado de princípios motores, como o princípio imanente da Constituição romana ou o princípio transcendente da Fortuna. Esse quadro unitário permite discernir coerências numa multiplicidade aparentemente informe e estabelecer tanto continuidades quanto concordâncias de tempo. Políbio compara a história universal a um organismo em que todas as partes são estreitamente solidárias, o que permite evidenciar não só certas continuidades históricas, mas fazer história comparada, captar a concordância dos fatos em universos aparentemente sem nenhum vínculo. É por isso que ele utiliza disciplinas auxiliares tanto da geografia quanto da etnografia para construir vastas sínteses coerentes, grandes movimentos de conjunto.

Contudo, não podemos julgar Políbio por critérios modernos, como mostra Catherine Darbo-Peschanski.[9] Como para Heródoto ou Tucídides, a história é subsumida em Políbio por duas categorias: a *alétheia*, a verdade, a realidade bruta, e a *diké*, a realidade normatizada, a justiça. Sem dúvida, o que diferencia Políbio é essa importância que ele atribui, mais do que seus antecessores, à *alétheia*, mas a função de historiador ainda é menos dizer a verdade, estabelecer os fatos, do que julgar, pronunciar veredictos, buscar o *logos* na trama dos acontecimentos. Na medida em que a ordem desses fatos é função da justiça, as causas dessas ações humanas estabelecidas por Políbio são, tanto quanto termos lógicos, a evidenciação de responsabilidades, de culpas, e "determiná-los não significa tanto explicar como acusar ou defender chefes e povos".[10]

---

9 Cf. Loraux; Miralles (orgs.), *Figures de l'intellectuel en Grèce ancienne*, p.143-89.

10 Ibid., p.185.

François Dosse

## A ordem da probabilidade: Jean Bodin

Jean Bodin (1530-1596) estabelece no século XVI os princípios de uma história das civilizações que tem um campo epistemológico específico, à parte qualquer providencialismo. Ele simboliza bem o deslumbramento dos juristas da época com a história. Em 1566, Bodin publicou um dos primeiros tratados de reflexão sobre a história, *Méthode pour une facile compréhension de l'histoire* [Método para uma fácil compreensão da história], que se pretende uma teorização da operação historiográfica tal como se desenvolve ao longo do século XVI como história nova, em ruptura com trabalhos anteriores, considerados incapazes de ascender ao modo de causalidade dos acontecimentos históricos, condenados à mera crônica acontecimental. Bodin distingue três tipos de história. A teologia ocupa-se apenas da história divina, e essa história sagrada está ligada à ordem da fé. A história "natural" trata, de sua parte, das "causas secretas da natureza" e está ligada à ordem da necessidade. Em terceiro lugar, a história a que Bodin pretende consagrar-se "explica as ações do homem que vive em sociedade"[11] e pertence à ordem da probabilidade. Ele estabelece os princípios de uma história das civilizações que tem seu campo epistemológico específico, à parte qualquer providencialismo. Se a busca da causalidade continua sendo o horizonte do historiador, isso acontece no domínio da história humana, marcado por uma instabilidade crônica, decorrente da vontade humana, que não pode ser objeto de previsões: "A história humana decorre sobretudo da vontade dos homens, que não é jamais semelhante a si mesma, e não entrevemos seu fim. Todos os dias nascem novas leis, novas instituições, novos ritos e as ações humanas não cessam de levar a novos erros".[12] Segundo Bodin, porém, o historiador estabelece como objetivo reduzir essas mudanças históricas a algumas leis

---

11  Bodin apud Huppert, *L'idée de l'histoire parfaite*, p.98.
12  Id., Méthode pour une facile compréhension de l'histoire. In:_____, *Oeuvres philosophiques*, p.282.

# A história

gerais. Encarna uma nova tentativa de assimilar e unificar os conhecimentos mais diversos com base em novas exigências lógicas. A primeira delas é o estabelecimento de uma cronologia segura, e a segunda visa dispor de uma escala comum para a apreciação das diversas etapas por que passou a humanidade. A melhor abordagem dessa história nova, portanto, é adotar um ponto de vista universal, que permita um estudo comparado da evolução e do espírito das leis.

Jean Bodin é bastante revelador desse espírito otimista do século XVI. Rejeita a filosofia cristã da história, que dá ênfase à decadência progressiva da humanidade. Segundo ele, ao contrário, o mundo não cessa de progredir para um bem-estar superior e, com isso, sua obra de historiador pretende demitologizar a pretensa idade de ouro do passado.

Pois se compararmos nossa época à chamada idade de ouro, ela poderia muito bem parecer de ferro. Quem poderia pôr em dúvida que o dilúvio foi um castigo da Providência, quando eram tantos os crimes na terra que mesmo Deus se arrependeu de ter criado o homem? Aí estão, pois, esses famosos séculos de ouro e prata! Os homens viviam dispersos nos campos e nos bosques como autênticos animais selvagens.[13]

Embora os antigos tenham feito descobertas admiráveis, os modernos os superam, e ele as cita a esmo para ilustrar sua tese: a invenção da bússola, o descobrimento do Novo Mundo, a expansão comercial, a metalurgia, a imprensa etc. Se existe uma orientação na história, para Bodin é o progresso.

A função do discurso histórico é explicar o crescimento e o declínio dos Estados e das civilizações. Portanto, ele deve abranger todo o passado da humanidade, em escala planetária, interessar-se por todas as sociedades conhecidas no mundo inteiro. O motor explicativo da história que Jean Bodin percebe,

---

13 Id., *La méthode de l'histoire*, VII.

François Dosse

autêntico fermento de historicidade, é o instinto de sobrevivência dos homens, seu desejo de adquirir riquezas, sua sede de posse, criadora de civilização. A perspectivação dessa pulsão serve para estabelecer uma hierarquização linear das fases da civilização. Numa primeira etapa, os homens defendem-se da doença e da necessidade e inventam a caça, a agricultura e a criação. Numa segunda etapa, lançam-se em atividades comerciais e industriais e, por fim, num grau mais avançado de civilização, o cume é alcançado quando os povos criam sua própria cultura e geram necessidades de luxo.

Em busca de leis explicativas, de causas hierarquizadas, o historiador humanista Jean Bodin aparece como um precursor dos filósofos e historiadores das Luzes, com seu cuidado de dissociar história sagrada e história profana, segundo os ensinamentos dos juristas do Renascimento, como Jacques Cujas e François Hotman. Essa aproximação é mais perceptível quando ele invoca a influência do clima sobre a evolução das sociedades, dividindo as nações em três categorias. Enquanto as civilizações do Sul, como a Mesopotâmia e o Egito, concederam o primado à religião e à sabedoria, as regiões mais temperadas, como a cidade grega ou Roma, estabeleceram cidades-Estados de forte fundamentação jurídica, voltadas para a expansão colonial; já as civilizações das regiões setentrionais privilegiaram as tecnologias e as operações militares. Com isso, Bodin anuncia a análise de Montesquieu em *O espírito das leis*.[14]

## Esboço de uma história perfeita: La Popelinière

Aquele que, no século XVI, foi mais longe na ideia de que a história é capaz de representar a totalidade foi La

---

14 Cf. Mesnard, *L'essor de la philosophie politique au XVIᵉ siècle*.

# A história

Popelinière (1541-1605). Ele escreveu um tratado cujo título sugere uma grande ambição: *L'idée de l'histoire accomplie* [A ideia da história completa]. Segundo esse nobre protestante de Saintonge, cuja primeira obra é uma *Histoire des guerres de religion* [História das guerras de religião], a história deve ajudar a compreender os problemas dos quais ele é contemporâneo. Como os historiadores de seu tempo, La Popelinière teve uma formação clássica e estudou direito antes de comandar as forças huguenotes na Infantaria e na Marinha. Como seus contemporâneos, decepcionou-se com a leitura de seus predecessores, que não lhe permitiam compreender os objetivos dos combates em andamento. Decide entrar no terreno da história com um procedimento inovador, pois "conhecer a história não é ter a memória dos fatos e dos acontecimentos humanos [...]. A essência da história é conhecer os motivos e as verdadeiras ocasiões desses fatos e acidentes".[15]

Em sua *Histoire des histoires*, La Popelinière ataca os historiadores tradicionais e contrapõe a eles pertinência de uma teoria da historiografia, definindo as fases do conhecimento histórico pelo grau de avanço das civilizações. Encontramos nele o evolucionismo e o otimismo da época moderna. Na fase das sociedades primitivas, a história deve ser procurada em toda parte, tanto nos vestígios materiais quanto nas expressões humanas simbólicas, pois se trata de uma história natural. Com a escrita, aparece um segundo gênero historiográfico, que La Popelinière chama de "poético": a história tem uma forma oracular, profética, voluntária, consciente.[16] Na terceira fase, ela é escrita em prosa e codifica os acontecimentos notáveis; assume a forma analítica. Por fim, na quarta fase, com Heródoto, a historiografia atinge a maturidade, e o êxito foi tal que a lição foi seguida de 2 mil anos de estagnação e imitação.

---

15  La Popelinière, *Histoire de France*, I, p.3-4.
16  Cf. Huppert, op. cit., p.144.

François Dosse

Portanto, importa que a nova geração se reanime, vá em frente, e é isso que La Popelinière pretende fazer quando publica *L'idée d'une histoire accomplie*. Ele dá ao leitor uma ideia de seu próprio ideal de uma história que pode ser perfeita. Transforma a história numa espécie de modelo e síntese das outras ciências:

> Assim, uma vez que as ciências têm preceitos, substância e fins aos quais se dirigem muito diferentes, e o bom historiador deve conhecer e praticar todas, cumpre inferir que ele deve ter um temperamento fino, isto é, o mais perfeito dos nove tipos que Galeno observou com cuidado, e que se atribui ao grande médico, ao excelente pregador e ao príncipe, para tornar-se capaz de bem governar um grande Estado. Isto é, aquele a que se unem as três potências dominantes do cérebro: imaginação, memória e entendimento.[17]

A primeira condição para que a história possa atingir a perfeição é ser geral. Essa capacidade de visar ao universal não deve ser procurada na teologia cristã, não pode resultar de uma simples justaposição de histórias particulares e tampouco corresponde à extensão espacial da área estudada.

A referência ao caráter de "generalidade" está ligada a um método inerente à maneira como o historiador aborda o assunto, ainda que limitado. A universalidade reside, portanto, na capacidade interpretativa do historiador. Ora, esta deve livrar-se dos pontos de vista singulares, dos campos exclusivos, como o político ou militar, para abordar o real histórico em todos os seus estados, sem reduzir arbitrariamente a perspectiva histórica. Assim, a história pode e deve ser completa. Ela é a representação de tudo e "deve compreender... o natural,

---

17 La Popelinière, L'idée de l'histoire accomplie. In: _____, *L'histoire des histoires*, t.2, p.128.

## A história

os usos, os costumes e as maneiras de agir do povo de que fala".[18] A história pode, portanto, atingir a capacidade filosófica e superar o caos informe dos acontecimentos que os cronistas de ontem se contentavam em descrever. A finalidade da história geral é, portanto, transformar esses fatos brutos em coisas significantes e elevar a história à altura da filosofia. Sem dúvida, essa história perfeita não é verdadeiramente realizável, mas deve ser um horizonte, um ideal de que convém se aproximar. Graças ao legado deixado por toda uma geração de eruditos, é possível esperar, segundo La Popelinière, dar um passo decisivo na direção desse ideal, uma vez livre do peso das questões impossíveis de resolver colocadas pelos teólogos medievais e uma vez dotado de um método adequado quanto à crítica dos documentos históricos. Depois de ter delimitado seu assunto, o historiador que visa ao universal, o geral, deve adotar uma atitude filosófica para abordar as fontes documentais.

Esse século XVI favoreceu, portanto, o desabrochar de toda uma corrente historicista, fundada na clara consciência de uma cesura radical entre o passado e o presente que se anuncia nesse período que chamaremos de moderno. Esse historicismo foi alimentado pela lição de relatividade de juristas como Cujas ou Budé, que reinseriram os códigos romanos no contexto global da história romana. Eles conceberam todo o direito romano como produto da história, estabelecendo os vínculos, as concordâncias entre a evolução do direito e da sociedade, questionando a ideia de direito natural. Os filólogos, por sua vez, também prepararam esse historicismo, insistindo na mudança das línguas, no caráter efêmero das diversas linguagens.

Esse historicismo assumiu com La Popelinière suas formas extremas, incluindo o saber histórico como saber sujeito às variações do tempo. Todas as formas da história são conside-

---

18  Id. apud Huppert, op. cit., p.148.

radas por ele produções por historizar, porque são fortemente ligadas a seu lugar de enunciação. Em La Popelinière, porém, esse relativismo histórico não resulta em ceticismo, porque ele pondera sua posição com a convicção de um progresso possível, que encarna a possibilidade de construir uma história cada vez mais científica.

## Das leis da história: Montesquieu, Voltaire, Condorcet

### Montesquieu

O século XVIII, século das Luzes, assistiu à multiplicação de estudos de ordem histórica de autoria de filósofos. Historiadores fazem-se filósofos, como Montesquieu, que tem como modelo as ciências da natureza, as ciências experimentais. Ele pretende chegar à formulação de leis gerais tão rigorosas quanto a Física Mecânica e permanece partidário de um determinismo histórico estrito. Afirma ele:

Diversas coisas governam os homens: o clima, a religião, as leis, as máximas de governo, os exemplos das coisas passadas, os costumes, as maneiras; forma-se um espírito geral que daí resulta. Na medida em que, em cada nação, uma das causas age com mais força, as outras cedem na mesma proporção. A natureza e o clima dominam quase sozinhos os selvagens; as maneiras governam os chineses e as leis tirânicas, o Japão; os costumes davam o tom outrora na Lacedemônia; as máximas de governo e os velhos costumes dão-no em Roma.[19]

---

19 Montesquieu, *De l'esprit des lois*, livro XIX, cap.4.

# A história

No centro de *Considerações sobre as causas da grandeza dos romanos e de sua decadência*, publicado em 1734, ele coloca o problema das instituições, apoiado num sólido conhecimento do passado. Mostra como Roma conseguiu conciliar a liberdade dos cidadãos e a autoridade do Estado, garantindo o domínio sobre o mundo, o que causará sua perda. Ao contrário de Bossuet, Montesquieu desenvolve não a ação inelutável e divina da Fortuna, mas um determinismo inteligível ao redor da noção de causalidade:

> Não é a fortuna que domina o mundo: podemos perguntar aos romanos, que tiveram uma sequência contínua de prosperidade, quando se governaram em certo plano, e uma sequência ininterrupta de revezes, quando se conduziram em outro. Há causas morais, quer morais, quer físicas, que agem em cada monarquia, elevam-na, mantêm-na ou a destroem; todos os acidentes estão submetidos a essas causas.[20]

Para além da aparente incoerência do caos dos acontecimentos, o historiador pode mostrar a ordem imanente da razão.

"Se Montesquieu não foi o primeiro a conceber a ideia de uma física social, foi o primeiro a querer lhe dar o espírito da física nova, partir não das essências, mas dos fatos, e desses fatos extrair suas leis".[21] Em busca das leis imanentes das sociedades humanas, Montesquieu elabora *Do espírito das leis*, a fim de organizar a diversidade fenomenal que se apresenta ao observador num número limitado de tipos. Essa tipologia deve permitir tornar inteligível a história da humanidade, segundo dois critérios: o modo de exercício do poder e o princípio de que todo governo precisa para se perpetuar. Assim, ele distin-

---

20 Id., *Considérations sur les causes de la grandeur et de la décadence des romains*, cap.XVIII.
21 Althusser, *Montesquieu: la politique et l'histoire*, p.15.

gue três tipos de regimes políticos. O despotismo, que se baseia no temor, no medo generalizado, é um regime em que um só governa, sem lei, sem regra, arrastando tudo por sua única vontade. Ninguém está seguro e o medo é generalizado em todo o corpo social: "É preciso, pois, que o temor abata todas as coragens e extinga até o mínimo sentimento de ambição".[22] Segundo Montesquieu, esse regime existe nos países exageradamente grandes, é o governo das terras extremas e dos climas vorazes: o regime dos turcos, dos persas, dos chineses etc. É a encarnação do mal absoluto, dos próprios limites do político. A República, em sua dupla variante aristocrática e democrática, tem seu motor na virtude: "Num Estado popular, é preciso um motor a mais, que é a virtude".[23] Mas Montesquieu já não acredita na República; esse tempo passou, porque se trata de um regime que só pode prosperar em pequenos espaços geopolíticos. Com a monarquia, Montesquieu fala de seu presente e de um regime que ele considera baseado na honra, ou seja, na busca e no respeito por cada um do que ele deve a sua posição. Sem dúvida, um só governa, mas segundo leis fixas que o limitam: "A ambição é perniciosa numa República. Tem bons efeitos na monarquia; dá vida a esse governo; e temos a vantagem de ela não ser perigosa, pois pode sempre ser reprimida".[24] Na monarquia, o príncipe é protegido de seus excessos pelas ordens privilegiadas, e estas devem sua condição ao respeito da honra, que as preserva do povo. A essa primeira classificação, Montesquieu acrescenta uma segunda, que distingue os regimes moderados, em que são garantidas a liberdade e a segurança dos cidadãos, e os regimes em que domina a desmedida. Esse dualismo faz surgir um modelo de equilíbrio, de medida, na Constituição adotada pela Inglaterra.

---

22 Montesquieu, *De l'esprit des lois*, livro III, cap.9.
23 Ibid., cap.3.
24 Ibid., cap.7.

A história

Já em 1730, Montesquieu vê nela a realização de uma separação real dos poderes, a condição mesma da preservação das liberdades públicas:

> Há em cada Estado três tipos de poder: a potência legislativa, a potência executiva das coisas que dependem do direito das gentes e a potência executiva das que dependem do direito civil. [...] Tudo estaria perdido se o mesmo homem ou o mesmo corpo de notáveis ou de nobres ou do povo exercesse esses três poderes, a saber, fazer as leis, executar as decisões públicas e julgar os crimes ou litígios dos particulares.[25]

Além do mérito de ter laicizado o sistema causal, situando-o na esfera jurídica, Montesquieu encarnou essa ambição de reduzir o real a um grande sistema animado por esquemas de causalidade. Com isso, abriu a perspectiva de um pensamento do político como ordem autônoma. Althusser vê em Montesquieu um precursor que anuncia Marx:

> *Montesquieu é provavelmente o primeiro antes de Marx que tentou pensar a história sem lhe atribuir um fim,* isto é, sem projetar no tempo da história a consciência dos homens e suas esperanças. Tal censura redunda em seu proveito. Ele foi o primeiro a propor um princípio positivo de explicação universal da história.[26]

## Voltaire

Voltaire também fez obra de historiador. Além de *Considérations sur l'histoire* [Considerações sobre a história] ou *Le*

---

25  Ibid., livro IX, cap.6.
26  Althusser, op. cit., p.52.

*siècle de Louis XIV* [O século de Luís XIV], sua grande obra histórica é *Essai sur les moeurs* [Ensaio sobre os costumes], no qual pretende refazer todo o percurso da humanidade desde Carlos Magno até Luís XIII, integrando todos os povos do mundo e todas as ordens de fenômenos. Escreve ele ao marquês de Argenson, em 1740: "Só escreveram a história dos reis, mas não escreveram a história da nação; parece que durante 1.400 anos nas Gálias só houve reis, ministros e generais; mas então não são nada nossos costumes, nossas leis, nossos usos, nosso espírito?"[27] Voltaire pretende abrir a história para o social e insistir na importância da vida cotidiana, da demografia e dos fenômenos culturais e, portanto, construir uma história total, fundamentada numa ampliação dos documentos históricos para todas as atividades humanas. Em suas *Considérations sur l'histoire*, desenvolve suas teses e sua insatisfação com a história dominante, demasiado política, demasiado voltada para a história-batalha. "Depois de ter lido 3 mil ou 4 mil descrições de batalha e o teor de algumas centenas de tratados", escreve Voltaire, "descobri que, no fundo, não me tornei mais instruído. Com isso, só aprendia acontecimentos." Ele aplica suas teses em *Le siècle de Louis XIV*, publicado em 1751. Como anuncia ao abade Dubos numa carta de 30 de outubro de 1738: "não são os anais de seu reinado, mas antes a história do espírito humano, colhida no século mais glorioso do espírito humano".

Mas a principal obra histórica de Voltaire é seu *Essai sur les moeurs*, publicado em 1756; ele não trabalhou nele menos de vinte anos e, embora ironizasse os eruditos que nadam num "mar de ignorância que não tem nem fundo nem praia", ou ainda ao escrever que "as minúcias são para os tolos", ele jamais deixou de investigar, recolher testemunhos, ler e aumentar uma documentação pletórica. Mas, como Montesquieu, Voltaire não quer perder-se nos arquivos, considerando que certo número

---

27 Voltaire, Correspondances. In: ———, *Oeuvres complètes*, t.35, p.374.

# A história

de causalidades está em ação na história e é preciso sair do caos dos acontecimentos. Seu ponto de partida é assinalado pelas hipóteses filosóficas que devem acossar o mito, fazer recuar a fábula:

> Em todas as nações, a história é desfigurada pela fábula, até que, por fim, a filosofia vem esclarecer os homens: e quando chega enfim a filosofia, no meio dessas trevas, encontra os espíritos tão cegos por séculos de erros que mal consegue desiludi-los.[28]

Segundo Voltaire, três fatores têm influência sobre o espírito dos homens: o clima, o governo e o meio. É no cruzamento desses três elementos que se encontra a solução para o enigma do mundo. Cabe ao novo historiador privilegiar o que constitui a unidade do gênero humano e deixar de lado as singularidades e outros pormenores que atulham seu território. Declara Voltaire:

> Querem, enfim, superar a repulsa que lhes causa a história moderna, desde a decadência do Império Romano, e dar uma ideia geral das nações que habitam e desolam a terra. Não procurem nessa imensidão senão o que merece ser conhecido; o espírito, os costumes, os usos das principais nações, apoiados em fatos que não é permitido ignorar.[29]

A totalidade em que Voltaire tenta integrar todas as civilizações permite-lhe traçar o percurso dos progressos do espírito humano. As Luzes do Ocidente iluminam a marcha das civilizações plurais rumo a um mundo melhor. A antropologia própria de Voltaire é poligenista; portanto, apoia-se na teoria de que as diferentes raças humanas têm origem em estirpes

---

28  Id., *Essai sur les moeurs*, livro CXCVII.
29  Ibid., prólogo.

diferentes. O *Essai* enumera as diferentes espécies de homens e, para o deísta Voltaire, tal diversidade não é realmente surpreendente, pois revela a arte do Criador. Assim, Voltaire pode conjugar a universalidade da natureza, a mesma em toda parte, com a diversidade das civilizações, cujo movimento anima os progressos do espírito humano.

## Condorcet

Esse horizonte teleológico, acompanhado de uma fé cientificista, é levado ao paroxismo no século XVIII por Condorcet em seu *Esboço de um quadro histórico dos progressos do espírito humano*. Ali ele narra o combate da ciência contra o obscurantismo e define o horizonte de uma espécie humana livre de seus grilhões, caminhando resoluta rumo à felicidade coletiva. Nessa perspectiva otimista e continuísta, Condorcet concede um lugar de destaque às capacidades de uma "matemática social" e ao cálculo de probabilidades permitido por ela, a fim de explorar as coerências da história.[30] O desenvolvimento dessa matemática social implica um procedimento reducionista e causal. Condorcet pressupõe que cada qual age em consequência daquilo em que acredita, que essa crença pode reduzir-se a motivos para acreditar e que estes, por sua vez, são integralmente redutíveis a probabilidades. Segundo Michel de Certeau: "Portanto, ele deixa fora de seus cálculos um enorme resíduo, toda a complexidade social e psicológica das escolhas".[31]

No século XVIII e em meados do século XIX, quando o vento da história sopra para a construção de uma sociedade completamente nova, os pensadores buscam um sentido para o devir humano, inserindo seu presente numa lógica inteiramente racional. Kant, Hegel e depois Marx conceberam toda a história

---

30  Cf. Condorcet, *Mathématique et société.*
31  Certeau, *Histoire et psychanalyse entre science et fiction*, p.80.

A história

da humanidade como a compreensão dos fundamentos das batalhas em andamento pela liberdade. Então, o real só pode ser racional e a razão pode encarnar-se na história. Impõe-se toda uma visão teleológica ao redor de um fluxo contínuo da história humana na direção de mais progresso e transparência. Essa filosofia da história é animada por uma confiança absoluta na ideia de uma razão em ação através dos diversos estágios da experiência social. A lógica histórica desenvolve-se de acordo com uma necessidade que escapa aos indivíduos, quando não se faz a sua revelia, segundo suas astúcias próprias. Para Hegel, "cada indivíduo é um elo cego na cadeia da necessidade absoluta pela qual o mundo se cultiva".[32]

## A embriaguez cientificista: o social reificado

Mas é sobretudo a sociologia durkheimiana que transforma profundamente as orientações historiadoras em torno da construção de uma física social, de uma sociedade vista como uma coisa, cujos sistemas de causalidade cabe ao pesquisador descobrir. Essa sociologia conquistadora do fim do século XIX e começo do século XX multiplica suas ofertas de serviço aos geógrafos, historiadores e psicólogos, ao redor do conceito de causalidade social. Os princípios epistemológicos dessa sociologia que pretende representar por si só "a ciência social" fundamentam-se, em primeiro lugar, no objetivismo de um método em nome do qual os cientistas são considerados livres de seus *a priori*, em segundo lugar, na realidade do objeto e, por fim, na independência da explicação, que permite reduzir o fato social a sua causalidade sociológica, considerada a única eficiente.

---

32 Hegel, *Dokumente*, apud Hondt, *Hegel, philosophe de l'histoire vivante*, p.206.

François Dosse

## Durkheim

Na França, essa corrente sociológica reúne-se em torno de Durkheim, que é titular do primeiro curso de sociologia na Faculdade de Bordeaux, em 1887, e funda dez anos depois, em 1897, *L'année sociologique*, verdadeiro instrumento de conquista da escola sociológica francesa. Esta obtém alguns triunfos espetaculares, como a eleição de Marcel Mauss para o Collège de France, as de Céléstin Bouglé e Albert Bayet para a Sorbonne ou ainda o magistério de Georges Gurvitch e de Maurice Halbwachs em Estrasburgo. Aos historiadores, Dukheim contrapõe a cientificidade do procedimento sociológico, seu caráter nomológico: "A partir do momento que compara, a história torna-se indistinta da sociologia", escreve ele em 1887, e não esconde suas intenções hegemônicas em 1903, quando escreve: "A história só pode ser uma ciência com a condição de se elevar acima do individual; é verdade que então ela deixa de ser ela mesma para se tornar um ramo da sociologia". O desejo de relegar a história ao nível de ciência auxiliar é manifesto e ocorre em nome da necessidade de um trabalho em comum de todas as disciplinas da ciência social, como escreve ainda Durkheim em 1886: "Não devemos esquecer que a sociologia, como as outras ciências, e talvez mais do que as outras, só pode progredir pelo trabalho comum e pelo esforço coletivo".[33]

Os princípios epistemológicos dos sociólogos durkheimianos fundam-se num objetivismo do método que, em nome do necessário corte científico, apoia-se num afastamento da subjetividade do pesquisador. O segundo postulado dessa corrente é a realidade do objeto estudado. Daí decorre que os fatos sociais devem ser analisados como coisas, e esses fatos sociais exercem uma pressão sobre o indivíduo. Durkheim torna absoluto o corte entre fatos psicológicos e fatos sociais.

---

33 Durkheim, Les études de science sociale, *Revue Philosophique*, n.22, p.61-80.

## A história

O fato social é aquilo que é suscetível de exercer uma pressão exterior sobre o indivíduo, ou ainda, que é geral na extensão de dada sociedade, embora tenha existência própria, independente de suas manifestações individuais. "Não só", escreve Durkheim, "esse tipo de conduta ou de pensamento é exterior ao indivíduo, mas é dotado de uma potência imperativa e coercitiva, em virtude da qual se impõe a ele, queira ou não."[34] Em terceiro lugar, a explicação do fenômeno social é considerada pertencente a um nível autônomo, com a preocupação de fazer sociologia sociologicamente, isto é, reduzir os fenômenos sociais a explicações puramente sociológicas. Esses princípios são exemplificados numa série de estudos. Assim, em *Da divisão do trabalho social*, de 1893, Durkheim empenha-se em distinguir duas formas de solidariedade: uma solidariedade mecânica, por semelhança, dominante nas sociedades primitivas, e uma solidariedade orgânica, por diferenciação, característica da modernidade. Dedica-se até ao estudo do que pode parecer o domínio próprio do íntimo, do psicológico, isto é, o suicídio, que parece ser um desafio para o sociólogo. Pretende demonstrar que, mesmo nesse caso limite, o indivíduo ainda é governado pela realidade coletiva. Baseando-se em dados estatísticos, estabelece curvas de frequência do suicídio a partir das diversas categorias sociais existentes.[35]

### Contra os três ídolos: Simiand

Contando com o clima favorável e alguns sinais encorajadores, o sociólogo durkheimiano François Simiand lança em 1903 seu famoso desafio aos historiadores na revista de Henri Berr, *Revue de Synthèse Historique* [Revista de Síntese Histórica], com seu polêmico artigo: "Método histórico e ciências sociais". Ele

---

34  Id., *Les règles de la méthode sociologique*, p.4.
35  Id., *Le suicide*.

François Dosse

denuncia uma história que não tem nada de científica, é apenas um procedimento de conhecimento condenado à descrição de fenômenos contingentes, aleatórios, ao passo que a sociologia pode ter acesso a fenômenos iteráveis, regulares, estáveis, e deduzir deles a existência de leis. Simiand denuncia sobretudo os três ídolos da tribo historiadora: o ídolo político, "ou seja, o estudo dominante, ou pelo menos a preocupação perpétua com a história política, com os fatos políticos, guerras etc., o que acaba por dar a esses acontecimentos uma importância exagerada";[36] o ídolo individual, "ou o hábito inveterado de conceber a história como uma história dos *indivíduos* e não como um estudo *dos fatos*, hábito que ainda leva comumente a ordenar as pesquisas e os trabalhos ao redor de um homem e não de uma instituição, de um fenômeno social, de uma relação a estabelecer";[37] e, por fim, o ídolo cronológico, "ou seja, o hábito de perder-se em estudos de origens".[38] Simiand espera assim atrair para a sociologia certo número de historiadores inovadores, interessados em substituir uma prática empírica por um método crítico, voltado para a pesquisa causal e elaborado apenas pelos sociólogos.

Esse texto de Simiand será a matriz teórica dos *Annales* em 1929, mas seu caráter ao mesmo tempo polêmico e agressivo provocou num primeiro momento uma reação geral de rejeição. O eco mais elaborado e mais aberto ao diálogo com os durkheimianos foi publicado na mesma *Revue de Synthèse Historique* pelo historiador Paul Mantoux, que defendeu pouco depois, em 1906, uma tese importante acerca da Revolução Industrial na Inglaterra. Pretendeu, assim, neutralizar o ataque, mostrando-se favorável a um trabalho em comum com as Ciências Sociais, mas quis também ressaltar a pertinência do estudo dos fenômenos individuais quando podemos articulá-los com o coletivo. Tam-

---

36 Simiand, Méthode historique et sciences sociales, *Revue de Synthèse Historique*.
37 Ibid.
38 Ibid.

A história

bém insistiu na importância capital da mudança, da cronologia e do tempo para compreender os fenômenos sociais.

## A estruturalização da história

### A história como ciência nomotética

O texto-manifesto de Simiand foi novamente publicado na revista dos *Annales* em 1960, para mostrar, no momento do desafio estruturalista, que os historiadores haviam assimilado havia muito a lição dos sociólogos durkheimianos, para fazer dele seu próprio programa. Com efeito, já em 1929, data da criação da revista *Annales d'Histoire Économique et Sociale* [Anais de História Econômica e social], dirigida por Marc Bloch e Lucien Febvre, a orientação durkheimiana torna-se a matriz teórica do programa da escola das *Annales*, que aos poucos, ao longo de todo o século XX, reuniu quase toda a corporação dos historiadores sob seu estandarte. O comitê de direção da revista simbolizava bem essa captação – bem-sucedida, dessa vez – das ciências sociais irmãs.[39] O preço pago por esse bom êxito, que em breve transformaria uma revista em escola, foi o alinhamento da história ao programa durkheimiano, retomado por conta própria pelos historiadores. Os *Annales* adotaram então um tom particularmente polêmico contra a história metódica, que chamaram, em tom pejorativo, de historizante, e Charles Seignobos foi satanizado e ridicularizado em resenhas corrosivas.

Ao contrário, o campo econômico e social ocupou o lugar da dimensão política. O título da revista indica essa prioridade, e a primeira cadeira de história econômica e social da Sorbonne, ocupada por Henri Hauser, passou para Marc Bloch em 1936, que aproveitou para criar um Instituto de História Econômica

---

39 Cf. Dosse, *L'histoire en miettes, des annales à la nouvelle histoire.*

François Dosse

e Social. Esse novo campo de investigação é abordado com o apoio de um modelo teórico, o de François Simiand, a ponto de Lucien Febvre escrever em 1930: "Para os historiadores, um livro de cabeceira: o curso de economia política de Simiand".[40] Essa abertura para o econômico pressupõe uma organização mais coletiva do trabalho histórico, utilizando as ferramentas estatísticas e a contribuição das outras ciências sociais em trabalhos de laboratórios mais profissionais.

Os *Annales* promovem a história dos preços e dos rendimentos em sua flutuação, o que implicava utilizar temporalidades mais longas e ampliar a matéria-prima do historiador. Tudo se torna fonte para o historiador de profissão, que não se limita mais ao quadro arquivístico clássico dos manuscritos classificados pelas diversas instituições. Assim, o historiador se interessará, como Marc Bloch, pela história das mudanças da paisagem, para compreender melhor as mutações do mundo rural e, sobretudo, a oposição entre *openfield* e *bocage*.[41] Em ruptura com os estudos puramente jurídicos, Marc Bloch insiste na dimensão social do senhorio: "Propomo-nos tentar aqui a análise e a explicação de uma estrutura social, com seus vínculos".[42] Bloch também rompeu com a abordagem evolucionista, que via a família extensa ceder espaço para a família nuclear. Na realidade, a feudalidade reativa os laços de parentesco e responde à incapacidade dos laços de parentesco de garantir segurança.

A batalha travada pelos *Annales* por uma dialética entre passado e presente tem duas frentes: de um lado, contra os eruditos confinados na reconstituição do passado, sem nenhuma preocupação com o que está em jogo na atualidade, e, de outro, contra os economistas e sociólogos, quando tendem a ocultar a espessura temporal dos objetos estudados. A especificidade do

---

40  *Annales*, 1930, p.581-90.
41  Cf. Bloch, *Les caractères originaux de l'histoire rurale française*.
42  Id., *La société féodale*, p.16.

# A história

tempo do historiador consiste justamente em se manter nessa tensão entre um sentimento de continuidade do presente em relação ao passado e o sentimento de um fosso que cresce e institui uma descontinuidade entre essas duas dimensões. O valor heurístico do presente é até teorizado pelo medievalista Marc Bloch com o procedimento recorrente qualificado de olhar "às avessas", que é partir do menos mal conhecido e ir na direção de uma melhor inteligibilidade das zonas mais opacas. Aliás, é o que faz o próprio Bloch quando parte das reflexões feitas atrás da frente de batalha, durante a guerra de 1914-1918, acerca do funcionamento do boato para compreender melhor o fenômeno de crença que leva aos *Reis taumaturgos*. Essa importância do presente singulariza os *Annales*, em que um terço dos artigos é dedicado ao tempo presente até 1939.

Esse período entre as duas guerras, marcado por essa primeira geração dos *Annales*, demonstra uma real fecundidade, mas a eliminação do político e do acontecimento em proveito da busca causal exclusiva não permitiu que eles compreendessem os dois principais fenômenos políticos da época, o que é ainda mais grave na medida em que esses historiadores priorizavam os temas contemporâneos, o presente. De fato, eles passaram ao largo do fenômeno fascista, nazista e stalinista, o que fará que Marc Bloch diga em 1940, numa autocrítica mal disfarçada:

> Adeptos das ciências do homem ou cientistas de laboratório, talvez tenhamos sido afastados da ação individual por uma espécie de fatalismo, inerente à prática de nossas disciplinas. Elas nos habituaram a considerar, sobre todas as coisas, tanto na sociedade quanto na natureza, o jogo das forças maciças [...]. É interpretar mal a história [...]. Preferimos nos confinar na temerosa quietude de nossos escritórios [...]. Será que fomos sempre bons cidadãos?[43]

---

43  Id., *L'étrange défaite*, p.188.

François Dosse

Contudo, essa interrogação crítica não tem porvir, em razão do falecimento de Marc Bloch em 1944, fuzilado pelos alemães como resistente.

## Crítica de Lévi-Strauss

Os historiadores sofrem mais duramente a concorrência da sociologia no fim da década de 1950 e na primeira metade da década de 1960, quando Lévi-Strauss, representante eminente da antropologia francesa, faz a demonstração da força de um programa estruturalista que pretende criar a federação de todas as ciências humanas numa semiologia generalizada, nova ciência da comunicação humana. Em 1949, Lévi-Strauss retoma o debate entre história e sociologia no ponto em que François Simiand o havia deixado em 1903 e acrescenta:

> O que aconteceu desde então? É forçoso constatar que a história se manteve dentro dos limites do programa modesto e lúcido que lhe foi proposto e prosperou segundo suas linhas [...]. Quanto à sociologia, o caso é outro: não se pode dizer que não se tenha desenvolvido.[44]

O historiador, segundo Lévi-Strauss, encarna um nível essencial do real, mas seu plano empírico de observação condena-o a não estar em condições de criar modelos. Portanto, ele não pode ter acesso às estruturas profundas da sociedade, que, aliás, invalidam a dimensão diacrônica da história. O historiador está condenado a viver na opacidade de um descritivo informe, no caos da contingência, a menos que se muna da grade de leitura do etnólogo, pois os modelos conscientes se interpõem como obstáculos entre o observador e seu objeto,

---

44 Lévi-Strauss, Histoire et ethnologie. In: _____, *Anthropologie structurale*, p.3-4.

# A história

ao passo que a antropologia assume como horizonte escrutar o nível inconsciente das práticas sociais.

A história e a etnologia estão, por certo, duplamente próximas uma da outra por sua posição institucional e por seus métodos, e Lévi-Strauss considera que ambas têm o mesmo objeto, esse *outro* separado do mesmo pelas distâncias espaciais ou pela espessura temporal do passado. A distinção entre essas duas disciplinas, segundo Lévi-Strauss, situa-se, portanto, entre a ciência empírica que é a história e a ciência conceitual que é a etnologia. Ora, só esta pode ter acesso aos extratos inconscientes da sociedade humana. A antropologia estrutural, tal como a entende Lévi-Strauss, é a única que pode aventurar-se nas esferas do universo mental, assumindo como objetivo ter acesso aos espaços mentais. Podemos julgar a magnitude do desafio que tal programa representa para o historiador, sobretudo quando é formulado pelo autor do que se tornou em meados da década de 1950 um *best-seller*, *Tristes trópicos*.

Pouco depois, no âmbito de uma polêmica com Jean-Paul Sartre em resposta a sua *Crítica da razão dialética*, Lévi-Strauss mostra-se ainda mais severo com a história, apresentada por ele como a expressão de um mito em *O pensamento selvagem*, de 1962. O fascínio que a história exerce sobre os filósofos é denunciado como uma tentativa de reconstituir um contínuo temporal ilusório. Sectária, a história só pode ser parcial e re nunciar à globalidade significativa. Sua "pretensa continuidade histórica só é garantida por meio de traçados fraudulentos".[45]

## A resposta de Braudel

Braudel, que compreendeu muito bem o vigor e o perigo do desafio, opõe a herança de Marc Bloch e Lucien Febvre a Claude Lévi-Strauss, mas inova ao modificar as orientações

---

45  Id., *La pensée sauvage*, p.345.

primeiras para bloquear a ofensiva estruturalista. A história dos *Annales* encontrou em Braudel aquele que revitalizava a mesma estratégia, fazendo da história a ciência aglutinadora das ciências humanas, adotando o programa delas. Aliás, ele reconhece a herança direta das ciências humanas em sua maneira de escrever a história. Da revolução das ciências sociais, Braudel retém sobretudo a necessidade de abrir as fronteiras entre as disciplinas, derrubar as muralhas erguidas por elas. É partidário do livre intercâmbio das ideias e das pessoas entre as diversas ciências humanas. A história só pode sair engrandecida desses confrontos, e Braudel não duvida de sua capacidade de assimilar e reduzir, segundo um esquema que se tornou um ritual.

Em sua aula inaugural no Collège de France, no qual ingressou em 1950, Braudel menciona esses concorrentes: "Temos visto nascer, renascer e florescer, nos últimos cinquenta anos, uma série de ciências humanas imperialistas".[46] O tom está dado, e é o da defesa da identidade historiadora por parte de alguém que está convencido de ter o tempo a seu lado, lutando por uma disciplina tão arraigada quanto a história e pela continuidade de uma escola que se afirma sempre como dominante ante os efêmeros nascimentos e renascimentos, ante essas jovens plantas que são as outras ciências humanas; no entanto, é necessário vigiar as pretensões dessas disciplinas. Há na estratégia braudeliana, portanto, uma linguagem dupla para domar essas jovens ambições. Ele afirma a unidade das ciências do homem, que nada diferencia da história: "A sociologia e a história são uma única aventura do espírito, não o verso e o reverso de um mesmo tecido, mas esse mesmo tecido em toda a espessura de seus fios".[47]

A resposta precisa ao desafio lançado por Claude Lévi-Strauss é dada por Fernand Braudel em outro artigo-manifesto

---

46  Braudel, *Écrits sur l'histoire*, p.31.
47  Ibid., p.105.

## A história

publicado nos *Annales* em 1958,[48] no mesmo ano da publicação de *Antropologia estrutural*. Embora demonstre apenas desprezo pela sociologia, evita polemizar frontalmente com Lévi-Strauss: ele não o ataca em nenhum momento, apesar da situação de concorrência teórica ainda mais áspera. Ao contrário do tratamento reservado a Georges Gurvitch, ele recorda a "proeza" de Lévi-Strauss[49] de ter sido capaz de decifrar a linguagem subjacente das estruturas elementares do parentesco, dos mitos, das trocas econômicas. O regente de orquestra Braudel, que costuma olhar de cima as jovens ciências imperialistas, aceita abandonar o púlpito e chega a evocar "nosso guia", referindo-se ao antropólogo, mas sem abandonar o cargo. Esse é um sinal claro de que ele compreendeu a força e a atração desse discurso antropológico, que também ele se apresenta como totalizante, mas com o apoio de um aparato matemático, com modelos que lhe permitem ter acesso ao inconsciente das práticas sociais e, portanto, adquirir rapidamente no campo das ciências sociais uma superioridade redibitória em relação à história.

Braudel responde de maneira inovadora, apropriando-se das conquistas da antropologia estrutural. Ele lhe contrapõe o trunfo maior do historiador: o tempo, não o do par tradicional acontecimento/datação, mas o da longa duração, que condiciona até as estruturas mais imutáveis exploradas pelo antropólogo: "A proibição do incesto é uma realidade de longa duração".[50] Reconhece a pertinência da crítica de François Simiand contra a singularidade do acontecimento e seu caráter fútil para as ciências sociais. Propõe, então, reorganizar o conjunto das ciências sociais ao redor de um programa comum, que tenha como referente essencial a noção de longa duração. Ela deve impor-se a todos e, já que se trata de duração, de periodização, o historiador

---

48  Id., La longue durée, *Annales ESC*, n.4, p.725-53.
49  Id., Reed. In: *Écrits sur l'histoire*, p.70.
50  Ibid., p.73.

continua a ser rei. Braudel apresenta essa inflexão como uma revolução copernicana na própria disciplina histórica, o esboço de uma inversão radical de perspectiva que deve possibilitar que todas as ciências do homem falem a mesma linguagem.[51] A resposta de Braudel a Lévi-Strauss e às ciências sociais em geral não se limita a lhes contrapor a longa duração como estrutura, mas consiste em pluralizar a dimensão temporal. Já realizada em 1949 em sua tese, essa pluralização é teorizada como modelo em 1958. O tempo é decomposto em vários ritmos heterogêneos, que quebram a unidade da duração. Ele se torna qualitativo para adquirir uma inteligibilidade nova em diversos níveis. A arquitetura braudeliana articula-se ao redor de três temporalidades ou três patamares diferentes: os acontecimentos, o tempo conjuntural, cíclico, e, por fim, a longa duração. Assim, podemos distinguir estágios diferentes do tempo e defasagens entre as diversas temporalidades. Tal abordagem contribui de modo positivo para inverter a posição da história historizante, mas não é tão nova como afirma. Embora pluralize o tempo, nem por isso Braudel deixa de defender uma orientação historiadora que tem como ambição restituir uma dialética dessas temporalidades, referi-las a um tempo único. Acontecimentos, conjunturas e longa duração continuam solidários. Ainda que a unidade temporal se subdivida em vários níveis, estes permanecem ligados a uma temporalidade global que os reúne num mesmo todo. Ele se distancia do tempo múltiplo e sem espessura dos sociólogos, mas ainda resta dar um conteúdo ao esquema tripartite braudeliano, substantivar as velocidades de passagem do tempo. A duração não se apresenta mais como um dado, mas como um construto. A nova tábua da lei de Fernand Braudel, tripartite, é construída deliberadamente sem referência a qualquer teoria e situa-se unicamente no plano da observação

---

51  Cf. Delacroix; Dosse; Garcia, *Les courants historiques en France, XIX^e^-XX^e^ siècle.*

# A história

empírica. Já em sua tese, ele atribui a cada uma das durações um domínio, um domicílio específico. Assim, *O Mediterrâneo* decompõe-se em três partes, três temporalidades, três domínios. A sucessão das três temporalidades não significa que Braudel conceda peso igual a cada uma delas. O acontecimento é descartado como insignificante, ainda que tal nível represente um terço de sua tese sobre *O Mediterrâneo*. Trata-se apenas de "agitação das vagas", "turbilhões de areia", "fogos de artifício de pirilampos fosforescentes", "um cenário"...

Como Lévi-Strauss, Braudel destrói a concepção linear do tempo que avança para um aperfeiçoamento contínuo, substitui-o por um tempo quase estacionário, em que passado, presente e futuro não diferem e se reproduzem sem descontinuidade. Só a ordem da repetição é possível, ele privilegia as invariantes e torna ilusória a noção de acontecimento: "Na explicação histórica tal como a vejo, é sempre o tempo longo que acaba levando a melhor. Negador de uma multidão de acontecimento".[52]

A dupla resposta de Fernand Braudel ao desafio estruturalista foi bem-sucedida também no plano institucional: a história continuou formando o núcleo do campo das ciências sociais, à custa de uma metamorfose que implicou uma mudança radical. Excluídos na década de 1960 de uma atualidade intelectual mais interessada nos avanços dos linguistas, dos antropólogos e dos psicanalistas, os historiadores têm sua desforra no começo da década de 1970. Os historiadores dos *Annales* vivem sua era de ouro. O público garante às publicações de antropologia histórica um sucesso espetacular. A recuperação e a adaptação do estruturalismo ao discurso histórico são orquestradas sobretudo pela nova direção da revista dos *Annales* – em 1969, Braudel cedeu o lugar a uma geração mais jovem de historiadores, constituída por André Burguière, Marc Ferro, Jacques Le Goff, Emmanuel

---

52 Braudel, *La Méditerranée et le monde méditerranéen à l'époque de Philippe II*, t.2, p.520.

François Dosse

Le Roy Ladurie e Jacques Revel –, que abandona os horizontes da história econômica em proveito de uma história mais voltada para o estudo das mentalidades e para a antropologia histórica.

## O casamento do fogo e da água

Em 1971, essa nova equipe publica um número especial da revista dedicado ao tema "História e estrutura",[53] traduzindo muito bem a reconciliação desejada entre esses dois termos, antes antinômicos, como o casamento do fogo e da água. André Burguière, que apresenta o número, defende a adoção de um estruturalismo para historiadores que seja aberto, bem equilibrado, capaz de mostrar que os historiadores não se contentam em perceber o nível manifesto da realidade, como afirmava Lévi-Strauss em 1958, mas também refletem sobre o sentido oculto, o inconsciente das práticas coletivas, tanto quanto os antropólogos. Para ele, "um pouco de estruturalismo afasta da história, muito estruturalismo leva a ela".[54]

A *entente cordiale* entre historiadores e antropólogos parece manifesta nesse início da década de 1970, graças à antropologização do discurso histórico. Os historiadores mergulham nas delícias de uma história de permanências, e a historiografia, por seu lado, privilegia a figura do outro em detrimento da imagem tranquilizadora do mesmo. O outro, a diferença, que até então eram procurados nos trópicos pelos antropólogos, tornam-se objeto da pesquisa historiadora, dessa vez na espessura do passado temporal dentro da civilização ocidental.

Os historiadores dos *Annales*, ao defender uma história estruturalizada, ambicionam alcançar essa federação das ciências humanas que Durkheim desejava criar em favor dos sociólogos, captando o modelo estrutural e tornando a história uma disci-

---

53 *Annales*, n.3-4.
54 Burguière, *Annales*, n.3-4, p.vii.

# A história

plina nomotética e não mais idiográfica. O primeiro efeito dessa fecundação estrutural do discurso histórico é, evidentemente, uma desaceleração da temporalidade, que se torna quase estacionária. Rejeita-se o acontecimento, considerado pertencente à ordem do epifenômeno ou do folhetim, para se concentrar exclusivamente no que se repete, no que se reproduz. A abordagem da temporalidade privilegia as longas faixas imóveis, e quando Emmanuel Le Roy Ladurie sucede a Braudel no Collège de France, denomina sua aula inaugural "A história imóvel".[55] Segundo Le Roy Ladurie, o historiador faz estruturalismo de maneira consciente ou não, como Monsieur Jourdain:*

> Há quase meio século, de Marc Bloch a Pierre Goubert, os melhores historiadores franceses, sistematicamente sistematizadores, fizeram estruturalismo com conhecimento de causa, ou às vezes sem saber, mas com muita frequência sem que seja sabido.[56]

Le Roy Ladurie afirma nessa ocasião solene a admiração que sente pelos métodos estruturalistas aplicados às regras de parentesco e às mitologias do Novo Mundo por Lévi-Strauss.

A tarefa do historiador já não consiste em ressaltar as acelerações e as mutações da história, mas os agentes da reprodução que permitem a repetição idêntica dos equilíbrios existentes. Assim, os agentes microbianos aparecem em primeiro plano como explicativos, verdadeiros fatores decisivos de estabilização do ecossistema. Segundo Le Roy Ladurie, é "mais profundamente ainda nos fatos biológicos, muito mais do que na luta de classes, que devemos procurar o motor da história maciça, pelo menos no período que eu estudo".[57]

---

55  Le Roy Ladurie, *Le territoire de l'historien*, t.2, p.7-34.
*   Personagem de *O burguês fidalgo* de Molière, que fazia prosa sem saber. (N. T.)
56  Le Roy Ladurie, op. cit., p.11.
57  Ibid., p.9.

# François Dosse

O homem vê-se descentrado então e não pode ter a ilusão da mudança. Tudo o que decorre das grandes fraturas da história deve ser diminuído em proveito dos grandes *trends*, ainda que pertençam a uma história sem os homens. Le Roy Ladurie, que vê a disciplina histórica mais uma vez triunfante, encerra sua aula inaugural com uma nota otimista:

> A história, que durante algumas décadas de quase desgraça foi a pequena Cinderela das ciências sociais, recupera agora o lugar de destaque que lhe cabe. [...] Ela havia simplesmente passado para o outro lado do espelho, para sair em busca do outro, e não do mesmo.[58]

A natureza, em sua resistência à mudança, torna-se a fonte de inspiração de uma história de sociedades que se tornaram tão estáticas quanto as sociedades frias de Lévi-Strauss, simples máquinas de reproduzir. A história recua para o imóvel, para um presente estático, separado do antes e do depois, que justapõe no espaço o mesmo e o outro.

## A subdeterminação ou a crise do causalismo

A divisão entre o sujeito e o objeto, com a posição superior que ela implicava, dava a entender que as ciências humanas poderiam chegar a uma situação de acabamento do conhecimento, em que o sujeito poderia saturar o objeto, envolvendo-o com seu saber. Hoje, o princípio de subdeterminação, descoberto por Duhem,[59] tornou-se o fundamento filosófico de um número cada vez maior de estudos das ciências humanas. Ele dá nova profundidade ao questionamento e torna vã qualquer tentativa de redução monocausal. Esse princípio se prolonga

---

58  Ibid., p.34.
59  Duhem, *La théorie physique, son object, sa structure.*

## A história

em Bruno Latour, com sua noção de *irreduções*.[60] Tanto a montante como a jusante, o fechamento causalista remete a uma aporia, na medida em que só há provas singulares, não equivalências, mas traduções, e, no outro extremo da cadeia, "nada é dizível ou indizível em si, tudo é interpretado".[61] Em contrapartida, a evolução das ciências físicas no sentido de um reposicionamento dos níveis de explicação, segundo um duplo plano, micro e macro, com uma variação das relações causais de um para o outro, contribui para a abertura geral dos procedimentos científicos no sentido da indeterminação, para saber que nível tem prioridade. Isso implica levar em conta um real considerado em sua complexidade, composto de diversos estratos, sem prioridade evidente, enredado em hierarquias imbricadas e dando lugar a múltiplas descrições possíveis.

### A virada interpretativa

A virada interpretativa adotada pelos trabalhos atuais permite não cair numa falsa alternativa entre uma cientificidade que remeteria a um esquema monocausal organizador e uma deriva estetizante. A mudança é especialmente espetacular na disciplina histórica, que ao longo das décadas de 1960 e 1970, sob o impulso da escola dos *Annales*, alimentou-se de um ideal cientificista: encontrar a verdade última na ponta das curvas estatísticas e dos grandes equilíbrios imóveis e quantificados.

Graças ao trabalho sobre o tempo de Paul Ricoeur, a dupla dimensão da história é redescoberta e, com o mesmo vocábulo na França, abrange a narração em si e a ação narrada.* A operação historiográfica, para retomarmos a expressão de Michel de Certeau, é uma operação complexa, mista, que torna

---

60  Latour, *Les Microbes: guerre et paix, suivi de Irréductions.*
61  Ibid., p.202.
*  *Histoire*, assim como *história*, em português. (N. T.)

caduco qualquer objetivismo, o que não significa que ela rompa com o horizonte que é desde sempre para ela a ideia de um contrato de verdade que se deve revelar: "É um misto, ciência e ficção, cuja narrativa tem apenas a aparência de raciocínio, mas nem por isso deixa de estar circunscrito por controles e possibilidades de falseamento".[62]

Recuperando o discurso histórico em sua tensão entre a ciência e a ficção, Michel de Certeau foi especialmente sensível ao fato de ele ser relativo a determinado lugar de enunciação e, assim, mediatizado pela técnica que faz dele uma prática institucionalizada, atribuível a uma comunidade de pesquisadores: "Antes de saber o que a história diz de uma sociedade, importa analisar como ela funciona ali".[63] A prática historiadora é, portanto, integralmente correlativa à estrutura da sociedade que traça as condições de um dizer que não seja nem lendário, nem atópico, nem carente de pertinência. Desde 1975, Michel de Certeau havia ressaltado o fato de que a história é escrita também num duplo plano: performativo, como recorda o próprio título da trilogia *Faire de l'histoire* [Fazer história], publicada em 1974 sob a direção de Pierre Nora e Jacques Le Goff; e escrita como espelho de um real. A escrita historiadora desempenha o papel de rito de enterro. Como instrumento de exorcismo da morte, ela a introduz no centro mesmo de seu discurso e permite simbolicamente a uma sociedade situar-se, dotando-se de uma linguagem sobre o passado. O discurso historiador fala do passado para enterrá-lo. Segundo Michel de Certeau, ele tem a função de túmulo, no duplo sentido de honrar os mortos e participar de sua eliminação da cena dos vivos. A revisitação histórica tem, portanto, essa função de abrir no presente um espaço próprio para marcar o passado, para redistribuir o espaço dos possíveis. A prática historiadora é, por

---

62 Certeau, L'histoire, une passion nouvelle, *Magazine Littéraire*, n.123, p.19-20.
63 Id., *L'écriture de l'histoire*, p.78.

A história

princípio, aberta a novas interpretações, a um diálogo sobre o passado que se abre para o futuro, a tal ponto que se fala cada vez mais de "futuro do passado". Portanto, ela não pode deixar-se encerrar numa objetivação fechada em si mesma.

## A narrativa: guardiã do tempo

Ao contrário dos narrativistas, a tentativa dos *Annales* da década de 1970 de romper com a narrativa era ilusória e contraditória com o projeto histórico. Sem dúvida, a escola dos *Annales*, embora admitisse que o historiador constrói, problematiza e projeta sua subjetividade sobre seu objeto de pesquisa, parecia *a priori* aproximar-se da posição de Ricoeur. Mas, na verdade, não era para adotar o ponto de vista hermenêutico da explicação compreensiva. O alvo principal dos *Annales* era a escola metódica. Portanto, tratava-se, ao contrário, de distanciar-se do sujeito para romper a narrativa historizante e fazer prevalecer a cientificidade de um discurso histórico renovado pelas ciências sociais.

Para tornar mais claro o corte epistemológico operado pelos *Annales*, seus iniciadores e discípulos quiseram acabar com o que era chamado pejorativamente de história historizante: o acontecimento e sua narrativa. Houve deslocamentos de objetos, uma reavaliação dos fenômenos econômicos na década de 1930 e, em seguida, uma valorização das lógicas espaciais na década de 1950. Fernand Braudel denunciou o tempo curto, identificado com o ilusório em relação às permanências das grandes bases da geo-história, à longa duração. No entanto, como bem mostrou Paul Ricoeur, as regras da escrita histórica impediram-na de cair na sociologia, pois a longa duração continua sendo uma duração. Como historiador, Braudel permanecia tributário de formas retóricas próprias da disciplina histórica. Contrariamente a suas proclamações estrondosas, ele também procurava em sua tese a realização de uma narrativa: "A própria noção

François Dosse

de história de longa duração deriva do acontecimento dramático [...], isto é, do acontecimento posto como intriga".[64] Sem dúvida, a intriga, que já não tem como tema Filipe II, mas o Mediterrâneo, é de outro tipo, mas não deixa de ser uma intriga. O Mediterrâneo representa um quase personagem, que conhece seus últimos momentos de glória no século XVI, antes de assistirmos a uma reviravolta na direção do Atlântico e da América, quando "o Mediterrâneo sai ao mesmo tempo da grande história".[65] A transformação em intriga impõe-se, portanto, a todo historiador, mesmo àquele que mais se distancia do recitativo clássico do acontecimento político-diplomático. A narração constitui a mediação indispensável para fazer obra histórica e, assim, vincular o espaço de experiência e o horizonte de expectativa de que fala Koselleck: "Nossa hipótese de trabalho equivale assim a considerar a narrativa a guardiã do tempo, na medida em que só há tempo pensado quando narrado".[66]

A configuração do tempo passa pela narração do historiador. Assim considerada, ela se desloca entre um espaço de experiência que evoca a multiplicidade dos percursos possíveis e um horizonte de expectativa que define um futuro tornado presente, não redutível a uma simples derivada da experiência presente: "Assim, espaço de experiência e horizonte de expectativa fazem mais do que se opor polarmente, eles se condicionam mutuamente".[67] A construção dessa hermenêutica do tempo histórico oferece um horizonte que não é mais tecido apenas pela finalidade científica, mas tende para um fazer humano, o estabelecimento de um diálogo entre as gerações, um agir sobre o presente. É dessa perspectiva que convém reabrir o passado, revisitar suas potencialidades. Recusando a relação puramente antiquária com a história, a hermenêutica histórica visa "tornar

---

64  Ricoeur, *Temps et récit*, t.1, p.289.
65  Ibid., p.297.
66  Ibid., t.3. Reed. Points-Seuil, p.435.
67  Ibid., p.377.

80

## A história

mais determinadas nossas expectativas e mais indeterminada nossa experiência".[68] O presente reinveste o passado a partir de um horizonte histórico separado dele. Transforma a distância temporal morta em "transmissão geradora de sentido".[69] O vetor da reconstituição histórica encontra-se, então, no centro do agir, do tornar presente que define a identidade narrativa em sua dupla forma da mesmidade (*idem*) e de si mesmo (*ipseidade*). A centralidade da narrativa relativiza a capacidade da história de encerrar seu discurso numa explicação fechada sobre mecanismos de causalidade. Não permite retornar "à pretensão do sujeito constituinte de dominar o sentido"[70] nem renunciar à ideia de uma globalidade da história, segundo suas "implicações éticas e políticas".[71]

## Uma dupla hermenêutica

Nas três ciências humanas que são a história, a sociologia e a antropologia, vemo-nos diante do que Antony Giddens chama de dupla hermenêutica, ou seja, o duplo processo de tradução e interpretação.[72] Em primeiro lugar, as ciências humanas devem levar em consideração que as representações das ações por parte dos atores trazem consigo um conhecimento pertinente. Em segundo lugar, as ciências humanas são em si mesmas disciplinas interpretativas. Esse duplo círculo hermenêutico tem uma retroação na apropriação pelos atores e pelas instituições dos conhecimentos produzidos pelas ciências humanas, graças à capacidade ativa e reativa dos atores, o que Giddens chama de "agenceidade". Essa competência para a transformação abre um horizonte pragmático, próprio do humano, comum à

---

68  Ibid., p.390.
69  Ibid., p.399.
70  Ibid., p.488.
71  Ibid., p.489.
72  Giddens, *Social Theory and Modern Sociology*.

história, à sociologia e à antropologia, para as quais "a perfor-matividade das representações é indissociável da agenceidade dos atores".[73] Se o horizonte epistemológico é pragmático, não podemos prejulgar o que vai acontecer. A previsão não passa de uma retrodicção. As ciências humanas são levadas a oscilar entre o porquê e o como, pois "a indeterminação é inerente a essa agenceidade, que me parece uma particularidade do objeto de todas as ciências sociais".[74]

## Sobre os territórios de fronteira: Alain Corbin

Essa indeterminação é exemplificada pela obra de um historiador pioneiro na exploração das zonas limítrofes do território de sua disciplina, Alain Corbin. Seu encaminhamento simboliza "a incerteza do objeto".[75] As zonas de fronteira, os pontos limítrofes revisitados por Alain Corbin, no íntimo de uma sensibilidade historizada, fulminam as taxinomias habituais, os recortes tradicionais e reificados da disciplina. A própria complexidade desses objetos, no limite do dizível, entre o captado e o não captado, torna impossível o estabelecimento de causalidades simples. Inovador na França na área da história das sensibilidades, das emoções, e realizando o velho desejo de Lucien Febvre nessa área, Alain Corbin, que se sentia desconfortável e insatisfeito no quadro da sociografia retrospectiva do Limousin dado por Ernest Labrousse, elege um novo objeto com a história da prostituição.[76] Essa pesquisa o leva mais tarde a um estudo das manifestações olfativas dentro daquilo que as vincula às representações sociais: "A assimilação da prostituição à carne morta, ao matadouro"[77]

---

73  Sardan, L'espace webérien des sciences sociales, *Génèses*, n.10, p.160.
74  Id., Actes de l'université d'été de Blois, *L'histoire entre épistémologie et demande sociale*, p.32.
75  Corbin, Le vertige des foisonnements, *Revue d'Histoire Moderne et Contemporaine*, n.39, p.103.
76  Id., *Les filles de noce: misère sexuelle et prostitution au XIXe siècle*.
77  Id., *EspacesTemps*, n.59-60-61.

A história

dava coerência a essa pesquisa original, cuja ideia lhe foi sugerida pela leitura das *Mémoires* [Memórias] de Jean-Noël Hallé, membro da Sociedade Real de Medicina e primeiro titular da cátedra de Higiene Pública, criada em Paris em 1794. Esse maníaco da desodorização traduz bem a "hiperestesia coletiva".[78] Nas fronteiras da história e da literatura, entre os fantasmas de autores como Huysmans e a investigação de Jean-Noël Hallé, Alain Corbin se pergunta a que corresponde essa inflexão da sensibilidade olfativa. Como esse sentido habitualmente desqualificado, considerado menor, cristaliza de repente a inquietação coletiva? Alain Corbin reconstitui sua complexa configuração, que entre 1750 e 1880 oscila no clima das mitologias pré-pastorianas, ignorado pela perspectiva teleológica da história clássica das ciências, que expulsa de seu campo seus modos de ser. Ele restabelece o princípio de simetria de Bruno Latour a fim de exumar os trabalhos sobre as substâncias pútridas, a química pneumática etc. e sua transferência do vital para o social:

> para o povo, o instinto, a animalidade, o fedor orgânico. Mais do que os gases pesados da multidão pútrida, indiferenciada, o que concentra a repugnância olfativa doravante são os casebres e as latrinas do pobre, o estrume camponês, o suor gorduroso e fétido de que se impregna a pele do trabalhador.[79]

Depois de reconstituir os vínculos entre o olfato e o imaginário social, Alain Corbin elege um novo ponto limítrofe, os das praias, para as quais os ocidentais dirigem seus desejos a partir do século XVIII.[80] Ele investiga que perspectiva tinham os homens de antigamente sobre seu ambiente e as emoções que sentiam. Mais do que com o discurso sobre os atores, ele

---

78 Id., *Le miasme et la jonquille*, p.1.
79 Ibid., p.268.
80 Id., *Le territoire du vide*.

mergulha no íntimo das sensibilidades com a preocupação própria do historiador de evitar o anacronismo. Essa ascensão do desejo de praia, conforme Corbin, em *EspaceTemps*, "cruza todo tipo de contribuição, e o interesse de tal objeto reside justamente nesse entrelaçamento". Essa forma de história, atenta aos processos emergentes, distancia-se da noção braudeliana de prisão de longa duração. Assinala, ao contrário, descontinuidades nas práticas e nos discursos que atestam um novo desejo. Leva, portanto, a uma atenção especial às práticas discursivas. A renúncia a uma reconstituição bem delimitada e causalista postulada questiona a divisão entre o dito e o não dito: "Desisti de construir, acerca dos litorais, uma grade qualquer de leitura passageira".[81]

## Os procedimentos de apropriação

Tal história das sensibilidades não pode ficar restrita aos limites da disciplina histórica. Ela se abre inelutavelmente para os problemas da filosofia da linguagem, para resolver se podemos assimilar o não dito ao não experimentado quando balizamos fenômenos emergentes. Por sua vez, tal história implica um questionamento sobre a natureza do assunto de que se trata. A esse respeito, a reflexividade filosófica oferecida pelo horizonte hermenêutico de Paul Ricoeur,[82] assim como o do último Foucault, o do *Cuidado de si*, da governamentalidade de si, com uma atenção especial ao corpo, ao biopoder, pode inspirar o discurso do historiador. Esse horizonte pode tornar-se muito sugestivo no âmbito da construção de uma nova história das emoções ou de uma "emocionologia", como a chamam os historiadores americanos Peter N. Stears e Carol Zinowitz-Stears.[83]

---

81  Id., *Le territoire du vide*, op. cit., p.322.
82  Ricoeur, *Soi-même comme un autre*.
83  Zinowitz-Stears; Stears, *Emotion and Social Change*.

# A história

A apropriação do sensível e, em geral, das representações no campo de investigação histórica orienta a pesquisa para objetos mais ideais, mais simbólicos do que materiais. Os processos estudados não têm a linearidade que possibilita aplicar relações de causalidade, segundo as quais os fenômenos anteriores determinam e geram os posteriores. Contudo, o historiador pode distinguir surgimentos, coerências, contemporaneidades. Observamos a co-ocorrência de fenômenos que podemos compreender, mas não é uma problemática da causalidade. A desfatalização dos processos históricos está em andamento com essa crise dos esquemas de causalidade postulados. Os surgimentos são revisitados, e não mais pressupostos e sustentados por uma visão teleológica da qual eles seriam apenas o ponto de partida numa direção já estabelecida. Essa reabertura do campo múltiplo dos possíveis do passado leva à noção de subdeterminação. Isso não significa, porém, que tudo seja possível a todo momento e que a indeterminação represente uma indistinção postulada. A noção de subdeterminação designa ao mesmo tempo a pluralidade dos possíveis e a existência de restrições cujo efeito é que certos possíveis ocorram e outros não.

Essa dialética de abertura/fechamento é central nos estudos de Roger Chartier sobre a história das práticas de leitura. A inscrição de possíveis nas próprias restrições levou Roger Chartier a se afastar do esquema simples de oposição entre cultura erudita e cultura popular: "Este livro se constrói antes de tudo contra o emprego que se tornou clássico da própria noção de cultura popular".[84] Ele opõe a esse postulado baseado na adequação perfeita entre clivagens sociais e culturais o desenvolvimento de práticas compartilhadas, mais fluidas, mais imbricadas, fundamentalmente híbridas. Contudo, a maior complexidade do objeto histórico não obriga, segundo Roger Chartier, a renunciar a toda determinação e optar pelo

---

84  Chartier, *Lectures et lecteurs dans la France d'Ancien Régime*, p.7.

aleatório absoluto. É essa noção que está no centro da arqueologia das práticas de leitura operada por Roger Chartier. Ela permite compreender as estratégias utilizadas e ao mesmo tempo os diversos procedimentos de apropriação.

## O ideal-tipo em Weber

Na linha de Dilthey, situando-se de maneira mais radical no terreno dos estudos propriamente históricos, Max Weber deu ênfase à dimensão compreensiva dos estudos históricos. Em relação polêmica com a história alemã do século XIX, Weber considera que a própria originalidade da história como modo de inteligibilidade da sucessão dos acontecimentos, como busca de sentido no plano empírico, supõe a passagem pela valorização da etapa do "compreender" (*Verstehen*) num procedimento científico. Nesse sentido, segundo Weber, a significação está essencialmente ligada ao fenômeno psíquico. Como esse nível não pode ser apreendido de maneira intuitiva, cabe ao pesquisador elucidar, explicitar o que viveram os atores da história no plano de uma vivência que lhes era opaca no mais das vezes. "Todo esforço de Weber concentrou-se no seguinte problema: em que condições, em que limites, um juízo fundado na compreensão pode ser dito válido para todos, isto é, verdadeiro?"[85] Na base desse esforço de compreensão, Weber privilegia uma distinção radical entre juízos de fato e juízos de valor, que ele considera o verdadeiro princípio fundador de toda deontologia científica. Ele absolutiza a divisão entre o que chama de ciências empíricas da ação, que são a história e a sociologia, e o que chama de ciências dogmáticas (direito, lógica, ética e estética), que "procuram explorar o sentido justo e válido de seus objetos".[86]

---

85  Aron, *La philosophie critique de l'histoire*, p.240.
86  Weber apud Colliot-Thélène, *Max Weber et l'histoire*, p.13.

A história

## Uma ciência do singular

Segundo Weber, a história pertence a um nível, o das ciências da realidade, das ciências do singular, do idiográfico, distinguidas por ele das ciências experimentais, que podem alcançar o estágio nomológico da enunciação de leis gerais. Ao contrário destas, a história só tem acesso à possibilidade de destacar configurações singulares. Nem por isso Weber deixa de se empenhar em identificar sistemas de causalidade, mas estranhos à noção de lei. Ele não contrapõe, à maneira de Dilthey, as ciências do espírito, cujo horizonte seria compreender, e as ciências da natureza, que penderiam para a explicação. Esses dois níveis, a explicação e a compreensão, estão numa relação unitária, a ponto de pertencerem ao mesmo procedimento cognitivo, e Weber propõe a noção de compreensão explicativa. A explicação racional continua sendo, portanto, um imperativo weberiano, e o caráter sensato da ação humana autoriza ainda mais a tentativa de decifração racional. Aquilo que o sociólogo ou o historiador podem visar é a interpretação da conduta dos atores, confrontando-as com um tipo ideal de racionalidade final, articulando, assim, uma racionalidade psicológica e uma racionalidade imanente.

Portanto, no centro de seu procedimento, Weber coloca a ação, enquanto estruturada por um sentido, por um "sentido visado". Nesse sentido, ele preconiza uma tipologia da ação social em consequência de uma hierarquização ordenada a partir de seu grau de consciência reflexiva: ação tradicional, afetiva, racional quanto ao valor e quanto à finalidade.[87] Apenas no último grau, o da racionalidade quanto à finalidade, que comanda o todo, Weber vê a possibilidade de generalização no plano da história universal. Essa dialetização entre níveis descontínuos entre si permite que Weber postule um sentido

---

87 Id., *Économie et société I*, p.22-3.

por buscar, como na *Ética protestante e o espírito do capitalismo*, mas mantendo-se distante de toda teleologia histórica:

> Weber reconhece que há *sentido* na história, na medida em que se trata de práticas sociais e, para ele, só há ação autêntica se dotada de sentido. Mas isso não implica que o mundo produzido pela ação, bem como seu desenvolvimento, seja pensável como um processo de sentido.[88]

Assim, ao contrário do que tantas vezes foi dito, Weber não postula que o protestantismo esteja na origem do capitalismo. Não identifica de modo nenhum no relacionamento dos dois fenômenos uma relação de causalidade. Ao propor um "ideal-tipo", pretende mais modestamente mostrar em que o protestantismo pôde contribuir para o impulso do espírito capitalista, privilegiando o gosto pelo esforço, a individuação, ou ainda aprofundando o tema do desencantamento do mundo.

## Um espaço weberiano das ciências sociais?

Max Weber goza hoje na França de um interesse renovado, absolutamente espetacular, tanto que Jean-Pierre Olivier de Sardan pôde falar de espaço weberiano das ciências sociais.[89] Sem dúvida, a verdadeira introdução das ideias weberianas data do período imediatamente anterior à Segunda Guerra Mundial, da publicação da tese de Raymond Aron.[90] Em seguida, Julien Freund deu prosseguimento a esse esforço para introduzir na França as teses weberianas.[91] Se Weber demorou tanto para ser reconhecido e discutido, decerto não foi por desconheci-

---

88  Colliot-Thélène, op. cit., p. 94.
89  *Genèses*, n.10, p. 146-60.
90  Aron, *Essai sur une théorie de l'histoire dans l'Allemagne contemporaine, la philosophie critique de l'histoire.*
91  Freund, *Sociologie de Max Weber.*

## A história

mento de sua obra pelos representantes da sociologia francesa. Nesse plano, é probante a demonstração factual de que não cessaram de se travar contatos entre sociólogos franceses e alemães, mas, embora tenha havido esse contato, o sucesso absoluto na França do durkheimianismo confirmou e amplificou sua hegemonia no começo do século XX, acentuado com o triunfo do estruturalismo na década de 1960. Com isso, toda a tradição de Weber, Simmel e Dilthey viu-se deslegitimada. É evidente o divórcio entre as duas orientações e, como mostra Monique Hirschhorn,[92] as referências a Weber são raras em língua francesa. Isso contrasta com a abundante bibliografia anglo-saxônica (*Ciência e política* só foram traduzidas para o francês em 1959, por Julien Freund; *Ensaios sobre a teoria das ciências sociais*, em 1965; e *A ética protestante e o espírito do capitalismo*, em 1964). Sem dúvida, podemos invocar nesse atraso fatores comerciais, ligados aos direitos exclusivos da editora Plon, detentora do monopólio a partir de 1955; mas se a Plon não tinha muito entusiasmo na difusão de Weber, era porque ele não tinha o público comercialmente necessário para a edição e a reedição de seus textos.

Essa situação remete à ignorância voluntária de uma orientação da sociologia antinômica em relação à corrente durkheimiana-marxista dominante na época. Com efeito, há aí duas vias opostas, entre a filiação positivista comtiana, cujo modelo heurístico é a física mecânica, e a filiação da sociologia compreensiva, para a qual as ciências do espírito devem ser dissociadas das ciências da natureza. Portanto, houve de fato uma ruptura na virada do século – que se renovou no pós-guerra – entre a filosofia crítica da história de Simmel, Dilthey e Weber, por um lado, e a tradição positivista, por outro, que o acusava de psicologizar as ciências históricas.[93]

---

92  Hirschhorn, *Max Weber et la sociologie française*.
93  Mesure, *EspaceTemps*, n. 53-4, p. 19-27.

François Dosse

Mas o desconhecimento da corrente da sociologia compreensiva alemã que resultou desse confronto está se dissipando na França. Aliás, o espaço weberiano definido e reivindicado está na filiação hermenêutica. Corresponde a uma autonomia epistemológica das ciências sociais que têm em comum com as ciências da natureza o fato de postularem a existência do real, com a ambição empírica de dar conta dele. Mas essa epistemologia se faz autônoma em relação às ciências da natureza, dada sua impossibilidade de tratar os fatos sociais como coisas. Esse espaço próprio se define por "uma base, que é a historicidade, e três pilares, que são a tipificação, o comparatismo e um horrível neologismo que é a emicidade".[94] A base da historicidade foi definida por Weber como não reprodutível, porque marcada por coordenadas espaçotemporais singulares. Ela se abre para apostas interpretativas que situam as ciências sociais no registro do plausível: "Incessantemente, os atores sociais produzem sentido sobre suas próprias ações, e esse mesmo sentido se torna um elemento dessas ações, efeitos performativos estão continuamente presentes".[95] Quanto ao primeiro pilar, a tipificação, ele também é emprestado dos tipos ideais de Weber. Permite utilizar artefatos com *status* de seminome próprio. O perigo é substancializar essas tipologias, que são, na realidade, esquemas descritivos carregados de interpretação, pois "toda descrição é também interpretação".[96] O segundo pilar é mais tradicional: o comparatismo, há muito usado como instrumento heurístico nas ciências humanas. Por fim, a emicidade representa o terceiro pilar: "O êmico são as representações indígenas autóctones".[97] Ele implica uma incorporação na descrição da análise que os atores fazem dela, o que vai ao encontro também do objetivo de compreensão weberiano.

---

94  Sardan, L'unité épistémologique des sciences sociales. In: Actes de l'université d'été de Blois, op. cit., p.16.
95  Ibid., p.17.
96  Ibid., p.18.
97  Ibid., p.20.

# A história

## Das ciências históricas

Quando define o que é para ele o raciocínio sociológico,[98] Jean-Claude Passeron contrapõe um espaço popperiano, o das ciências experimentais, de que não fazem parte as ciências históricas, impróprias para a refutabilidade das proposições teóricas. Definindo o que chama de ciências históricas (sociologia, antropologia, história), ele retoma por conta própria o *distinguo* weberiano da autonomia dessas últimas e a necessidade de definir os limites de sua objetividade. Segundo esse esquema, as ciências sociais não pertencem ao campo das ciências nomológicas. Elas estão sujeitas, segundo Passeron, a exigências dêiticas que remetem toda asserção a seu próprio espaço de enunciação. Tal característica corresponde à importância de outro empréstimo tomado de Weber, o do tipo ideal construído pelo raciocínio sociológico: "Aqui, não são os vínculos *lógicos* que atam o essencial do conhecimento, mas os *vínculos tipológicos*, enquanto tais indissociáveis das designações meio rígidas e das descrições continuamente retificadas às quais os tipos estão *indexados*".[99] O outro grande empréstimo feito a Weber é o horizonte comparatista das ciências históricas, que devem estabelecer uma equivalência entre contextos, no que se refere à tipologia que os aparenta: "Dois ou mais contexto históricos não podem ser distinguidos como diferentes, ou identificados como equivalentes, senão por um raciocínio comparativo".[100] Isso elimina do espaço teórico das ciências sociais, como horizonte ilusório, qualquer postulação de invariantes formalizáveis separadas da língua natural e de seu contexto. Ao contrário, os conceitos incorporam referências, e esses "híbridos", meio conceituais, meio referenciais, chamados por Jean-Claude Passeron de seminomes, são o equivalente do que era o ideal-tipo para Weber.

---

98 Passeron, *Le raisonnement sociologique: l'espace non poppérien du raisonnement naturel.*

99 Ibid., p.384.

100 Ibid., p.369.

# 3
# A narrativa

O historiador: um retor – O pintor da Antiguidade:
Tácito – O pintor dos valores cavalheirescos: Froissart –
Das *Memórias* na razão de Estado: Commynes –
A estética romântica – Os "retornos" à narrativa:
Paul Veyne, Michel de Certeau, Lawrence Stone –
Uma poética do saber histórico – A inserção
na intriga biográfica

## O historiador: um retor

### Cicero

Embora tenha se emancipado aos poucos de suas origens literárias, a história sempre esteve ligada, de maneira mais ou menos acentuada, à retórica. O apogeu dessa pertença situa-se no século I a.c, quando Cícero entra no combate pela preservação das instituições republicanas, pondo sua formação pelos melhores retores de Roma a serviço das causas políticas, primeiro por meio de discursos jurídico-políticos e depois pela defesa de uma nova escrita da história. Passa pela mais rude batalha de sua carreira em 64 a.C., contra Catilina. Foi eleito para o Senado, contra Híbrida e Catilina, mas este assume a direção de uma conjuração e decide eliminar Cícero, que consegue escapar dos assassinos. Cícero convoca o Senado e pronuncia sua primeira Catilinária, provocando a fuga de Catilina. Mas seus cúmplices deflagram a insurreição prevista, e o Altar pega fogo. As vestais interpretam esse presságio como sinal de que os deuses ordenam uma ação mais enérgica contra os conjurados. Então, Cícero interroga os senadores sobre o destino que lhes convém, reservar, e a maioria opta pela morte. Embora tenha sido aclamado por Roma como vencedor desse embate, Cícero atraiu contra si ódios incuráveis.

Esse confronto é um dos muitos sintomas da crise por que passa a agonizante República em Roma. Vem então o tempo da reflexão e, com ele, o tempo de um distanciamento da vida política ativa. Cícero desejava fazer obra de historiador e, se não teve tempo para tanto, ao menos lançou suas bases na obra que publicou em 46 a.C., *Do orador*.[1] O *orator* abrange três acepções: em sentido estrito, designa aquele que sabe falar bem em público, mas define também o escritor e o homem de Estado. Segundo Cícero, o *orator* deve ter sólida cultura geral, feita de filosofia, dialética, direito civil e história. É nesse quadro que a *antiquitas* representa um instrumento entre outros, um tesouro de *exempla* em que o orador pode abastecer-se à vontade. Reencontramos a já clássica função de aperfeiçoamento moral da história em Roma, e a história é elevada à condição de gênero totalmente fundamental; é "a testemunha dos séculos, a luz da verdade, a vida da lembrança, a mestra da vida, a mensageira da Antiguidade".[2]

Em seu *Do orador*, Cícero exprime sua concepção do que deve ser a história e distancia-se do gênero dos anais, até então

---

1 Cícero, *De Oratore*.
2 Ibid., 2, 9, 36.

# A história

dominante em Roma, ou seja, a forma de crônica que se estende por um tempo bastante longo e apresenta ano após ano o relato dos acontecimentos marcantes no plano interno e externo, cuja escrita austera, puramente linear, que se contenta em estabelecer a acontecimentalidade [*événementralité*] política ao longo dos anos, não o satisfaz. Acusa essa forma de história de ignorar o prazer, com seu estilo breve e sem brilho, sua incapacidade de "embelezar" o discurso. O historiador deve seguir a escola dos retores para produzir um discurso tão eficaz quanto agradável. Ao contrário do analista, o historiador deve ornamentar o texto, valendo-se de todos os recursos retóricos à disposição. Empenhando-se em embelezar o discurso, o historiador deve ser um dos "que ornamentam os fatos".[3] Cícero preconiza uma estilística da história caracterizada por uma escrita rápida, sem atrito.

Cícero pende, portanto, mais para a epopeia do que para os anais para definir o gênero histórico, mas nem por isso se esquece do cuidado com a verdade que caracteriza o discurso da *historia*, ao contrário da epopeia. Sua poética da história obedece ao horizonte de busca da verdade com o fito moral de formação do homem. Ele se inspira profundamente na eficácia da retórica para definir o gênero histórico, contudo distingue bem as duas formas de discurso. Embora pertença ao registro do arrazoado judiciário, a eloquência deve visar uma forma impetuosa e penetrante, ao passo que, no caso da história, o discurso deve permanecer num estilo fluente e amplo, conservar um ritmo regular, ampliando-se ao evitar as asperezas.

Essa estilística própria da história, dotada dos encantos da retórica, deve sujeitar-se, porém, a certo número de regras intangíveis da história, segundo Cícero: em primeiro lugar, o fato de nada dizer de falso; em segundo lugar, ousar dizer tudo o que é verdade; em terceiro lugar, evitar qualquer suspeita de parcialidade, favorecimento ou ódio; por fim, respeitar a se-

---

3 Ibid., 2, 12, 54.

quência cronológica, a ordem dos acontecimentos e, portanto, mencionar as datas. Essa poética da história deve prefigurar uma filosofia da ação orientada por uma moral pragmática, cujos princípios essenciais são a prudência (*prudentia*), a justiça que tem seu fundamento na lealdade (*fides*): "O fundamento da justiça é a boa fé, ou seja, a fidelidade e a sinceridade nas palavras e nos compromissos assumidos [...] a boa fé, *fides*, foi chamada assim por causa da expressão: seja feito, *fiat*, o que foi dito, *dictum*".[4] Enfim, o que permite consolidar o vínculo social encontra-se na exaltação de uma forma antiga de patriotismo:

> Examinando bem todas as coisas com os olhos da razão e do coração, de todos os laços sociais, nenhum é mais importante e mais caro do que o que existe para cada um de nós com a República. São-nos caros nossos pais, nossos filhos, nossos próximos, nossos amigos, mas a pátria por si só abrange todas as nossas afeições por todos eles; e por ela, que homem de bem hesitaria em se oferecer à morte, se fosse útil a ela?[5]

## Salústio

Da retórica jurídica de Cícero, passamos à retórica política como forma de escrita da história de seu contemporâneo Salústio, que tinha 23 anos no momento da conjuração de Catilina. Depois de certo número de dissabores, como sua expulsão do Senado por adultério, Salústio compreende que, para fazer carreira, deve seguir um dos dirigentes mais em vista do poder romano e opta pelo partido de César, que o faz reencontrar o caminho do Senado por meio do cargo de questor. Em 50 a.C., escreve as *Cartas a César*, em que se entrega a uma

---

4 Id., *Les devoirs*, I, VII, apud Mourier, *Cicéron, l'avocat de la République*, p.107.
5 Ibid., p.110.

# A história

crítica severa das riquezas, das lutas partidárias e do primado concedido a uma nobreza abastardada, que espolia a plebe, mas ao mesmo tempo, para compensar, é igualmente severo com o povo, que, despojado de suas terras, degradou-se em subproletariado urbano. Nesse duplo fenômeno social de crise, só um salvador supremo como César pode representar a salvação, segundo Salústio. O falecimento de César em 44 a.c. marca o fim de uma carreira política de pouco brilho, que lhe deixa um gosto amargo. Retira-se de suas responsabilidades e passa a dedicar-se à história, que se torna para ele um modo de fazer política por outros meios. Visando à máxima eficácia, Salústio adota um estilo preciso, concentrado no essencial e com uma preocupação com a clareza que chega por vezes ao auge do despojamento. Assim, quando Vercingetórix se rende aos romanos, a cena evocada reduz-se a uma frase curta, sóbria, impessoal, para acentuar seu caráter contundente: "Vercingetórix rende-se, baixam-se as armas". Jamais se apegando aos sentimentos, Salústio gosta das rupturas surpreendentes, para exprimir melhor os tempos de crise por que ele passa: "Salústio amava a assimetria, o choque linguístico, o impacto dos significantes, a escrita irregular, a antítese. O estilo salustiano ajusta-se ao conteúdo para exprimir a desarmonia interior".[6] Enfim, dispondo de tempo, depois da aposentadoria política, dedica-se a escrever *A conjuração de Catilina*, publicada em 43-41 a.C. O retrato que ele traça de Catilina é o de um ambicioso que encarna todos os vícios da época. Denuncia uma juventude dourada, cujo papel no complô foi crucial à frente de uma coalizão heteróclita de conjurados que misturava nobres arruinados, destroços do Exército, campesinato decadente e plebe anarquista.

Pouco depois, publicou *A Guerra de Jugurta*, em que contava os conflitos entre Roma e Jugurta entre 111 e 105 a.C.

---

6 Cizek, *Histoire et historiens à Rome dans l'Antiquité*, p.124.

Essa narração lhe permite fustigar novamente os vícios de certa nobreza romana, e ele faz da República seu verdadeiro herói, que, em plena agonia, só sobrevive pela fraqueza gritante de seus inimigos. A finalidade moralizadora por meio da retórica histórica não é menos forte em Salústio que em seus antecessores. Na crise política por que passa, Salústio atribui a Catilina o fato de simbolizar o mal interno e a Jugurta, o mal externo. Para ele, o modelo de escrita da história é Tucídides, com o qual compartilha o interesse pela personalidade política excepcional e o critério da moralização necessária. Toma dele também o procedimento da digressão explicativa, bem como o gosto pelas antíteses do conflito dramático, adaptando esse modelo grego a um contexto novo, o da mentalidade romana.

## Tito Lívio

A poética da história definida por Cícero tem um destino brilhante em Roma, visto que a República agoniza e a crise política provoca reações em prol de um levante moral que vise à eficácia e se debruce sobre as raízes do mal. A história torna-se um instrumento de recuperação moral, fonte de pedagogia e meio de tornar-se escritor. É essa a ambição do escritor-historiador Tito Lívio, que insere sua escrita na linhagem da de Cícero. Nascido em Pádua durante o reinado de Augusto, Tito Lívio (59 a.C.-17 d.C.), preceptor de Cláudio, vive no ambiente imperial sem renegar suas simpatias republicanas, a ponto de ser chamado ironicamente de "pompeiano" por Augusto. Ao contrário de Salústio, não se engaja numa carreira política; prefere dedicar-se a uma obra de historiador de extensão monumental: 142 livros – dos quais apenas 36 sobreviveram –, escritos no fim das guerras civis e durante o estabelecimento definitivo do principado. Historiador de gabinete e biblioteca, pretende contar de ponta a ponta a história de Roma, desde a origem da cidade. Sua abordagem, portanto, já não visa a uma história universal inacessível, mas

## A história

uma história limitada a suas dimensões romanas. Embora perca em extensão, ela se atribui um objetivo de quase exaustividade.

Em *História romana*, sua intenção é contar a história de Roma, segundo os métodos da analística tradicional, para saber por que a corrupção dos costumes acabou por triunfar. Se Tito Lívio toma liberdades com a questão da verdade, é porque submete suas narrativas a uma finalidade moral. Como a objetividade total é um mito para ele, sua ambição de historiador desloca-se para o terreno da utilidade da história como um meio de recuperação ética da alma romana por intermédio de certo número de *exempla*. Sua história se desenvolve como a manifestação das enfermidades da alma romana. Quando os romanos pecam contra as virtudes cardeais, Roma adoece. Assim, a política dobra-se às leis de bronze da ética. Idealizando os primórdios de Roma, Tito Lívio tende a opor de maneira binária a grandeza dos primórdios à decadência progressiva, que se deve à dissolução dos costumes e provoca a lenta agonia da República romana. Segundo os critérios de veracidade definidos por Tucídides, Tito Lívio parece um mau historiador. Quase nunca recorre a documentos originais, demonstrando grande desenvoltura e muito ceticismo em relação às fontes originais. O essencial de sua documentação é constituído pelos escritores que o precederam, sem verificação da autenticidade das fontes destes. É claro que essa liberdade com a busca ascética da verdade têm como efeito numerosos erros, silêncios e deformações. Assim, ele cala de propósito a origem etrusca de Sérvio Túlio para preservar sua origem latina. Apresenta números inverossímeis de perdas nos campos de batalha. Enquanto os cartagineses contam mais de 20 mil mortes e mais de 20 mil prisioneiros, as perdas dos romanos não passam de 1.500 homens. No plano geográfico, as referências desse homem de biblioteca pouco viajado que é Tito Lívio não são mais confiáveis, e a esses erros soma-se seu pouco conhecimento em matéria militar e política.

Ora, Tito Lívio será considerado no século XIX o maior historiador da Antiguidade romana. A força de sua escrita não está ligada à confiabilidade de sua narrativa, mas à *mise-en--scène* literária que ele é capaz de executar. Sua escrita valoriza o *páthos*, a expressão das angústias e das alegrias suscitadas por altos feitos épicos, como a travessia dos Alpes por Aníbal ou a partida de Cipião para a África. Como era hábito na época, as arengas de suas personagens são fictícias e visam essencialmente à dramatização da narrativa e à ilustração do caráter mais ou menos virtuoso dos combatentes. Quanto aos retratos, Tito Lívio preocupa-se demais com a progressão dramática da narrativa para interrompê-la com a pintura de retratos completos; prefere fazer, com pinceladas sucessivas, retratos dinâmicos, imanentes à narrativa. Sua obra revela com uma eficiência notável, graças à escrita, as angústias da época, num tempo de grandes desordens.

Seu sucesso é imediato em Roma, onde é logo chamado de "eloquentíssimo", e sua repercussão é tamanha que Taine, embora se situa por seu cientificismo nos antípodas das posições de Tito Lívio, dedica-lhe um livro em 1856.[7] A obra de Tito Lívio revela sobretudo as angústias da época, mais do que a veracidade dos acontecimentos relatados, mas com isso é um testemunho particularmente precioso das grandes desordens que percorrem a República agonizante. Volta-se para a revitalização do mito criador original, que deu à luz a aventura romana. Como mostrou Michel Serres,[8] antes mesmo do assassínio fratricida que permitiu a criação de Roma, delineia-se o desastre troiano de que Roma recebe a herança. A transmissão de poder ocorre sob as cinzas, as cinzas do velho mundo oriental, mas provoca nos romanos um temor constante de uma eventual desforra do Oriente. Roma conserva então essa violência ori-

---

7  Taine, *Essai sur Tite-Live.*
8  Cf. Serres, *Rome, le livre des fondations.*

A história

ginal, mantendo-a à distância por intermédio da ritualização e da sacralização.[9] Pela relação íntima com que Tito Lívio opera entre mito e história, ele restitui algo de essencial do imaginário dos romanos: um mito que exprime a ordem primordial de uma mentalidade romana, na qual se mantém vivo o sentimento dos começos, dos primeiros gestos, bem como do aspecto inextricável desses momentos constitutivos do vínculo social, com fases de exclusão e de violência, como mostrou René Girard.[10] Daí a importância em Tito Lívio dos duplos, das situações paralelas, das disposições antitéticas e da busca da superação dialética pelo estabelecimento de instituições reconhecidas sob o signo da liberdade salvadora que possam repetir o ato de Rômulo que mata Remo e une todos os cidadãos ao redor de seu crime.

## O pintor da Antiguidade: Tácito

### Da eloquência à história

Num contexto político um tanto mudado no fim do século I d.C., marcado pelo abandono do regime republicano (substituído pelos romanos por um regime imperial), Tácito (56 d.C.-120 d.C.), que Racine chamará de "pintor da Antiguidade", concede a mesma importância à retórica, atribuindo à qualidade da *eloquentia* tanto valor quanto à *fides* (lealdade, boa-fé, imparcialidade). A eloquência torna-se então um dos dois valores cardeais do historiador. Como Cícero, Tácito recebeu sua primeira formação dos oradores. Chegou a iniciar uma carreira brilhante de orador, logo se tornando tribuno militar, e depois questor, com 25 anos. Mas a carreira desapontou-o, como ex-

---

9 Cf. Johner, *La violence chez Tite-Live: mythographie et historiographie.*
10 Cf. Girard, *Le bouc émissaire.*

plica no *Diálogo dos oradores*. O regime político fundamenta-se então no principado, que é, na realidade, um regime de transição entre a República, cuja fachada ainda é conservada, e o Império. Essa função é ocupada em Roma por um dirigente que figura como monarca, embora ainda não tenha o poder de determinar seu sucessor. Mas, segundo Tácito, esse regime político não permite desenvolver o talento oratório, que periclita e recua para mera acusação de ordem judiciária. A eloquência teria morrido com a queda da República em meados do século I a.c., quando Otávio se tornou, com o nome de Augusto, o primeiro imperador romano. Não se pode mais contar com os valores aristocráticos dos magistrados do Senado para defender causas nobres e um ideal político.

É nesse contexto de mutação, ao longo do qual Tácito assiste à queda de Nero em 68 d.C., quando chega ao fim a dinastia júlio-claudiana, que ele vê na história um refúgio para desenvolver o talento oratório e o gosto pela defesa das grandes causas. Dedica seu primeiro trabalho a uma biografia do sogro, Júlio Agrícola, publicada em 97 d.c., exaltando nele um grande conquistador, mas sem ocultar seu lado sombrio.

Na monografia sobre a *Germânia*, publicada em 98 d.C., Tácito descreve a vida de um povo ainda rude em comparação com a civilização romana, mas atraído pela liberdade. Graças à descrição quase etnográfica feita por Tácito, ele recupera os valores ideais e perdidos do povo da criação e dos primórdios de Roma. Os germanos do tempo de Tácito são mais ou menos como os romanos de antigamente. A Germânia é apresentada como um adversário à altura de Roma, ainda mais temível porque sua força emana da liberdade.

Em suas *Histórias*, da qual chegou até nós apenas a descrição da crise dos anos 69 e 70 d.C., Tácito relata a difícil sucessão de Nero, que se transforma em guerra fratricida entre as diversas frações do Exército romano. Esse momento de paroxismo na crise constitui um tempo privilegiado para entender os motores

# A história

ocultos do Império. "Estudo", escreve Tácito, "uma época fértil em catástrofes, ensanguentada pelos combates, dilacerada pelas sedições, cruel mesmo durante a paz."[11] Agora são os exércitos que fazem os imperadores, pois a essência evidente do Império é sua força militar. Tácito pretende tirar a máscara de hipocrisia de uma fachada popular e senatorial que perdura na função do principado, que já não conta mais.

Mas a grande obra de Tácito é constituída dos *Anais*, que se pretendem uma crônica total do povo romano no cenário sufocante de uma tirania interna sanguinária e hipócrita e de uma estagnação nas fronteiras. É nesse drama vivido quando era procônsul na Ásia, o da morte do ideal de conquistas, que Tácito situa a tragédia maior de Roma. O Império vive de conquistas, mas estas são cada vez mais distantes, mais perigosas, e o Império devora a si mesmo, arruinando as províncias subjugadas e cedendo à tentação do luxo e da luxúria. É nesse impasse que a força bruta triunfa sobre o direito e a medida, exemplificada por governantes como Tibério, imperador romano que reinou entre 14 d.C. e 37 d.C. e cuja violência e hipocrisia são sintomas da abjeção generalizada.

Tácito faz oposições binárias de retratos para tornar mais clara sua lição moral. "Daí a afeição deles por Germânico", escreve ele, "a quem se atribuíam as mesmas esperanças. De fato, o caráter simples e as maneiras mais afáveis do jovem César contrastavam com os modos e a linguagem de Tibério, altivo e misterioso".[12] Herói positivo, Germânico consegue romper, graças a suas qualidades morais, a maldição que pesa sobre as expedições romanas. Dirige-se diretamente aos soldados, sem complacência, e consegue fazer que voltem a respeitar os valores romanos:

---

11 Tácito, *Histoires*, livro I.
12 Id., *Annales*, livro I, XXXIII.

François Dosse

Não, minha esposa ou meu filho não me são mais caros que meu pai e a República. Mas ele tem como salvaguarda sua própria majestade; o Império Romano tem seus outros exércitos. Minha mulher e meus filhos, que eu de bom grado sacrificaria a vossa glória, agora eu os protejo de vosso furor, para que o crime que cometereis, qualquer que seja ele, só seja expiado por meu sangue, e o assassinato do bisneto de Augusto, o assassinato da nora de Tibério não vos tornem ainda mais culpados. Com efeito, o que não violou nesses últimos dias vossa audácia? Que nome darei a essa multidão que me rodeia? Devo chamá-los soldados? Usastes da supressão, de vossas armas para assediar o filho de vosso imperador; cidadãos? Calcastes com os pés a autoridade do Senado; ignorastes o que se concede até aos inimigos, o caráter sagrado do embaixador e o direito das gentes.[13]

Mas essa última tentativa de correção dos soldados fracassa, apesar da eficácia dos discursos de Germânico, pois ele é afastado de Roma pelo invejoso imperador Tibério, enviado para longe, para o Oriente, onde morre em Antioquia, em 19 d.C. Tibério aparece como um verdadeiro monstro, que dissimula sistematicamente a força bruta por trás das aparências do direito. Encarna algo além dele mesmo, o mal da hipocrisia que assola o Império, até se tornar a própria essência de seu funcionamento. Tácito oferece uma teatralização desse destino trágico de Roma, em que o crime é rei e as forças sobrenaturais contribuem para dar visibilidade a essa violência cega, como no caso do assassinato de Agripina: "Os deuses ofereceram uma noite esplendorosa de estrelas, tranquila, com um mar calmo, como para denunciar o crime".[14]

---

13 Ibid., I, XLII.
14 Ibid., XIV, 5.

A história

## A história: um *opus oratorium*

Na linhagem de Cícero, Tácito concebe a história como um *opus oratorium*, logo como um gênero baseado na arte da expressão. Como ele, distingue a história da ficção pelo fato de a história estar a serviço da verdade e ter sua razão de ser graças à capacidade de corrigir os costumes, por meio de uma sólida análise das causas e dos efeitos. A poética histórica de Tácito permanece fiel aos grandes ensinamentos de Cícero, ou seja, o respeito pela ordem cronológica, a difusão das informações geográficas necessárias, a explicação das intenções dos atores, a narrativa dos acontecimentos importantes e a busca de suas causas, bem como a vontade de dar como exemplo o caráter e a vida dos personagens que gozaram de uma reputação brilhante.

Em contrapartida, o estilo que ele dá aos *Anais* é diferente do estilo recomendado por Cícero. À narrativa calma e regular prescrita por Cícero, Tácito opõe um modo de escrita mais expressivo, cheio de imprevistos, impetuoso, que procura surpreender o leitor. Tácito visa, acima de tudo, à eficácia imediata, dirigindo-se à emoção do leitor, à imaginação dos contemporâneos. Sacrifica muitas vezes a lógica cronológica da narrativa para deter-se em quadros multicoloridos, que evocam sentimentos de horror, piedade ou admiração. Trata-se de uma poética histórica que privilegia o *páthos*. Portanto, mantém-se ainda muito próxima da epopeia e do estilo épico.

Quanto aos discursos que Tácito apresenta, são especialmente estruturados e, respeitando as normas oratórias, devem ser convincentes, mesmo quando se trata de decisões ou personagens reprovados por Tácito. O cuidado com a retórica que sustenta toda a narrativa de Tácito está a serviço da busca de uma sabedoria que visa a denunciar as diversas formas de hipocrisia, a inconstância das multidões, a evolução dos costumes. Em compensação, seu objetivo é fazer prevalecer o senso da complexidade dos seres e a exaltação dos valores morais,

François Dosse

numa pintura tão eficaz que, no começo do século XVIII, o filósofo italiano Vico escreverá que os gregos tiveram Platão, mas não tiveram Tácito.

## Da narrativa de Cruzada à narrativa de vida

As Cruzadas suscitam vocações de cronistas. Desde a Primeira Cruzada, a de Godofredo de Bulhão, um cavaleiro anônimo do círculo de Boemundo de Taranto deixou uma *História anônima da Primeira Cruzada*. É desse primeiro testemunho que o historiador Guibert de Nogent, que jamais esteve no Oriente, tira o essencial de suas fontes de informação para escrever a história da Primeira Cruzada. Mas foi sobretudo a partir do choque psicológico representado pela Quarta Cruzada, com seu resultado estapafúrdio que foi a tomada de Constantinopla pelos cruzados, que se multiplicaram as narrativas para justificar o que parece insensato. Um dos principais chefes da expedição, marechal de Champagne, Godofredo de Villehardouin, dita a partir de 1207 sua *História da conquista de Constantinopla*. Ele se vale dos documentos oficiais de que dispõe e das anotações feitas durante os acontecimentos. Escamoteando tudo o que pudesse contradizer sua tese, aferra-se à lógica do encadeamento factual, até o desvio da expedição prevista inicialmente para chegar ao Egito e que se dirige para Bizâncio.

Nesse início de século XIII, Villehardouin pode ser considerado o primeiro historiador francês, na medida em que é o primeiro a se exprimir em língua vernácula. Mostra um grande esmero estilístico, respeitando as regras estritas de unidade e a continuidade da narrativa, movida pelas razões próprias dos atores, por um estilo sóbrio e uma reescrita dos discursos pronunciados pelos diversos príncipes e embaixadores. Ele reata com a tradição antiga, segundo a qual o historiador é autorizado a escrever por ter assumido em campo responsabilidades de ordem política. De sua parte, Roberto de Clari, que participou da

A história

mesma Quarta Cruzada, deixou a narrativa de um combatente comum numa *História dos que conquistaram Constantinopla*. Simples cavaleiro, descreve com minúcia os episódios dos combates decisivos, as promessas desse ou daquele comandante. Dá mais espaço à vida concreta de seus companheiros de armas e, ao contrário de Villehardouin, sua história, menos demonstrativa, está repleta de anedotas e de pitoresco.

## Joinville

O cronista João de Joinville (1225-1317) participa da Sétima Cruzada junto do rei Luís IX (São Luís) e a crônica que faz dela insere-se num projeto de maior envergadura: escrever uma *História de São Luís*, publicada em 1309, a pedido de Joana de Navarra, esposa de Filipe, o Belo, neto de Luís IX. Com Joinville, temos uma testemunha excepcional, que conheceu muito bem o rei, de quem foi íntimo. De fato, privou de sua intimidade em diversas épocas e pôde valer-se de numerosos testemunhos bem situados. Por sua vez, temos aí, como ressalta Jacques Le Goff, a narrativa de um leigo.[15]

Joinville não se limita a mostrar o rei em seu ato de devoção, mas revela o guerreiro, o cavaleiro, transformando-o num santo leigo num mundo em que os leigos experimentam uma promoção nos valores da sociedade ocidental. Rejeitando o painel milagroso próprio dos *Exempla*, Joinville privilegia seu próprio testemunho, entrelaçando a parte biográfica do rei e a escrita de sua autobiografia. Exprime-se na primeira pessoa, jogando com o uso do "eu" e do "nós".

Dessa proximidade entre o biógrafo e o biografado decorre a importância atribuída por Joinville ao tato, sentido que Raul Glaber desprezara, mas que se tornou importante no século XIII, numa sociedade em busca de provas materiais da presença

---

15  Cf. Le Goff, *Saint Louis*.

divina. Joinville demonstra, assim, sua alegria de ter tocado no rei diversas vezes. Seu corpo já é uma relíquia viva, como escreve Jacques Le Goff. Em certos pontos, Joinville concorda plenamente com os hagiógrafos de São Luís, pintando o retrato de um rei que tem horror do pecado, ama os pobres, manifesta uma preocupação escrupulosa com a justiça, homem de paz e com um sentimento universal de caridade cristã. No entanto, o biógrafo conserva o olhar crítico, a lucidez, quando revela ao leitor o temperamento colérico do rei, o caráter quase patológico de seu formalismo, a crueldade de algumas de suas sentenças e uma indiferença pela esposa que choca Joinville.

## Uma biografia leiga: Guilherme Marechal

No início do século XIII, em 1226, surge outra forma de biografia, a do leigo: a *Vida de Guilherme Marechal*[16] escrita a pedido de seu filho Guilherme por um trovador, que a compôs em forma poética, em octossílabos, para ser recitada por um leitor profissional diante de público. Essa vida panegirical de Guilherme Marechal, que teria vivido de 1145 a 1219, ainda está impregnada do modelo de narrativa da vida dos santos. A narrativa histórica é introduzida por uma apresentação genealógica e começa, portanto, com uma apresentação da linhagem que instrui o leitor acerca dos valores cavalheirescos. Guilherme pode ser considerado supranumerário: embora fosse o segundo de quatro meninos, além de duas meninas, situava-se apenas em quarta posição em relação aos eventuais herdeiros, pois o precediam mais dois outros filhos de outro casamento. Nesse caso, os filhos dos cavaleiros abandonavam a casa paterna por volta dos 8 ou 10 anos para seguir um aprendizado. Para eles, a figura do pai oblitera-se e, de fato, na narrativa de Guilherme, a morte do pai só é relatada por testemunhos exteriores

---

16  Cf. Duby, *Guillaume le Maréchal.*

A história

e de maneira alusiva. Nada na narrativa dá provas da menor perturbação ocasionada por essa perda, quando Guilherme tinha 20 anos. Ele é condenado a "rodar a terra", isto é, a participar de torneios para ganhar a vida. Protegido de Patrício de Salisbury, vê-se na situação de proteger a rainha Leonor de Aquitânia de uma agressão dos barões do senhor de Lusignan. Ele ataca de cabeça descoberta, sozinho, temerário, e vê-se rodeado por 68 cavaleiros. Feito prisioneiro, a rainha troca reféns para recuperá-lo e ele passa a fazer parte dos íntimos do soberano. O entusiasmo pelos torneios é tanto que a biografia descreve nada menos do que dezesseis. Guilherme recupera uma equipe da Inglaterra que se tornara alvo de piada, recrutando os melhores cavaleiros sob seu estandarte após intensas negociações. Vencedor em campo, ganha notoriedade, mas não acumula ganhos, pois o cavaleiro deve distribuí-los, assumindo as despesas das festas realizadas depois dos torneios. É pelo casamento que ele consegue sua verdadeira promoção social. O rei concede-lhe uma riquíssima herdeira, a donzela de Lancaster, e então sua fortuna se estabelece solidamente. Graças ao biógrafo de Guilherme, dispomos do que pode ter sido o último movimento das aspirações cavalheirescas, do triunfo da honra sobre o dinheiro, da lealdade contra o Estado, em situação de forma residual nesse começo de século XIII.

## O pintor dos valores cavalheirescos: Froissart

### Agradar ao público

Encontramos essa mesma atenção com o real na Idade Média, quando a escrita histórica começa a abandonar o *scriptorium* dos mosteiros, onde os monges copistas se limitavam a conservar a tradição, recopiando os textos santos. Por volta dos séculos XIV e XV, os historiadores se apropriam da chave das cidades e das cortes principescas, reatando com um gênero já antigo, o das crônicas, cuja regra é explicar os acontecimentos em sua estrita ordem cronológica. Contudo, os cronistas do fim da Idade Média enriquecem o gênero com a preocupação de ornamentar a narrativa. Insatisfeitos com as simples efemérides, desenvolvem certas anedotas significativas, buscam as causas e utilizam as regras retóricas para "historiar a matéria", como diz o cronista Froissart no século XIV. Sobretudo porque, segundo Froissart, o cronista deve agradar ao público. Ora, esse público de corte, composto essencialmente por uma nobreza guerreira em declínio, que não escreve e muitas vezes nem sabe ler, é ávido de façanhas que ilustrem seu prestígio e sua posição social privilegiada.

Froissart (1337-1404), nascido no Hainaut, em Valenciennes, pertence a uma família burguesa e é criado em ambiente cortês.

O cronista aparece como propagandista dos valores da nobreza, dando ênfase à dedicação, ao espírito totalmente voltado para a prodigalidade, oferecendo um espetáculo contínuo de façanhas militares, festas, banquetes e grandes atos diplomáticos. Com um fito moralizante, Froissart indica às gerações futuras, por meio de suas narrativas, as regras do código de honra cavalheiresco: valor no combate, generosidade sem limites, fausto na diversão. Deve dar a impressão de um tempo que celebra a bravura e a lealdade, portanto privilegia os procedimentos de dramatização de cenas espetaculares, como as entradas reais nas cidades, os torneios e as diversas formas de confronto entre cavaleiros.

Não raro a verdade factual é sacrificada em proveito da eficácia da narrativa, de sua beleza dramática e dos efeitos que se esperam sobre o leitor. Obcecado em agradar ao público, o cronista reduz as passagens em que a nobreza não desempenha o papel principal e insiste, ao contrário, na narrativa das façanhas militares e das manifestações festivas.

A história

## O publicista dos valores cavalheirescos

O cronista transforma-se numa espécie de publicista. Substitui uma aristocracia guerreira que não escreve e com frequência não sabe ler para lhe tecer louvores. No quadro histórico pintado pelo cronista, o mundo burguês está ausente, a populaça dos campos é completamente ignorada e, quando se manifesta, como nas *jacqueries* de 1358, Froissart a estigmatiza como a expressão "gente ruim", verdadeiros "cães enraivecidos", que agem "como furiosos".

Embora pretenda construir uma "história justa e verdadeira" a partir de uma "investigação justa", ele sacrifica muitas vezes a verdade pelo movimento geral da narrativa e privilegia os efeitos sobre o leitor em detrimento da veracidade do discurso. Contudo, por trás de um espelho muitas vezes deformante, seu quadro oferece um retrato autêntico da visão do mundo da classe cavalheiresca para a qual escreve. Com isso, Froissart não perde de vista a função educativa e prescritiva do discurso histórico, que deve indicar à jovem geração o código de honra cavalheiresco: o valor no combate, a generosidade sem limites, o luxo nas diversões.

Como o objetivo de Froissart é mostrar às gerações futuras as belas façanhas guerreiras da cavalaria, sua narrativa se assemelha muitas vezes a um manual de estudos militares. Mas esse clérigo não tem conhecimento direto dos fatos militares, não participou nem assistiu a nenhum cerco ou batalha. Em contrapartida, utiliza dados fantasiosos, como quando propõe 23 vítimas inglesas (3 cavaleiros e 20 arqueiros) na batalha de Crécy, contra 31.291 franceses.[17] O esquema das batalhas baseia-se essencialmente num estereótipo em que a sucessão é mecânica; além disso, sua ideologia cavalheiresca o leva a privilegiar os feitos individuais, transmitindo a seu público o

---

17  Cf. Contamine [Froissart: Art Militaire, pratique et conception de la Guerre]. In: Palmer (org.), *Froissart: Historian*.

discurso esperado sobre a guerra. Mas, para além dessas deformações, ele oferece uma espécie de etnografia da guerra em sua diversidade, dando uma imagem plural do fenômeno militar. Distinguimos, ao lado da guerra cortês e civilizada que é a da cavalaria da França e da Inglaterra, a guerra exótica dos turcos, a guerra selvagem dos irlandeses, a guerra popular dos frísios, o hábito dos fidalgos de Castela de fugir ao primeiro ataque etc.

Froissart também tornou mais tangível a representação da guerra, inserindo-a em sua vivência concreta, material, e situando-a de acordo com o guerreiro médio, certamente nobre. É essa dimensão vivida que dá o valor e a influência futura de sua obra. A partir do Livro III de suas *Crônicas*, ele passa imperceptivelmente das crônicas para as memórias. O presente da vida ganha importância cada vez maior, e as recordações pessoais levam a melhor sobre a memória "objetivada" dos acontecimentos. O confronto do passado e do presente vê-se cada vez mais imbricado no interior do tempo vivido.[18] Objeto de admiração de Walter Scott, ele mesmo modelo de Augustin Thierry, o prestígio de Froissart será particularmente grande no século XIX, na época romântica.

## Das *Memórias* na razão de Estado: Commynes

Em outro contexto, dessa vez na cúpula do Estado, Commynes, autor em 1524 de *Mémoires*, é uma testemunha privilegiada a serviço de Carlos, o Temerário, e em seguida de Luís XI. A vida de Commynes, nascido em 1447 numa família de boa nobreza ligada aos duques da Borgonha, é abalada pelo acontecimento constituído pela entrevista de Péronne, em 1468; ele entra secretamente em relação com Luís XI e em 1472 abandona o duque Carlos, o Temerário, para unir-se ao rei. Luís XI nomeia-o

---

18  Cf. Zink, *Froissart et le temps.*

## A história

camerlengo e conselheiro, concedendo-lhe toda uma série de terras. A importância de suas cauções, pensões e retribuições diversas revela o lugar privilegiado que ele ocupa junto ao rei Luís XI. Commynes pertence ao grupo das quarenta pessoas mais bem remuneradas do reino e torna-se senescal de Poitou e capitão de Poitiers e Chinon. Graças a um casamento prestigioso com a filha do senhor de Montsoreau, recebe herança deste e torna-se senhor de Argenton.

Defensor de uma concepção pragmática da política – tanto que no século XVI Carlos V ainda chama suas *Mémoires* de "manual para uso dos reis" –, toda a sua escrita histórica se organiza ao redor de certo número de esquemas binários. O critério não é o caráter ético das decisões régias, mas sua eficácia na redução das perdas e no incremento dos proveitos. Pouco importa que as ações do rei sejam legais ou morais, mas que sejam proveitosas. Por esse aspecto, Luís XI oferece, segundo seu memorialista, o próprio exemplo de uma política que se tornou mais profissional, econômica e moderna. O compromisso histórico de Commynes visa a extrair lições práticas de uma experiência de poder segundo a ideia de moderação, via média e competência técnica, baseada essencialmente na diplomacia. Sua modernidade também está ligada a seu ponto de vista, que tenta transcender os limites das fronteiras. Enviado em missão sucessivamente à Itália, à Saboia, à Inglaterra e a outros lugares, é também o homem dos trânsfugas no plano das alianças políticas por ter abandonado Carlos, o Temerário, por Luís XI. Sua trajetória o leva a reconhecer a pluralidade das posições possíveis em relação a um problema. Também entende a precariedade das alianças, a fragilidade dos poderes, sempre ameaçados, sempre acossados pela adversidade, e alerta os príncipes "deslumbrados" pelo poder e pelo caráter enganoso das coisas que os levam a agir "sem ouvir os motivos de uma parte e outra". Entre o rei e a oposição aristocrática, não pode haver relação de confiança, apenas efêmeras comunidades de interesse.

François Dosse

## A modernidade sob o véu da tradição

Segundo Joël Blanchard, o pragmatismo de Commynes deve ser lido sob o véu do discurso tradicional, ao mesmo tempo moralista e providencialista. Conclui suas narrativas com considerações sobre "a crueldade e os males dos príncipes, [que] não ficam impunes", e, quando os príncipes ignoram a origem de sua prosperidade e esquecem-se dos mandamentos divinos, "Deus lhes envia um ou mais inimigos de que ninguém suspeitava", pois "de Deus tudo vem", ao passo que "o homem é pouca coisa", "esta vida é miserável e breve".[19] Esse entrelaçamento de linguagens moderna e antiga abre um debate de interpretação entre Philippe Contamine, que considera as *Mémoires* uma teodiceia ainda arraigada nos valores da Idade Média, e a tese de Joël Blanchard, que vê nelas apenas uma simples repetição de chavões, de uma linguagem convencional com a qual Commynes exprime algo essencialmente inovador.

Segundo Commynes, a história é um instrumento de divulgação de um *savoir-vivre*, de um *savoir-faire* dos grandes deste mundo.[20] Nessa óptica, sua escrita cultiva o realismo. Ele multiplica as anotações para dar ao leitor a impressão de que, por seu intermédio, ele está junto dos grandes. As precisões, que parecem apenas contar recordações, como quando o historiador ouve as confidências do duque de Borgonha "junto à janela",[21] dão a impressão de jamais afastar-se da verdade e cair numa demonstração parcial.

Commynes emprega diversos procedimentos retóricos para camuflar sua opinião pessoal, ao mesmo tempo que a revela. Prefere reproduzir o julgamento de outrem e persuadir o leitor, apelando quer para a acumulação, enumeração e repetição, quando deseja ressaltar certos fatos, quer para as lítotes ou

---

19 Commynes, *Mémoires*, prefácio.
20 Blanchard, *Annales ESC*, n.5, p.1071-105.
21 Commynes, op. cit., ed. R. Chantelauze, t.1, p.224.

A história

eufemismos, quando não se sente à vontade com o fato mencionado. Assim, quando procura mostrar a incompetência de Carlos, o Temerário, que não sabe aproveitar as circunstâncias excepcionais de 1475, pratica a ênfase, sobrecarrega a exposição com o acúmulo de fatos.[22] Ao contrário, quando evoca a meia desgraça de 1477, sem pronunciar a palavra, contenta-se com esta simples alusão: "O dito senhor [Luís XI] me pôs de lado quando quis partir e me enviou para Poitou e para as fronteiras da Bretanha". Valendo-se de sua experiência dupla, já que serviu sucessivamente a causas opostas, a de Carlos, o Temerário, e a do rei, ele se torna biógrafo de Luís XI.

Commynes encontra-se bem situado para avaliar o caráter complexo e, no mais das vezes, contraditório das decisões a tomar. De fato, sua experiência pessoal o ensinou a levar em conta o ponto de vista do adversário para tirar dele uma decisão mediana, conciliadora. Longe de negar essas contradições, ele se vale de procedimentos retóricos para reconstituí-las, empregando constantes variações em seus sucessivos enunciados, multiplicação de formas sincopadas, descontinuidades ou imbricações que acompanham os acasos da complexa travessia da experiência. Assim, não hesita em romper com a narrativa cronológica, preferindo restituir o efeito de surpresa, as peripécias espetaculares e, assim, sujeitando a narrativa às emoções do momentâneo e à transmissão do patético.

## Modernidade ou traição?

Permanece aberto o debate sobre a leitura de Commynes: Jean Dufournet insiste no peso da traição em sua escrita da história, que seria uma ampla tentativa de justificar sua troca de Carlos, o Temerário, por Luís XI. O sentimento de culpa o leva a oferecer uma visão um tanto desencantada da história,

---

22 Cf. Dufournet, *Études sur Philippe de Commynes*.

na qual vê traições por toda parte, e desse sentimento decorre seu pragmatismo destruidor de mitos. Às miseráveis negociações de casamentos arranjados e ao desrespeito dos tratados, Commynes opõe os valores tradicionais da cavalaria, ou seja, a honra, a fidelidade, o compromisso recíproco. Jean Dufournet transforma Commynes num homem em ruptura com seu tempo, com as competências próprias de sua época.

Joël Blanchard, ao contrário, dá ênfase ao fato de que Commynes é realmente um homem de seu tempo. Baseando-se em sua correspondência, mostra quão importante é a Itália em sua formação intelectual e, de fato, ele é assíduo frequentador dos mercadores e dos humanistas italianos. Blanchard ressalta também as lições que Commynes recebe dos diplomatas da época, cuja função está prestes a mudar, já que os embaixadores se tornaram mediadores essenciais nas relações entre Estados. O relativismo e o pragmatismo de Commynes vêm daí e não dos efeitos de sua traição, segundo Blanchard. A motivação das *Mémoires* não estaria, portanto, na contramão da época, passadista, mas, ao contrário, seria uma glorificação dos novos valores, e sua escolha de Luís XI, uma opção menos por um homem do que por uma política, a do Estado moderno em via de se constituir, faria dele um precursor "manso" de Maquiavel, como escreveu Sainte-Beuve. Além disso, de Joinville a Commynes, a escrita histórica progrediu no eixo da subjetividade, pois o projeto memorialista pressupõe a expressão e a divulgação de um projeto de vida singular e de uma ética das ações individuais.

## A estética romântica

Outro momento privilegiado de cuidado com a narrativa situa-se no fim da Revolução Francesa, depois da Restauração de 1815. A história torna-se o principal lugar de confronto

# A história

entre os que desejam fechar o parêntese revolucionário e os liberais que aspiram a estabilizar certo número de conquistas da revolução numa França pacificada. Coloca-se com acuidade, então, a questão de como pensar a descontinuidade (1789), reconciliando-se com um passado mais distante, como reatar os fios de uma tradição revisitada pela mudança. A cena política que se estabelece em 1815 torna-se o próprio quadro desse confronto historiográfico militante. Em contrapartida, a maioria dos eruditos é partidária da reação aristocrática. Eles desejam fechar o parêntese e retomam por conta própria as teses do historiador Boulainvilliers sobre as origens germânicas da nação francesa, com o intuito de legitimar os direitos da nobreza ante o terceiro estado. Os liberais, por sua vez, vão erigir-se em nova geração revolucionária, adiada.

Esses historiadores não conheceram o acontecimento revolucionário. Em sua maioria, tinham cerca de 25 anos entre 1815 e 1820, portanto são os primeiros a considerar a revolução à distância, cientes da ruptura que se operou, preocupados em defender as conquistas e convencidos de que a consolidação de um regime político equilibrado deve buscar sua legitimidade reatando com um passado mais antigo do que a ruptura de 1789, cujas raízes devem ser procuradas no passado nacional, e aceitando ao mesmo tempo as grandes mudanças revolucionárias. Recusando duplamente a escrita de uma história puramente factual, carente de sentido como a dos eruditos ultra-monarquistas, e a escrita de um sentido da história sem os fatos, como a da história filosófica iluminista, essa geração encontra no esquema nacional o quadro organizador da síntese histórica. Tais historiadores procuram uma estabilização das conquistas da revolução nas classes médias e identificam seu combate com o da burguesia liberal modernista. A partir de 1830, começa a era de ouro dos historiadores liberais. O historiador François Guizot ocupa o cargo de ministro da Instrução Pública entre 1832 e 1837 e aproveita para implantar uma coleta sistemática

François Dosse

da memória nacional, antes de se tornar um verdadeiro representante do poder junto a Luís Filipe, entre 1840 e 1848.

Essa geração de historiadores tenta elaborar uma *história científica*, realizando um duplo deslocamento do conhecimento histórico. Em primeiro lugar, eles contribuem para o progresso da erudição, organizando a ordenação e a consulta dos arquivos nacionais. Em segundo lugar, a erudição é para eles um meio de recuperar o sentido; longe de se limitar à simples exatidão dos dados históricos, eles não os separam da reconstituição interpretativa; daí decorre uma escrita dividida entre a vontade de fazer ciência, que induz um discurso generalizante, e um respeito muito escrupuloso pelas singularidades, pelas particularidades. Para eles, a nação é o lugar em que se realiza essa dupla ambição de alcançar a verdade sensível de um passado que deve ser ressuscitado e a exigência de uma totalidade inteligível, de uma coerência do desenrolar-se. Daí resulta uma nova sensibilidade histórica, marcada pela distância, pela descontinuidade da ruptura revolucionária, e atestada pela procura da cor local, do pormenor que distancia, do gosto pela narração animada. Essa estética romântica supera, aliás, a corporação dos historiadores, constituindo uma corrente de expressão artística dominante na Europa no começo do século XIX.

## Augustin Thierry

Augustin Thierry é um dos principais representantes dessa geração que se lança na aventura de uma nova história da França: "Ainda não temos uma história da França", escreve ele em 1820.[23] Essa história deve passar por um deslocamento do olhar, que não se contenta em observar as esferas dirigentes, mas reavalia o lugar das pessoas de baixa condição, dos anônimos: "Falta-nos a história dos cidadãos, a história dos súditos,

---

23 Thierry, *Lettres sur l'histoire de France*.

a história do povo".[24] Thierry alia o cuidado com a erudição – ele consulta o trabalho de erudição realizado nas coleções beneditinas – ao modelo do romance histórico, da ficção, que, para ele, deve inspirar a nova escrita histórica. Saúda como obra-prima o romance *Ivanhoé*, de Walter Scott.

Segundo Thierry, a narrativa é um produto de síntese altamente elaborado, com a dupla ambição de fazer arte e ciência ao mesmo tempo, de ser dramático e escrupulosamente erudito, pintor da sensibilidade romântica e preocupado com respeito à verdade. Diz ele:

> Eu aspirava, talvez um pouco ambiciosamente, a usar um estilo grave, sem ênfase oratória, e simples, sem afetação de *ingenuidade* e arcaísmo; a pintar os homens de antigamente com a fisionomia de seu tempo, mas falando a linguagem do meu; enfim, a multiplicar os pormenores até esgotar os textos originais, mas sem dispersar a narrativa e quebrar a unidade do todo. Nessa tentativa de conciliação de métodos tão diversos, eu era continuamente jogado entre dois escolhos, caminhava entre dois perigos: o de conceder em demasia à regularidade clássica e perder, assim, a força da cor local e a verdade pitoresca; e aquele, ainda maior, de atravancar minha narração com um sem-número de pequenos fatos, poéticos talvez, mas incoerentes e desprovidos de gravidade, desprovidos até de significado para o leitor do século XIX.[25]

## Jules Michelet

Toda a empreitada do historiador Jules Michelet nasceu da Revolução de 1830: "Essa obra trabalhosa, de cerca de quarenta anos, foi concebida num só momento, no clarão

---

24  Ibid.
25  Id., *Dix ans d'études historiques*, prefácio. Reed. in: Gauchet (org.), *Philosophie des sciences historiques*, p.46.

de Julho. Naqueles dias memoráveis, fez-se uma grande luz e eu vi a França".[26] Nascido em 1798, Michelet pertence à geração "adiada", que reflete à distância sobre o acontecimento revolucionário. Para Charles Péguy, Michelet encarna o gênio histórico. Mais tarde, Fernand Braudel e Georges Duby colocarão seu ingresso no Collège de France sob a alta autoridade de Michelet. Foi incontestavelmente Michelet que levou mais longe a transferência de sacralidade para a nação. Mais do que um magistério, Michelet ocupou uma posição de sacerdócio, que atravessou o tempo para fazer valer uma França eterna. Para ele, essa França ainda não tinha história. Essa é a constatação que ela faz no fim de sua vida, no famoso prefácio escrito em 1869 para a *Histoire de France* [História da França]: "Ela tinha anais, não história".[27] O historiador exerce um autêntico sacerdócio. É ele quem deve descobrir o sentido da vida dos antepassados falecidos. Ele empresta a pluma aos mortos, para que confessem o segredo de sua morte. O historiador tem o poder de ressuscitá-los, revelando-lhes o enigma de sua vida passada. Dessa maneira, assemelha-se ao sacerdote que acalma o tumulto das vozes, serena os gemidos da população dos mortos, até então condenada a errar pelas sombras. A libertação dada por ele não é acessória, porque o historiador, segundo Michelet, liberta as almas e concede-lhes, portanto, uma espécie de imortalidade e individuação dos destinos. A história é plena ressurreição, quando pode "reacender as cinzas frias".[28] Em compensação, essa alta missão exige da história uma verdadeira entrega de si mesmo, uma verdadeira identificação com as desgraças passadas: "Já que por fim tudo deve morrer, comecemos por amar os mortos".[29]

---

26  Michelet, Histoire de France, prefácio de 1869. In: _____, *Oeuvres complètes*, t.4, p.11.
27  Ibid.
28  Ibid., p.15.
29  Id., Journal. In: _____, *Journal intime*, t.1, p.289.

## A história

## A transferência de sacralidade em Michelet

Michelet toma do cristianismo as figuras da Encarnação e da Paixão e faz uma transferência de sacralidade dessas noções cristãs para o campo nacional e popular, não sem causar polêmica com a Igreja, de que contesta a evolução, as relações privilegiadas com os poderes de opressão e a perda da fé original sob o peso da instituição eclesial. Assim, podemos ler a diferenciação das três Idades Médias feita por Michelet.[30] Ele distingue uma primeira Idade Média, objeto de verdadeiro fascínio, porque vê realizar-se nela a comunhão na fé da Igreja dos primórdios, das primeiras comunidades restritas. Essa "bela Idade Média" é um mundo povoado de encarnações santas. É a idade da infância, da inocência: "São Francisco, uma criancinha que não sabe o que diz e, por isso mesmo, só fala melhor".[31] Evidentemente, a grande heroína da Idade Média, símbolo da fé apaixonada dos primórdios, mas perdida e vítima no fim do período, é Joana d'Arc. Ela, mulher inocente, virgem e analfabeta, encarna os valores do povo e traz ao mesmo tempo os valores da modernidade da nação francesa em marcha: "Essa última figura do passado foi também a primeira do tempo que começava. Nela, apareceram ao mesmo tempo a Virgem... e já a Pátria".[32]

Michelet vê em ação na história certo número de abstrações encarnadas, como o povo dignificado pelo sofrimento. Para ele, o povo é a pedra filosofal de sua narrativa histórica e do sentido que extrai dela. Ele magnifica a narrativa fundadora da nação francesa, que acontece na festa da Federação. Ela traz o sentido imanente da própria revolução. Michelet escolhe narrar a Revolução Francesa para melhor celebrá-la. Cinde-a em duas:

---

30  Cf. Le Goff, *Pour un autre Moyen Âge.*
31  Michelet, Histoire de France, prefácio de 1869. In: _____, Oeuvres complétes, t.4.
32  Id., *Histoire de France*, p.791.

uma revolução princípio, eterna, e uma revolução encarnada, a de 1789, que ele opta celebrar, contando-a. Ele sentiu essa celebração histórica como uma necessidade interna, fora de qualquer lógica temporal, pois é sabido que foi no momento em que chegava à narrativa dos tempos modernos, depois de Luís XI, que resolveu escrever a história da Revolução Francesa, também nesse caso a partir de um lampejo:

> Entrei por Luís XI nos séculos monárquicos. Ia embrenhar-me neles quando um acaso me fez refletir melhor. Um dia, passando por Reims, vi em grande detalhe a magnífica catedral, a esplêndida igreja da sagração [...]. Ali, um estranho espetáculo muito me surpreendeu. A torre redonda tinha uma guirlanda de supliciados. Um tinha uma corda no pescoço. Outro perdera a orelha. Ali, os mutilados são mais tristes do que os mortos. Como eles têm razão! Que apavorante contraste! Como! A igreja das festas, a noiva, usou como colar de bodas esse lúgubre ornamento! O pelourinho do povo está situado acima do altar. Mas seu choro não conseguiu cair, através das abóbadas, na cabeça dos reis? Temível unção da revolução, da cólera de Deus. Não conseguirei compreender os séculos monárquicos se, primeiro, antes de tudo, não estabelecer em mim a alma e a fé do povo. Eu disse isso a mim mesmo e, depois de Luís XI, escrevi a *Revolução*.[33]

Michelet transpõe para a revolução a narrativa da encarnação cristã, pois a revolução também tem sua ceia: a Federação de 1790, suas lágrimas e seu sangue: "Essas leis, esse sangue, ela os dava a todos, dizendo-lhes: 'Este é o meu sangue, bebei'",[34] e até sua paixão: "Perante a Europa, saiba-se, a França sempre terá um só nome, inexpiável, que é seu verdadeiro nome eterno:

---

33  Id., *Histoire de France*, prefácio, t.1, p.35.
34  Id. apud Barthes, *Michelet*, p.50.

## A história

a revolução".[35] Michelet está em ruptura total com a história-crônica, condenada à gagueira, segundo ele. Sua ambição é totalizante e visa a permitir a ressurreição da vivência, que é ao mesmo tempo uma declaração de amor à nação francesa: "Pois bem, minha grande França, se para recuperar tua vida foi preciso que um homem se entregasse, passasse e tornasse a passar tantas vezes o rio dos mortos, ele se consola com isso e ainda te agradece. E sua maior dor é ter de deixar-te agora".[36]

## Dizer uma palavra impossível

Ao se dedicar integralmente à história, Michelet tentou falar a língua do povo, porque, para ele, o povo, como escreveu Roland Barthes, é "a pedra filosofal", uma substância essencial de que o historiador deve se apoderar. O sacerdócio de Michelet consistiu, portanto, em contar o povo, inseri-lo numa intriga e, contudo, ao fim da vida, tinha consciência de ter ficado na porta, de não ter conseguido apropriar-se da língua do povo. Segundo o filósofo Jacques Rancière, Michelet "inventa a arte de fazer os pobres falarem, calando-os, de fazê-los falar como mudos".[37] Michelet tem plena consciência de que, nascido no povo, pretende apropriar-se de sua língua, embora sabendo que é incapaz de falá-la. Em 1869, reconhece a aporia dessa impossível ressurreição, o fracasso final dessa cosmologia da ressurreição.

Nasci povo, tinha o povo no coração. Os monumentos de seus velhos tempos foram um deslumbramento para mim. Consegui mostrar em 1846 o direito do povo mais do que nunca; em 1864, sua longa tradição religiosa. Mas sua língua, sua língua me era inacessível. Não consegui fazê-lo falar.[38]

---

35 Id., *Le peuple*, p.35.
36 Id., *Histoire de France*, prefácio de 1869.
37 Cf. Rancière, *Les noms de l'histoire*, p.96.
38 Michelet, *Nos fils*, v.2, p.299.

François Dosse

Como escreve Roland Barthes, "ele foi provavelmente o primeiro autor da modernidade a só poder cantar uma palavra impossível".[39]

## Os "retornos" à narrativa: Paul Veyne, Michel de Certeau, Lawrence Stone

Depois de uma longa ausência da narrativa, quando os historiadores dos séculos XIX e XX julgaram poder fundar uma física social, acreditando romper para sempre com a história-narrativa, os historiadores de hoje ressaltam, ao contrário, que a noção de história possui um valor polissêmico, que designa ao mesmo tempo a ação narrada e a própria narração, confundindo assim a ação de um narrador, que não é necessariamente o autor, com o objeto da narrativa. O historiador é convidado mais uma vez a se interrogar sobre seu ato de escrever, sobre a proximidade deste com a escrita ficcional e, ao mesmo tempo, sobre a fronteira que separa os dois campos.

### Paul Veyne

Em plena moda quantitativista, no começo da década de 1970, Paul Veyne publica um livro cujo título *Como se escreve a história* sugere o retorno de uma reflexão sobre a história como narrativa. Afirma que "a história é uma narrativa de acontecimentos: tudo o mais decorre daí".[40] O objetivo desse livro de epistemologia da história é mostrar em que a história não é uma ciência. Baseando-se em Aristóteles, ele vê a história como a "inserção numa intriga". A configuração induz a explicação. A parte metodológica da história é considerada, em contrapartida,

---

39  Barthes, op. cit., p.144.
40  Veyne, *Comment on écrit l'histoire*, p.14.

A história

sua parte morta. Segundo Paul Veyne, a história é um romance, uma narrativa verídica. A indeterminação do campo histórico torna ilusória qualquer construção hierarquizada, segundo uma escala de importância. Só a intriga atribui a este ou aquele fato seu valor singular, em consequência do suposto interesse da narrativa:

> Os fatos não existem isoladamente, no sentido de que o tecido da história é o que chamamos uma intriga, uma mescla muito humana e muito pouco "científica" de causas materiais, fins e acasos; uma fatia de vida, em suma, que o historiador corta à vontade e em que os fatos têm suas ligações objetivas e sua importância relativa.[41]

O que denominamos explicação em história é, portanto, a maneira como a narrativa se organiza como intriga compreensível, e aquilo que é elevado à condição de posição causal é somente um episódio da intriga escolhido entre outros. Sendo assim, o historiador é fundamentalmente um empirista, cuja parte teórica, conceitual ou tipológica constitui apenas uma série de resumos de intrigas já prontos, utilizáveis, para apresentar o que importa, o fato de relatar o caráter concreto da história. Quanto à síntese operada pelo historiador, ela está ligada, segundo Paul Veyne, à maneira singular como o historiador preenche os vazios e as lacunas, recuando do efeito constatado a sua causa hipotética, segundo a teoria das probabilidades.

## Michel de Certeau

Em 1975, é publicado o livro fundamental de Michel de Certeau, *A escrita da história*, que também dá ênfase, como indica claramente o título, à prática historiadora como prática de escrita. Certeau mostra como a história está ligada a uma

---

41 Ibid., p.36.

125

escrita performativa no ato de fazer história e ao mesmo tempo a uma escrita em espelho no fato de contar histórias, o que coloca logo de saída o gênero histórico em tensão entre uma vertente científica e uma vertente ficcional. A narrativa histórica desempenha o papel de rito de sepultamento: exorciza a morte, introduzindo-a no interior mesmo de seu discurso. Ela tem uma função simbolizadora, que permite que a sociedade se situe, assumindo em sua própria linguagem um passado que abre para o presente um espaço singular: "Marcar um passado é dar um lugar ao morto, mas é também redistribuir o espaço dos possíveis".[42] Certeau compara essa função ao gênero literário e musical em voga no século XVII com o nome de "Túmulo", na medida em que a escrita historiadora só fala do passado para sepultá-lo, no sentido de honrá-lo e o eliminar.

Embora a história seja antes de tudo narrativa, é também, segundo Certeau, uma prática que deve ser referida a um lugar de enunciação, a uma técnica de saber, ligada à instituição histórica:

> É abstrata, em história, toda doutrina que recalca sua relação com a sociedade [...]. O discurso científico que *não fala* de sua relação com o corpo social não conseguiria articular uma prática. Ele deixa de ser científico. Questão central para o historiador. Essa relação com o corpo social é justamente o objeto da história.[43]

Esse levar em conta do lugar da operação historiográfica abre um vasto canteiro de obras: o da interrogação historiográfica para situar a cada vez o discurso historiador na contemporaneidade de sua produção. Certeau, apreendendo o discurso histórico em sua tensão entre ciência e ficção, é especialmente

---

42  Certeau, *L'écriture de l'histoire*, p.118.
43  Ibid., p. 70.

A história

sensível ao fato de que este é relativo a um lugar particular de enunciação e, assim, mediatizado pela técnica, que o transforma numa prática institucionalizada, atribuível a uma comunidade de pesquisadores: "Antes de saber o que diz a história de uma sociedade, importa analisar como ela funciona dentro dessa sociedade".[44] A prática historiadora é integralmente correlativa à estrutura da sociedade, que traça as condições de um dizer que não seja nem lendário, nem atópico, nem destituído de pertinência.

A questão central para Certeau é a da leitura dos textos do passado e, nesse sentido, toda a sua trajetória de pesquisador o faz passar pelos três estágios de análise dos documentos, que ele consegue pensar em conjunto e não como excludentes uns dos outros: o distanciamento objetivante das fontes, a explicitação de sua lógica estrutural interna e a recuperação do sentido numa hermenêutica do outro.

## O distanciamento objetivante das fontes

Em primeiro lugar, Certeau é fortemente marcado pelo ensinamento de Jean Orcibal, do qual ele participou entre 1957 e 1963 do seminário dedicado à história moderna e contemporânea do catolicismo na seção V da École des Hautes Études. Ele aprendeu ali as regras estritas da erudição, que o ajudaram a orientar a nova revista de espiritualidade da Companhia de Jesus, a *Christus*, cujo objetivo era encontrar nas fontes originais da companhia uma modernidade que havia se perdido.

Jean Orcibal atribui ao estabelecimento minucioso dos fatos uma prioridade absoluta. Em contato com ele, Certeau apropriou-se das lições do método de crítica interna e externa das fontes, base de qualquer trabalho histórico desde as regras definidas no século XIX por Langlois e Seignobos, que convidam o pesquisador a estudar os originais em microscópio, a fim de

---

44  Ibid., p.78.

François Dosse

avaliar a parte de veracidade presente na massa de documentos. A história situa-se no íntimo da textualidade, e a filologia clássica serve de instrumento essencial para classificar e dar coerência cronológica à história das ideias. A filologia torna-se para ele uma "arte de ler", segundo a expressão de Mario Roques. Portanto, Certeau foi preparado cientificamente para seu trabalho de historiador, graças à verdadeira escola de erudição que era esse seminário, cujo objeto essencial era o estudo das influências da mística renano-flamenga sobre a França. Contudo, a via definida por Jean Orcibal não se limitava a uma mera restituição positiva dos documentos do passado: ele definia três momentos que Certeau adotaria como seus, embora os formulasse de outra maneira. A um primeiro momento, neutro, de prática de ascese do eu do pesquisador em seu trabalho de erudição, que ele chama de via "purgativa", segue-se "a via iluminativa, a descoberta, aquela que nos faz afirmar que só sabemos o que nós mesmos descobrimos".[45] É o momento em que o historiador descobre, depois de um tempo ascético, a figura do outro como próprio objeto de sua busca. A esse momento deve suceder "a experiência unitiva", pela qual o historiador reata sua subjetividade com seu objeto de pesquisa numa espécie de reduplicação, de surgimento de um si mesmo que não é mais o eu. Essa experiência faz o historiador passar de um trabalho de "desapropriação de si e redescoberta de si numa união com o outro que é da ordem do sentimento do 'interior'".[46]

## A lógica estrutural das fontes

Num segundo nível, Certeau faz distinções de inspiração estruturalista no próprio interior da unidade de linguagem. É

---

45 Le Brun, prefácio. In: Orcibal, *Études d'histoire et de littérature religieuses XVIᵉ-XVIIIᵉ siècle*, p.20.
46 Ibid., p.21.

# A história

o caso sobretudo quando tenta analisar o testemunho de Jean de Léry sobre sua expedição ao Brasil, na segunda metade do século XVI, e que Claude Lévi-Strauss transformou em "breviário do etnólogo". Da viagem de ida e volta de Jean de Léry, protestante calvinista que partiu de Genebra e descobriu os tupinambás da baía do Rio de Janeiro, antes de voltar a seu ponto de partida, há no interior dessa narrativa uma descoberta essencial, a do selvagem. É essa intrusão e o uso que Léry faz dela que interessam a Certeau, que os coloca no centro da narrativa etnológica. Ele os vê como um encaminhamento circular de parte e outra de uma divisão que tem como ponto de partida uma visão binária entre o mundo selvagem e o mundo civilizado e que se torna complexa ao fim de uma fratura interna do discurso, que acaba por diferenciar uma face de exterioridade e de interioridade dentro dos dois mundos opostos: "A bipolaridade inicial, perigosa e cética (verdade *aquém*, erro *além*) é substituída por um esquema circular, construído sobre o triângulo formado pelos três marcos"[47] que são Genebra como ponto de partida e de chegada, confrontada com essa natureza estrangeira e com essa humanidade exemplar, nas quais a alteridade do Novo Mundo é clivado, de um lado, num exotismo e, de outro, numa esperança ética, segundo os votos e a expressão que lhes dá Jean de Léry.

## Uma hermenêutica do outro

Essa alteridade, esse trabalho do outro no interior da escrita ocidental, abre para uma "hermenêutica do outro. Ele transporta para o Novo Mundo o aparato exegético cristão".[48] Jean de Léry já pratica essa hermenêutica quando substitui a linguagem teológica que tinha ao partir de Genebra pela atividade tradutora

---

47  Certeau, op. cit., p.231.
48  Ibid.

de seu ponto de chegada. Quanto a Certeau, ele reduplica essa atividade tradutora, na medida em que se vê diante de uma escrita mergulhada no século XVI, que convém explicar no século XX. Trata-se, portanto, de realizar uma nova operação de tradução, duplamente clivada pela diferença espacial que a permeia e pela distância temporal que a torna ausente.

A compreensão necessária à tradução implica uma relação de diferenciação, prelúdio de um segundo movimento, que é o da apropriação da visão do outro. É dentro dessa cadeia interpretativa que Certeau se situa para estudar como funciona a perspectiva de São João da Cruz enquanto fonte do místico jesuíta Jean-Joseph Surin, ao qual Certeau dedica a maior parte de seu trabalho de erudição, não como simples jogo de influências e empréstimos, mas situada num mergulho na singularidade das duas obras, único modo de "saber *quem* é *o* São João da Cruz de Surin".[49] Ele privilegia, pois, o que vem depois do texto, a recepção que ele tem, a recepção e a eficácia. É em relação aos diversos desvios e reutilizações da obra na pluralidade das leituras que são feitas dele que se pode restituir o afloramento do segredo da obra. É assim que a tradição pode voltar a ser tradição viva, portadora de práticas ao longo de suas diversas metamorfoses e rupturas. O dizer é sempre, portanto, um redizer, diferente, situado numa configuração inédita. Ao longo do século XVII, as expectativas religiosas são postas pouco a pouco a serviço das instituições políticas, numa sociedade que se laiciza e em que o Estado moderno afirma seu primado. Essa reviravolta, iniciada no século XVI com a Reforma, abre para o presente da modernidade ocidental, e todo o trabalho de historiador de Certeau é mostrar a atualidade dessa "ruptura instauradora". Esta provoca o esboroamento de uma cosmologia de tipo holista e dá lugar a uma espiritualidade entendida

---

49 Id., *L'absent de l'histoire*, p.43.

A história

como experiência subjetiva, que traça "o itinerário do sujeito para seu centro".[50]

Sem ceder às facilidades do anacronismo ou do concordismo, Certeau trava um diálogo rigoroso com os textos que exuma do passado, unindo os atos de escrever e ler, construindo no caminho uma hermenêutica da falta: "É preciso, em primeiro lugar, tentar compreender", escreve ele ao apresentar a documentação da possessão de Loudun.[51] Quando Certeau publica essa documentação em 1970, a história das mentalidades triunfa com a escola dos *Annales*, e seu objeto é muito próximo dos trabalhos de Robert Mandrou, que havia publicado em 1968 sua tese sobre *Magistrats et sorciers* [Magistrados e feiticeiros], surgindo como autêntico herdeiro das orientações historiográficas definidas por Lucien Febvre. Ora, a intervenção de Certeau no mesmo campo de análise inclui uma dimensão crítica em relação à maneira como é concebida a própria noção de mentalidade, que se apoia em fontes limitadas e funciona no interior do par binário da suposta oposição entre uma cultura de elite e uma cultura popular.

Certeau já havia manifestado sua insatisfação diante dessa bela mecânica nas análises sobre o movimento de Maio de 68, criticando um ponto de vista que atribui à multidão uma posição "passiva por definição",[52] bem como num artigo escrito com Dominique Julia e Jacques Revel em 1970.[53]

A busca do sentido pela análise de uma crise paroxística em pleno século XVII constitui para Certeau a tentativa de uma história do crer, do ato de crer em seus signos objetivados e em seus deslocamentos. O historiador vê-se às voltas com o enigma da mística, da mesma maneira como o homem era colocado na Antiguidade ante o enigma da esfinge. Certeau

---

50  Id., [Cultures et spiritualités], *Concilium*, n.19, p.15.
51  Id., *La possession de Loudun*, p.18.
52  Id., *La prise de la parole*, p.89.
53  Certeau; Julia; Revel, La beauté du mort, *Politique aujourd'hui*, dez. 1970.

distancia-se do ponto de vista tradicional, que rejeita a mística como ligada à mentalidade primitiva ou que a restringe a uma tradição marginal das diversas igrejas. Ele a situa, ao contrário, no centro da modernidade, como manifestação tangível e ao mesmo tempo inacessível da experiência da modernidade na efetuação da dissociação entre o dizer e o fazer.

## As expressões da mística

As expressões da mística devem ser estudadas em sua dupla inscrição no corpo do texto, da linguagem mística como rastro do que Jean-Joseph Surin chamava de "ciência experimental", e no próprio corpo alterado dos místicos. Não basta referir-se ao corpo social da linguagem. O sentido tem por escrita a letra e o símbolo do corpo. O místico recebe em seu corpo próprio a lei, o lugar e o limite de sua experiência. É no interior mesmo desse ausente, desse outro irredutível dado à reflexão pela mística, que se define com Certeau uma nova antropologia ou história do crer. Como ressalta Philippe Boutry, essa busca de sentido leva Certeau a transformar numa história das crenças aquilo que se apresentava como uma história das mentalidades:

> Articular o crer, ou desarticulá-lo, é dar à crença o *status* de um ato que está inteiramente na história, mas também lhe escapa. É talvez nessa tensão entre o *apreensível* e o ausente da história, entre o esforço de inteligência do passado e do presente e a irredutibilidade do *outro*, que reside a "inspiração" de Michel de Certeau historiador.[54]

Certeau opera o principal deslocamento quando não reduz, ao contrário de Robert Mandrou, sua exploração à simples

---

54  Boutry, De l'histoire des mentalités à l'histoire des croyances: la possession de Loudun, *Le Débat*, n.49, p.96.

# A história

consciência judiciária elevada à condição de encarnação da razão e do progresso em marcha. Mostra muito claramente a Mandrou que, embora os rastros principais de que dispõe o historiador sejam os arquivos jurídicos, o silêncio dos arquivos não é argumento para o historiador e não vale como prova. O pesquisador deve abrir seu caminho e outras vias de acesso em sua análise das formações discursivas por um confronto sistemático entre os diversos saberes e crenças em conflito. Isso implica o que Boutry qualifica como uma espécie de moderação da parte do historiador, que deve ao mesmo tempo evitar impor ao documento sua grade de leitura contemporânea e não se deixar levar pelo fascínio do arquivo em sua suposta "verdade". O movimento dessa hermenêutica em ato significa reservar um lugar para o outro e, portanto, no caso de Loudun, pensar conjuntamente o feiticeiro e o magistrado, o médico e o clérigo, assim como o político, sem atribuir a este ou àquele saber a postura de testemunha privilegiada no que se refere à verdade.

É por isso que, segundo Certeau, o historiador deve renunciar a toda posição superior e demonstrar humildade de princípios, que, mesmo prosseguindo sua marcha para a compreensão do outro, sabe que o enigma jamais será completamente reabsorvido pelo que lhe resiste:

> É precisamente isso que o historiador – trata-se, afinal, do *nosso* lugar – pode indicar aos analistas literários da cultura. Por ofício, ele desentoca esses últimos de um pretenso *status* de puro espectador, mostrando-lhes por toda parte a presença de mecanismos sociais de escolha, crítica, repressão, recordando-lhes que é a violência que sempre funda um saber. A história está nisso, ainda que não seja só isso o lugar privilegiado em que o olhar se inquieta. Seria inútil, porém, esperar de um questionamento político uma libertação das culturas, um ímpeto enfim liberto, uma espontaneidade livre,

como desejavam ambiguamente os primeiros folcloristas. A história das velhas divisões ensina que nenhuma delas é indiferente, que toda organização supõe uma repressão. Só que não é indubitável que essa repressão deva sempre ser feita de acordo com uma distribuição social hierárquica das culturas. O que ela pode ser, cabe à experiência política nos ensinar, se soubermos lê-la, e não é mau lembrá-lo, no momento em que se colocam as questões prementes de uma política e de uma ação culturais.[55]

## Lawrence Stone

Pouco depois, em 1979, foi publicado um artigo polêmico do célebre historiador britânico Lawrence Stone, traduzido para o francês pela revista *Le Débat* em 1980. Ele insiste nesse necessário "retorno à narrativa".[56] Esse historiador, especialista em história social da Inglaterra e conhecido sobretudo por seus trabalhos sobre as causas da Revolução Inglesa, denuncia as aporias dos métodos estruturais ou cientificistas em suas diversas variantes: o modelo marxista; o modelo que ele chama de *ecológico-demográfico*, designando com isso os trabalhos da escola dos *Annales*, cuja base demonstrativa repousa sobre o esquema malthusiano de adaptação da evolução da população ao estado dos recursos; ou o modelo *cliométrico* norte-americano, dominante na década de 1960, que diz respeito à escola contrafactualista norte-americana, que tentou reescrever a história simulando evoluções possíveis a partir da eliminação de um de seus parâmetros. Por exemplo, esses historiadores tentaram analisar o que teria sido a história norte-americana sem as estradas de ferro. Stone defende, ao contrário, a necessidade de

---

55  Certeau; Julia; Revel, op. cit. p.23.
56  Stone, Retour au récit ou réflexions sur une nouvelle vieille histoire, *Le Débat*, n.4, p.116-42.

# A história

uma história narrativa, descritiva, que assume o homem como objeto primeiro. As três variantes cientificistas fracassaram na tentativa de reduzir o real histórico a explicações unicausais, e o interesse dos historiadores desloca-se para o que se passava na cabeça das pessoas de antigamente, o que implica um retorno à narração: "A primeira causa do atual retorno à narrativa é que perdemos muitas ilusões acerca do modelo determinista de explicação histórica".[57]

## Uma poética do saber histórico

A indeterminação própria do discurso histórico, em tensão entre as humanidades literárias e a ambição científica, confere uma importância especial aos procedimentos pelos quais a escrita da história participa e ao mesmo tempo se subtrai do gênero literário. A organização "folheada" do discurso historiador, que compreende as matérias-primas que o fundam, leva à atenção necessária em relação aos próprios procedimentos narrativos, às figuras retóricas empregadas. Ela abre para a construção de uma poética do saber. Isso não significa voltar aos hábitos do *linguistic turn*, que assinalaram o momento estruturalista e implicavam considerar a textualidade em sua ruptura total com qualquer referente. A demonstração recente, feita pelo filósofo Jacques Rancière, que convida a história "a se reconciliar com seu nome próprio",[58] vai no sentido da construção de uma disciplina histórica que possa conservar juntas suas três exigências: científica, narrativa e política.

Da mesma maneira que os historiadores das mentalidades se distanciaram da adequação postulada entre categorias socioprofissionais e formas de cultura, Rancière, do qual um dos

---

57  Ibid., p.123.
58  Rancière, op. cit., p.208.

objetivos privilegiados sempre foi retraçar o discurso operário, não se contenta mais com uma história desse discurso em termos de identificação com categorias sociais ou culturais. Não é simples a relação entre condições do discurso e a ordem do discurso. Ela deixa uma margem indeterminada, um núcleo de sentido autonomizado, uma experiência singularizada, o que Rancière chama de heresia democrática. A subjetivação progressiva do discurso torna impossível mandá-lo de volta ao seu território natal, identificá-la a um lar material do qual ela seria apenas a expressão. É nessa perspectiva de reapropriação da singularidade da palavra "de baixo para cima" que Rancière rejeita tanto a velha escola da crônica monárquica ou republicana quanto a escola dos *Annales*, que, no entanto, acreditava exumar a palavra dos mudos, dos anônimos da história:

> Quando Braudel fala em *O Mediterrâneo* do renascimento dos pobres, cuja preciosa papelada atravanca a escrivaninha do rei, ele designa uma figura das massas que para ele é negativa: essa multiplicação dos falantes, que é uma característica própria da era democrática.[59]

A história da longa duração, das séries quantificadas, das permanências plurisseculares move-se sobre a proliferação da fala. É ao repensar a articulação das três dimensões próprias do discurso histórico que a disciplina historiadora pode reatar com a matéria sensível de seu objeto: "o tempo, as palavras e a morte".[60]

O projeto de Arlette Farge, a atenção que ela dá ao arquivo e o cuidado em recuperar sem trair a palavra que vem de baixo, faz parte da mesma preocupação de Jacques Rancière, com quem ela compartilhou a aventura de uma das melhores revistas da década de 1960, *Révoltes Logiques*. Farge pratica a

---

59  Id., entrevista, *Politis*, 21 jan. 1993.
60  Id., *Les noms de l'histoire*, p.208.

A história

obliteração para dar mais espaço aos seres falantes que a história esconde sob seu discurso oficial:

> Não tenho por que fazer o inventário do que escapa aqui. O que escapa não pertence a ninguém, nem mesmo ao historiador. Ele está aí, intransmissível e secreto, presente e defunto.[61]

A atenção com os procedimentos textuais, narrativos, sintáticos, pelos quais a história enuncia seu regime de verdade, leva à reapropriação das conquistas dos trabalhos de toda a filiação narratológica, particularmente desenvolvida no mundo anglo-saxão e conhecida na França graças a Paul Ricoeur. O desenvolvimento das teses narrativistas alimentou-se do *linguistic turn*, da crítica do modelo nomológico e da consideração da narrativa como jazida de saber, desenvolvimento de recursos de inteligibilidade.

## A inserção na intriga biográfica

Um dos aspectos mais espetaculares da volta da narrativa às graças dos historiadores é o entusiasmo pelo gênero biográfico, gênero híbrido, bastardo, o mais desprestigiado durante muito tempo, dividido entre literatura e história. Ainda em 1989, Marc Ferro consagra um artigo à "Biografia, essa deficiente da história", mencionando dois colóquios: um sobre a revolução de 1905 na Rússia, realizado na Sorbonne, e outro sobre o governo de Vichy, organizado e publicado pela editora Sciences Politiques. Em ambos os casos, não se falou nem de Nicolau II nem de Pétain enquanto tais. Refletindo sobre essa exclusão, ele invoca o arraigamento democrático, que faz des-

---

61 Farge, *Le cours ordinaire des choses*, p.151.

confiar dos grandes homens, bem como o uso em voga de um determinismo funcionalista e a separação entre vida pública e vida privada. A biografia continua duas vezes vulnerável, a seu ver, enquanto desvelamento da relação entre vida pública e vida privada e por seu diagnóstico, que permanece aleatório. Assim, durante muito tempo o gênero biográfico foi um tabu para os historiadores eruditos. A escola histórica francesa realizou plenamente o desejo expresso em 1903 pelo sociólogo durkheimiano François Simiand de derrubar seus três ídolos: o cronológico, o político e o biográfico. Quando Braudel se vê diante da evocação da morte do rei Filipe II em sua tese,[62] ele desloca sua posição na ordem cronológica do livro. Posterga a narrativa para mostrar metaforicamente a morte do significado dos personagens na história, o fim de certa história. O alvo é justamente a história biográfica. O sujeito é, até o fim, o Mediterrâneo, ao passo que o rei da Espanha é apenas um cenário. A narrativa final de um rei sentado à escrivaninha e não sobre o leito de morte evoca um rei incapaz de influir no curso da mudança real que está prestes a acontecer, a mudança de uma economia-mundo centrada no Mediterrâneo para aquela cujo eixo é o espaço atlântico. E Braudel frisa esse relegar do biográfico à insignificância:

> Todas elas razões suficientes para que essa longa agonia, encerrada em setembro de 1598, não seja um grande acontecimento da história mediterrânica. Para que se assinalem novamente as distâncias entre a história biográfica e a história das estruturas e, mais ainda, a dos espaços...[63]

Essa marginalização nos lembra que, desde suas origens, a biografia era entendida como distinta da história, e o autor das

---

62 Braudel, *La Méditerranée et le monde méditerranéen à l'époque de Philippe II*.
63 Ibid.

# A história

*Vidas paralelas*, Plutarco, afirmava: "Não escrevemos histórias, mas vidas", inserindo a escrita das vidas numa exterioridade em relação à prática historiadora.

Gênero híbrido, dividido entre sua vocação literária e sua dimensão erudita, o gênero biográfico foi durante muito tempo um subgênero, desprezado, objeto de opróbrio num ambiente histórico preocupado em legitimar a cientificidade de seu discurso, para pertencer plenamente ao campo das ciências sociais. Ora, o gênero biográfico faz explodir a distinção entre a identidade propriamente literária e a identidade científica. Por sua posição mediana, produz uma mistura, uma hibridação e ilustra com fortes tensões essa conivência sempre em ação entre literatura e ciências humanas, que Michel de Certeau explicitou, empregando até um oximoro, ao falar de ciência-ficção.

O historiador americano Paul-Murray Kendall, autor de uma biografia de Luís XI de feitura erudita que se tornou um verdadeiro *best-seller* em 1974, definiu bem essa ambivalência de um gênero biográfico condenado a cobrir um campo instável, entre dois escolhos:

> A definição exclui obras situadas nos dois extremos do espectro biográfico: a biografia "romanceada" simula a vida, mas não respeita a matéria-prima de que dispõe, ao passo que a biografia repleta de fatos, oriunda da escola prolixa da erudição-compilação, adora a matéria-prima, mas não simula uma vida. Entre os dois, estende-se o impossível artesanato da verdadeira biografia.[64]

Dessa tensão resulta o caráter híbrido do gênero biográfico, que serve ao erudito para verificar a veracidade deste ou daquele fato particular e encontra nas longas sumas biográficas do que informá-lo utilmente com documentos de primeira

---

64  Kendall, *Louis XVI*.

mão. Ao mesmo tempo, o gênero é particularmente agradável ao público popular, que tira dele uma oportunidade de sonhar e não tem nenhuma intenção de se preocupar com densas referências bibliográficas.

Hoje, assistimos a uma inversão espetacular. O que ontem era deficiência torna-se a razão do sucesso, ou seja, esse caráter transversal. A biografia popular é mais exigente em relação a um verdadeiro saber verificado, e os historiadores eruditos estão mais atentos às ondas individualizadas de sua disciplina. Daí decorre uma aproximação entre história e biografia, a tal ponto que aqueles mesmos que denunciaram na esteira de Pierre Bourdieu a "ilusão biográfica", como os representantes da escola dos *Annales*, foram autores de imponentes e notáveis biografias, como a de São Luís publicada por Jacques Le Goff em 1996. Graças à virada pragmática e hermenêutica da disciplina histórica, a biografia retornou como objeto da história erudita, refletindo sobre a ação humana dotada de sentido, a intencionalidade, a justificação dos atores, os rastros memoriais. A *micro-storia* italiana, ao multiplicar as escalas de análise, muito contribuiu para que acontecesse essa virada historiográfica. A nova configuração das ciências humanas da década de 1980 mostrou-se mais atenta às lógicas individuais, singulares, que se insinuam no interior das lógicas estruturais. O campo biográfico tornou-se um terreno de experimentação para os historiadores, como revela a busca de Alain Corbin do homem comum por intermédio do fabricante de tamancos Pinagot. Jean-François Sirinelli constatou essa saída da infâmia que atinge o gênero biográfico:

> Embora um interdito implícito tenha pesado durante muito tempo sobre a abordagem biográfica, felizmente esses tempos passaram, tanto é verdade que tal abordagem, longe de ser redutora, permite atrair uma variedade de públicos: leem-se nas entrelinhas o que está em jogo na política da

## A história

época, os caminhos possíveis que se apresentam à escolha individual, os parâmetros que pesam sobre essa escolha.[65]

Hoje, podemos falar até em febre biográfica – e a multiplicação das coleções é prova disso – que atende às expectativas de um público cada vez mais ávido de uma dimensão mais propriamente existencial nas representações que podemos ter do passado. Por sua evolução no tempo, podemos distinguir três modalidades de abordagem biográfica: a era heroica, a era modal e a era hermenêutica. Mas essa balizagem não se limita a suas dimensões cronológicas, e esses três tipos de tratamento do biográfico podem facilmente combinar-se num mesmo período. O arquétipo heroico visa à identificação; tem origem num discurso das virtudes, numa vontade de transmitir uma moral de vida exemplar: é a *Historia magistrae vitae*, que anula os traços singulares da pessoa para melhor revelar a personagem alçada a herói da cidade antiga ou santo medieval nas hagiografias. O biógrafo pode tomar liberdades com a verdade factual e, na Antiguidade, não hesita em inventá-la, em fazer ficção quando isso pode ser útil à perfeição de seu retrato, na medida em que a finalidade não é dizer a verdade, mas a justeza de uma posição moral. Assim, em *Vidas paralelas*, Plutarco confronta o jogo dos defeitos e das virtudes próprio dos heróis gregos e romanos. Da mesma maneira, não se procura o que seja factualmente verdadeiro na *Legenda áurea*, de Tiago de Voragine, publicada no século XIII, pois essa recapitulação dos santos oferece, acima de tudo, uma narração exegética de vocação didática. Ela tem um uso muito preciso na liturgia, durante a qual a vida do santo celebrado no dia é lida no ofício. Como bem mostrou Michel de Certeau, os hagiógrafos devem ser questionados antes a respeito da concepção do mundo transmitida

---

65 Sirinelli, *Dictionnaire de la vie politique française au XX<sup>e</sup> siècle*, p.6.

por seus autores do que da vida efetiva do santo cuja vida eles relatam. Na época moderna, com a laicização progressiva da sociedade, a vida dos santos é substituída pela dos heróis e, no século XVIII, os valores guerreiros sendo cada vez mais reprimidos em proveito dos valores cívicos e utilitários, os grandes homens é que serão celebrados. Esse modelo de transmissão de virtudes pela narrativa de vida perdurou. Durante o longo período de ausência da biografia, como os historiadores não podiam distanciar-se completamente da dimensão individual da história, valeram-se do gênero biográfico como ilustração de arquétipos sociais ou momentos históricos especiais. Com isso, podiam legitimar seu uso. Desse modo, Lucien Febvre pôde falar de Lutero, mas como reflexo do mundo germânico do começo do século XVI; Georges Duby pôde narrar a vida de Guilherme Marechal como expressão de uma cavalaria deslocada no fim do século XII; ou Pierre Sorlin pôde contar a de Waldeck-Rousseau, mas como testemunha da burguesia francesa na segunda metade do século XIX.

No momento da humanização das ciências humanas, da era do testemunho, da busca da unidade entre o pensar e o existir, do questionamento dos esquemas holistas, que perderam suas virtudes estruturantes, é cada vez mais forte o entusiasmo com o gênero biográfico, mas um gênero renovado em sua era hermenêutica. Sem dúvida, encontramos uma mesma busca identitária, mas pluralizada, fragmentada numa miríade de "biografemas", para retomarmos a noção proposta por Roland Barthes e que convida o biógrafo a privilegiar o tênue, o ínfimo, o pormenor aparentemente insignificante, o traço singular, sem união. A figura do biografado não é mais vista a partir de uma totalidade uniforme postulada, mas, ao contrário, questionada em suas tensões, contradições e diversas cidades de pertença. Daí a intensa atenção dada às interações, ao tecido de imbricação das vidas. Como diz Carlo Ginzburg, a identidade biográfica não pode reduzir-se à transcrição de impressões digitais e vê-se

## A história

exposta, portanto, às vicissitudes do tempo e de suas mudanças, de suas rupturas e fraturas, que provocam outras alterações no biografado. Resulta daí a pluralidade de sentidos postulada na escrita biográfica e a consideração dos usos praticados pela sociedade das figuras biográficas, para além da vida biológica dos indivíduos transformados em ícones. A sociedade trata incessantemente de seus heróis de ontem, construindo lendas negras ou douradas para eles, e isso participa hoje do gênero biográfico que já iniciou sua era historiográfica. Nesse momento hermenêutico, o gênero biográfico tornou-se mais reflexivo e já não procura mais fazer o real falar diretamente e saturar seu sentido. O biógrafo sabe que o enigma sobrevive a sua tentativa e, de maneira mais modesta, aspira apenas a criar um efeito de vivência, do mesmo modo como Roland Barthes dizia que a história criava "um efeito de real".

# 4
## Os rompimentos do tempo

A dupla aporética do tempo: Aristóteles e Agostinho –
Um pensamento fenomenológico do tempo histórico:
Husserl – A historialidade segundo Heidegger –
A narrativa: guardiã do tempo – A construção
historiadora do tempo – O tempo presente – O tempo
da acontecimentalidade – A ação situada: Georges
Mead, Karl Popper – O tempo histórico rompido em
Walter Benjamin – O carnaval da história: Nietzsche –
O tempo longo configurado: Norbert Elias –
O descontinuísmo das *epistemes* de Michel Foucault –
Da arqueologia à genealogia: Michel Foucault –
A acontecimentalização do sentido – Regimes de
historicidade

## A dupla aporética do tempo: Aristóteles e Agostinho

A interpretação historiadora tem como ambição abordar um espaço intermediário que se situa entre a familiaridade que sentimos com o mundo a nosso redor e a estranheza que representa o mundo que perdemos. A descontinuidade que contrapõe nosso presente ao passado torna-se, então, um trunfo para desenvolver uma nova consciência historiográfica: "A distância temporal não é um obstáculo a superar [...]. Na realidade, importa ver na distância temporal uma possibilidade positiva e produtiva dada à compreensão".[1]

É essa exigência de pensar no interior da tensão entre exterioridade e interioridade, pensamento de fora e de dentro, que levou o filósofo Paul Ricoeur a tentar superar as diversas aporias do procedimento puramente especulativo da temporalidade. Pensar na articulação da clivagem entre um tempo que deve aparecer e um tempo que é concebido como condição dos fenômenos é o objeto da trilogia sobre a história *Tempo e narrativa*, publicada por Ricoeur em meados da década de 1980. Ele retoma e amplia sua reflexão sobre os regimes de historicidade entendidos como terceiro tempo, um terceiro discurso tomado em tensão entre a concepção puramente cosmológica do movimento temporal e uma abordagem íntima, interior, do tempo.

## Aristóteles

Por um lado, Aristóteles desenvolve uma concepção do tempo exterior à consciência que o homem pode ter dele. Empenha-se em explicar a experiência temporal mediante a inserção na intriga (*mythos*). A mediação indispensável para dar conta da dimensão temporal situa-se, pois, na capacidade de transformar em narrativa. O tempo só se torna humano se articulado de modo narrativo, da mesma maneira que a narrativa só alcança sua verdadeira dimensão quando é estruturado a partir de sua dimensão temporal. Como fundamento da intriga necessária para dizer o tempo, Aristóteles ressalta na *Poética* a importância da atividade mimética (*mimesis*), ou seja, o processo ativo da imitação e da representação:

Na origem da arte poética como um todo, parece haver causas, ambas naturais. De fato, imitar, já na infância, é uma

---

1 Gadamer, *Vérité et méthode*, p.137.

## A história

tendência natural nos homens – e eles se diferenciam dos outros animais por serem fortemente inclinados a imitar [...]. Outra razão é que aprender é um grande prazer, não só para os filósofos, mas também para todos os outros homens.[2]

A leitura de Aristóteles deve evitar dois escolhos contraditórios: o de uma forma de rebaixamento da *mimesis* como mera imitação, mero decalque de um real preexistente, bem como o de entender a *mimesis* como a reduplicação da presença, à maneira platônica. Para ter em conta a parte de imitação criadora e a cesura instauradora pela qual se abre um espaço de ficção, Ricoeur diferencia três formas de *mimesis* que se articulam ao redor de uma função central da configuração poética entre o antes e o depois: "Seguimos o destino de um tempo prefigurado num tempo refigurado pela mediação de um tempo configurado".[3] Com a *mimesis I*, a inserção na intriga encontra-se arraigada numa pré-compreensão do mundo da ação, tanto no plano de suas estruturas de inteligibilidade quanto de sua dimensão simbólica e temporal. No centro da atividade mimética, a *mimesis II* é o nível da ficcionalização, do "como se"; ela é a função mediadora principal, que realiza o caráter dinâmico da operação de configuração, criando o intrincamento de fatores heterogêneos que são a colocação dos atores, de seus objetivos, de seus recursos, das interações e dos resultados de suas ações. No terceiro nível, *mimesis III*, o nível da refiguração representa o destino dessa configuração numa intersecção do mundo do texto e do mundo do leitor, restituindo, segundo Ricoeur, o tempo do agir e do padecer. A essa terceira dimensão fazem eco tanto a hermenêutica de Gadamer, com sua noção de "aplicação", quanto a estética da recepção, segundo Robert Jauss e Wolfgang Iser.

---

2 Aristóteles, *Poétique*, IV, 1148b 4-23, p.105-6.
3 Ricoeur, *Temps et récit*, p.87.

Mas Aristóteles desemboca numa aporia, porque pensa um tempo imutável, uniforme, simultaneamente o mesmo em toda parte. O universo aristotélico é subtraído do tempo, portanto. No entanto, Aristóteles topa com o paradoxo de um tempo que não é o movimento e do qual o movimento é uma das condições: "Está claro, portanto, que o tempo não é nem o movimento nem sem o movimento".[4] Aristóteles não consegue descobrir a ligação entre o tempo medido pelo Céu, à maneira de um relógio natural, e a constatação de que as coisas e os homens sofrem a ação do tempo. Aliás, ele retoma por conta própria o ditado segundo o qual "o tempo consome, tudo envelhece sob a ação do tempo",[5] sem conseguir articulá-lo com um tempo humano e mutável.

## Santo Agostinho

A essa vertente cosmológica do tempo opõe-se a vertente psicológica, íntima, segundo Santo Agostinho, que coloca frontalmente a questão: "O que é o tempo? Se ninguém me pergunta, eu sei; se me perguntarem e quiser explicar, não sei mais".[6] Ele parte do paradoxo de que, se o passado não é mais e o futuro ainda não é, como entender o que é o tempo? A essa aporia soma-se outra, que é como medir o que não é.

Santo Agostinho responde voltando-se para o presente, um presente ampliado a uma temporalidade ampla, que engloba a memória das coisas passadas e a expectativa das coisas futuras: "O presente do passado é a memória, o presente do presente é a visão, o presente do futuro é a expectativa".[7] Para ele, não há futuro e passado senão pelo presente. Agostinho

---

4 Aristóteles, *Physique*, IX, 219a2.
5 Ibid., 221a30-221b2.
6 Agostinho, *Confessions*, livro XI, cap.XIV, p.264.
7 Ibid., livro XI, cap.XX, p.269.

# A história

procura então resolver o enigma da medida do tempo humano: "Eu disse pouco antes que medimos os tempos quando eles passam".[8] Essa passagem que o historiador efetua é a de um movimento que o leva do futuro ao passado pelo presente. Esse trânsito efetuado num espaço singular escandido por espaços de tempo desemboca numa nova aporia, pois o tempo não tem espaço e Agostinho percebe o problema quando acrescenta: "Não medimos o que não tem espaço".[9] Ele desdobra, então, a consciência do tempo humano, distinguindo a relação que privilegia a relação íntima com o tempo, a *intentio*, e o que vai desempenhar o papel de substituto do tempo cosmológico, que ele chama de *distensio animi*: "Vejo, pois, que o tempo é uma distensão. Mas é o que vejo? Ou o que creio ver que vejo?".[10] Agostinho dialetiza essas duas dimensões do tempo, como mostra Paul Ricoeur: "A teoria do presente triplo, reformulada em termos de tripla intenção, faz surgir a *distensio* e a *intensio* estilhaçada".[11] É na relação instituída por Agostinho entre essa falha observada no próprio cerne do presente triplo e a distensão da alma, ligada à extensão do tempo, que reside a contribuição fundamental de Santo Agostinho. Mas essa antinomia entre tempo cosmológico e tempo íntimo não é resolvida pela especulação filosófica.

## O tempo narrado

Entre o tempo cósmico e o tempo íntimo situa-se o tempo narrado do historiador. Ele possibilita a reconfiguração do tempo por meio de conectores específicos. Paul Ricoeur coloca o discurso histórico numa tensão que lhe é própria, entre iden-

---

8 Ibid., cap.XXI.
9 Ibid.
10 Ibid., cap.XXIII.
11 Ricoeur, op. cit., t.1, p.39.

tidade narrativa e ambição de verdade. A poética da narrativa aparece como a maneira de superar as aporias da apreensão filosófica do tempo. A esse respeito, Ricoeur prefere a noção de refiguração à de referência, porque se trata de redefinir a própria noção de "realidade" histórica a partir de conectores próprios do terceiro tempo histórico, usados com mais frequência pelos historiadores de profissão. Entre esses conectores, encontramos categorias familiares ao historiador: a da cronologia, do calendário: esse "tempo calendário é a primeira ponte lançada pela prática historiadora entre o tempo vivido e o tempo cósmico".[12] Ele se aproxima do tempo físico pela mensurabilidade e serve-se do tempo vivido. O tempo calendário "cosmologiza o tempo vivido" e "humaniza o tempo cósmico".[13]

A noção de geração é considerada por Ricoeur uma mediação fundamental da prática historiadora, que também permite encarnar essa ligação entre tempo público e tempo privado. A noção de geração permite atestar a dívida, para além da finitude da existência, para além da morte que separa os antepassados dos contemporâneos.

Há, por fim, a noção de sinal, que ganhou tamanha importância hoje que o historiador italiano Carlo Ginzburg, fundador da *micro-storia*, concebe um novo paradigma, diferente do paradigma galileano, definido por ele como o do sinal indiciário.[14] Objeto habitual do historiador, a noção de sinal, materializado por documentos e arquivos, nem por isso deixa de ser enigmática e essencial para a reconfiguração do tempo. Paul Ricoeur empresta do filósofo Emmanuel Lévinas[15] a expressão de significância do "sinal", enquanto perturbação de uma ordem, simples significante. Mas também inscreve a noção

---

12 Ibid., t.3, p.190.
13 Ibid., p.197.
14 Ginzburg, Traces, racines d'un paradigme indiciaire. In: _____, *Mythes, emblèmes, traces*, p.139-80.
15 Lévinas, La trace. In: _____, *Humanisme de l'autre homme*, p.57-63.

A história

de sinal em seu lugar histórico. É a restituição desse sinal em sua autenticidade que constitui a busca da historiadora Arlette Farge em seu mergulho no arquivo.[16]

Portanto, inserção na intriga impõe-se a todo historiador, mesmo àquele que mais se distancia do recitativo clássico do acontecimento político, militar ou diplomático. E a narração constitui a mediação indispensável para fazer obra histórica e ligar o espaço de experiência e o horizonte de expectativa. Ela é o próprio sinal do caráter humano da história.

## Um pensamento fenomenológico do tempo histórico: Husserl

Com Husserl, enuncia-se a tentativa de fazer aparecer o tempo íntimo da consciência para submetê-lo a uma observação e a uma descrição fenomenológica enquanto aparecer.[17] A fenomenologia husserliana do tempo inova ao distinguir o fenômeno de retenção de seu simétrico, a protenção. Assim, Husserl não limita o "agora" a um único instante fugidio, mas insere-o no interior de uma intencionalidade longitudinal, segundo a qual ele é a retenção do que acaba de se produzir e ao mesmo tempo a protenção da fase por vir: "É essa intencionalidade longitudinal e não objetivante que garante a continuidade da duração e preserva o mesmo no outro".[18] A segunda conquista da fenomenologia do tempo é a distinção de Husserl entre a lembrança primária e a lembrança secundária, denominada "relembrança". Ele levanta a questão de como essa lembrança permite uma presentificação do passado e como essa representação pode permanecer fiel a seu objeto. Essa implicação

---

16 Farge, *Le goût de l'archive*.
17 Husserl, *Leçons pour une phénoménologie de la conscience intime du temps*.
18 Ricoeur, op. cit., t.3, p.53-4.

da relembrança na unidade do tempo vivido deve integrar-se à dimensão das intenções de expectativa contidas na própria lembrança: "O presente é ao mesmo tempo o que vivemos e o que realiza as antecipações de um passado rememorado [...]. Nesse sentido, o presente é a efetuação do futuro rememorado".[19] Sendo assim, a consciência é o fluxo de vivências que estão todos no presente, pois o tempo não é mais considerado uma linha contínua e exterior, mas uma malha de intencionalidades. O tempo só pode ser subjetivo, segundo Husserl, e, no entanto, tem realidade objetiva. O tempo, como o mundo, estão sempre *já aí* para a consciência. "O próprio tempo deve ser considerado em três níveis: tempo objetivo (nível um), tempo objetivado dos tempo-objetos* (nível dois), tempo imanente (nível três)".[20]

Husserl pretende propor, graças à abordagem fenomenológica, uma retomada reflexiva da ciência histórica. É o que realiza na última fase de sua obra, com a publicação de *Krisis (La crise des sciences européennes et la phénoménologie transcendantale)* [A crise das ciências europeias e a fenomenologia transcendental], Husserl tenta recuperar o sentido numa Alemanha em plena borrasca, vítima da doença nazista. Sem dúvida, ele já havia abordado o tema da historicidade, mas a crise estava em seu paroxismo e Husserl, que tinha antepassados judeus, será vítima dela: "Foi o próprio trágico da história que levou Husserl a pensar historicamente".[21]

Ricoeur diagnostica uma inflexão no pensamento de Husserl diante do drama de seu tempo, pois a fenomenologia transcendental não oferece um terreno especialmente propício ao interesse pela história. A dupla recusa preconizada

---

19 Ibid., p.68.
* Do alemão *Zeitobjekt*. Segundo Husserl, objetos não só mergulhados no tempo, mas que contêm em si uma extensão temporal. (N. T.)
20 Ricoeur, op. cit., p.81.
21 Id., Husserl et le sens de l'histoire. In: _____, *À l'école de la phénoménologie*, p.22.

# A história

por Husserl do logicismo e do psicologismo não o predispõe, num primeiro momento, a levar em conta a contingência histórica. Muito pelo contrário, a problemática husserliana "parece eliminar esse cuidado pela operação prévia da redução transcendental".[22] Sem dúvida, a temporalidade é interna à consciência enquanto forma unificante de todas as vivências. Mas como realizar uma história com consciências? Para tanto, Husserl assimila a história à noção de teleologia. Seguindo a tradição do Iluminismo, ele retoma a ideia de uma Europa animada pela razão, pela liberdade, pelo universal. O sentido de sua história está na realização de sua função filosófica: "A crise da Europa só pode ser uma desgraça metodológica".[23]

Na base da crise de projeto da Europa, Husserl aponta os efeitos funestos do objetivismo, da redução da tarefa indefinida do saber a sua esfera mais brilhante, o saber matemático-físico. É aí que Husserl ata o nó que permite articular a fenomenologia e a historicidade, considerando que essa dimensão histórica não é exterior, mas interior à consciência: "Porque a história é *nossa* história, o sentido da história é nosso sentido".[24] Ricoeur redescobre aí, nessa ligação entre uma filosofia crítica e um desígnio existencial, a projeção, em Husserl, no plano coletivo "de uma filosofia reflexiva já concluída no plano da interioridade".[25]

Em suas observações críticas, Ricoeur alerta contra os excessos possíveis de uma história das ideias, portanto de um idealismo demasiado descontextualizado, e aconselha o confronto sistemático com a história dos historiadores. Convida, pois, a um desvio pela disciplina histórica. Em contrapartida, contrapõe à excessiva unidade de sentido que uma história

---

22  Ibid., p.25.
23  Ibid., p.33.
24  Ibid., p.34.
25  Ibid., p.40.

única postularia a parte de imprevisibilidade própria de toda historicidade. Esse paradoxo da história seria um dos principais eixos da investigação de Ricoeur, sempre preocupado em nunca abandonar essa tensão própria do regime de historicidade. Ele já é claramente explicitado em 1949, em sua leitura de Husserl: "O *otimismo da Ideia* e o *trágico da ambiguidade* remetem a uma estrutura da história em que a pluralidade dos seres responsáveis, o acontecimento do pensar, são o reverso da unidade da tarefa, do advento do sentido".[26]

## A historialidade segundo Heidegger

Com a hermenêutica heideggeriana, ocorre a passagem de uma concepção ainda reduzida da hermenêutica, simples epistemologia das ciências do espírito segundo Dilthey, para um pensamento que visa a uma ontologia do compreender em Heidegger, em *Ser e tempo*.[27] Segundo Heidegger, o tempo não deve ser procurado numa exterioridade, mas em nós mesmos, nesse ente que ele denomina *Dasein*.

O *Dasein* que é a cada vez "meu" – no sentido de se definir de maneira constitutiva como um "eu sou" – não é, portanto, simplesmente *no* tempo entendido como aquilo em que se desenrolam os acontecimentos do mundo; ao contrário, é o tempo que é a *modalidade* própria de seu ser.[28]

Para Heidegger, portanto, não há distinção possível entre um tempo em seu fluxo específico e as modalidades da consciência do tempo, mas um único processo de temporalização.

---

26  Ibid., p.53.
27  Heidegger, *Être et temps*.
28  Dastur, *Heidegger et la question du temps*, p.19.

# A história

## O *Dasein*

Como Ricoeur, podemos conceber no caráter dissimulado do fenômeno segundo Heidegger, nesse ser-aí, esse *Dasein* que não designa nem um sujeito nem um objeto, mas "o *lugar* em que surge a questão do ser, o lugar da manifestação",[29] a abertura para uma fenomenologia hermenêutica. A opacificação que reina no encontro do fenômeno, o esquecimento da questão do ser, justificam o desvio hermenêutico. Essa explicitação necessária consegue cavar mais fundo, visando ao solo ontológico sobre o qual repousam as ciências do espírito. A segunda mudança de Heidegger em relação a Dilthey consiste em se livrar da dominação ainda excessivamente psicologizante e romântica da noção de compreensão: "Em *Sein und Zeit* [Ser e Tempo], a questão da compreensão é completamente desvinculada do problema da comunicação com o outro".[30] Heidegger substitui a questão da relação com o outro, que corre o risco de reduplicar a noção de subjetividade, pela noção de ser no mundo: "Ao *mundanizar* assim o compreender, Heidegger o *despsicologiza*".[31] Esse deslocamento fundamental orienta a filosofia de Heidegger para a linguagem, sem partir dela. Com efeito, a tríade heideggeriana – situação-compreensão-interpretação – parte da ancoragem de todo sistema linguístico para possibilitar o compreender entendido como capacidade de orientação. Só em terceiro lugar entra em cena a noção de interpretação, pois antes da exegese dos textos "vem a exegese das coisas".[32] Só ao término desse triplo movimento do pensamento aparece a questão da linguagem como articulação segunda.

Heidegger é um elemento decisivo na reflexão sobre o tempo histórico. Tenta resolver a dupla aporia do tempo, conforme

---

29  Ricoeur, *Du texte à l'action*, p.89.
30  Ibid., p.90.
31  Ibid., p.91.
32  Ibid., p.92.

nos situamos na vertente do tempo íntimo, como Agostinho e Husserl, ou na vertente cosmológica, como Aristóteles e Kant. A noção de ser-aí, de *Dasein*, permite superar a oposição tradicional entre o mundo físico e o mundo psíquico. Heidegger oferece três prolongamentos fecundos à reflexão sobre a temporalidade. Em primeiro lugar, encara a questão do tempo como totalidade envolvida na estrutura fundadora do *cuidado*. Em segundo lugar, reúne as três dimensões do tempo – passado, presente, futuro – numa unidade *ek-stática*, processo comum de exteriorização. Em terceiro lugar,

> o desdobramento dessa unidade *ek-stática* revela, por sua vez, uma constituição por assim dizer folheada do tempo, uma *hierarquização* de níveis de temporalização, que requer denominações distintas: *temporalidade, historialidade, intratemporalidade.*[33]

Heidegger situa no próprio *cuidado* o princípio da pluralização do tempo, sua decomposição em passado, presente e futuro. O cuidado, no sentido filosófico moderno, refere-se em primeiro lugar à intencionalidade em Husserl: "Toda consciência é consciência de algo". Em Heidegger, a intencionalidade torna-se cuidado como estrutura *a priori* (existencial) e total do *Dasein*, o ser-aí. O cuidado (*Sorge*) é o embaraço que tenta apreender suas próprias características existenciais.

## O primado do advir

Heidegger concedeu à dimensão do devir um primado sobre as duas outras relações com o tempo. Sua intenção é escapar de dois escolhos clássicos do pensamento histórico: por um lado, encarar os fenômenos históricos antes de tudo como

---

33 Id., *Temps et récit*, t.3, p.16.

A história

fenômenos pertencentes à esfera pública e, por outro lado, separando o passado do futuro, reduzir a história a uma mera retrospecção. Heidegger, ao contrário, ressalta a noção de herança transmitida, que deixa entrever "como toda volta para trás procede de uma decisão essencialmente voltada para a frente".[34] A hermenêutica heideggeriana, como o conceito de repetição, permite essa reabertura das potencialidades, dos possíveis não realizados ou reprimidos do passado, em direção ao por vir: "É, portanto, *advindo* no modo do *retorno* a si que a decisão antecipante torna *presente* o ente que vem a seu encontro no mundo ambiente: é esse fenômeno unitário de um porvir que torna presente é o que Heidegger chama de *temporalidade*".[35]

Mas esse processo se choca com o que Ricoeur chama de aporética da temporalidade, que permanece incapaz de encontrar as mediações adequadas para pensar juntos o tempo cosmológico e o tempo íntimo, em termos heideggerianos, o tempo vulgar da cotidianidade das ciências e o tempo íntimo do *Dasein*:

> Se dermos ênfase aos dois extremos dessa promoção do sentido, o ser para a morte e o tempo do mundo, descobrimos uma oposição polar, paradoxalmente dissimulada pelo processo hermenêutico dirigido contra toda dissimulação: de um lado o tempo mortal; de outro, o tempo cósmico.[36]

## A hipóstase do ser

Podemos considerar como capital a reflexão sobre o tempo de Heidegger, mas também podemos ser críticos, como Ricoeur, ante o uso de uma hipóstase do ser, sobretudo em seu período

---

34  Ibid., p.136.
35  Dastur, op. cit., p.69.
36  Ibid., p.173-4.

mediano, nos anos 1950. O ser autonomiza-se em Heidegger e vem fazer-se história, retirando-se e revelando-se ao mesmo tempo. Esse primado radical concedido ao ser no pensamento heideggeriano embaralha a distinção em que ele se apoia entre o registro filosófico e o teológico, impondo um novo absoluto que ameaça absorver tudo e transformar em sistema. Além disso, a absolutização do ser obsta qualquer diálogo com o mundo da ciência. Michel Haar, especialista em Heidegger, desenvolve em sua tese reservas semelhantes às de Ricoeur em relação a essa hipóstase da história do ser.[37] Apesar do entusiasmo que sente pela obra de Heidegger, julga que ele concede ao ser todos os atributos humanos: há uma memória do ser, uma espécie de graça do ser... mas que parte ainda cabe ao homem? A partir daí, Haar desenvolve uma crítica interna das posições de Heidegger que equivalem a uma espécie de fatalismo historial: "Se a origem de todo esquecimento é a selagem do ser, quem esquece é o homem, que, esquecendo-se desse esquecimento, cai na errância. Só o homem erra. O ser não erra".[38]

Essa errância é, sem dúvida, a própria condição do destino, da historicidade, mas Heidegger arranca dela toda subjetividade, pois a prática de sua liberdade reside num desfazer-se de toda relação prática ou teórica com o ente, e leva a um despojamento total: "O homem nada quer, nada busca, senão na pura renúncia a todo alvo particular".[39] Qual é, pergunta Haar, essa estranha liberdade que nasce do quase desaparecimento do homem? Nesse aspecto, as metáforas de que se serve Heidegger são esclarecedoras: o homem é o pastor do ser, a testemunha do ser. Ele é reduzido a uma posição puramente passiva, de impotência. Heidegger pratica uma falsa simetria entre um ser de que tudo depende e um homem cuja individualidade é pura e

---

37 Haar, *Heidegger et l'essence de l'homme*.
38 Ibid., p.191.
39 Ibid., p.196.

# A história

simplesmente suprimida. Assim como a via curta da hermenêutica heideggeriana não consegue percorrer o caminho inverso rumo à epistemologia, a assimetria radicalizada entre o ser e o homem tampouco permite voltar da ontologia à ética. A analítica historial de Heidegger não reconhece realmente o lugar do outro e, com isso, não atribui nenhum *status* à dimensão ética.

## A narrativa: guardiã do tempo

### Dilthey

A partir de Schleiermacher, a hermenêutica sai de seu horizonte regional, religioso, para assumir um programa geral de elaboração de regras universais válidas e tornar próximo o que é distante, superar a distância cultural e, portanto, fazer progredir a compreensão do outro. Mas é sobretudo por meio de Dilthey que se realiza o projeto de Schleiermacher, no plano de uma investigação propriamente histórica. No momento em que Ranke e Droysen se voltam para as ciências da natureza para dar à história uma dimensão científica, Dilthey lhes contrapõe o horizonte da compreensão e distingue duas epistemologias: aquela própria do mundo físico e a que está ligada ao mundo psíquico.[40] Ele busca fundar a história como conhecimento científico, superando a simples intuição, a partir da hipótese de que a vida produz formas em seu fluir que se estabilizam em diversas configurações, em normas que se aproximam das que mais tarde Norbert Elias descreverá como configuração e Max Weber, como tipos ideais. A hermenêutica, portanto, não está ligada de modo algum a um psicologismo selvagem, como se costuma acreditar, mas a uma preocupação de reapreender a camada objetivada da compreensão. Está ligada a uma reflexão sobre o histórico, sobre suas próprias condições de ser. Embora

---

40  Cf. Dilthey, *L'édification du monde historique dans les sciences de l'esprit.*

Dilthey tenha chegado a uma aporia por ter subordinado demais o problema hermenêutico ao problema psicológico, nem por isso deixou de perceber "o nó central do problema, ou seja, a vida não apreende a vida senão por intermédio das unidades de sentido que se elevam acima do fluxo histórico".[41]

## Gadamer

Portanto, só podemos pensar a descontinuidade contra um fundo de continuidade, que é o próprio tempo. Essa apropriação foi energicamente sublinhada por Gadamer, cuja hermenêutica histórica rejeita os cortes abstratos entre tradição e ciências históricas, entre o curso da história e o saber sobre a história. A compreensão não está vinculada a nenhuma subjetividade em posição dominante, mas à "inserção do processo da transmissão em que se mediatizam constantemente o passado e o presente".[42] O projeto hermenêutico ambiciona abordar esse terreno intermediário entre familiaridade e estranheza que constitui a tradição. A descontinuidade que opõe nosso presente ao passado torna-se, então, um trunfo para desenvolver uma nova consciência historiográfica: "A distância temporal não é, portanto, um obstáculo a superar [...]. Na realidade, cumpre ver na distância temporal uma possibilidade positiva e produtiva oferecida à compreensão".[43] Foi essa exigência de pensar no interior da tensão entre exterioridade e interioridade, pensada de fora e de dentro, que levou Ricoeur a procurar ultrapassar as diversas aporias do processo puramente especulativo da temporalidade e da abordagem reificante dela.

A narração constitui a mediação indispensável para fazer obra histórica e, assim, unir o espaço de experiência e o horizonte de expectativa de que fala Koselleck: "Nossa

---

41 Ricoeur, *Du texte à l'action*, p.87.
42 Gadamer, op. cit., p.130.
43 Ibid., p.137.

hipótese de trabalho equivale, assim, a considera a narrativa a guardiã do tempo, na medida em que só existiria tempo pensado quando narrado".[44] A configuração do tempo passa pela narração do historiador. A configuração historiadora vista desse modo move-se entre um espaço de experiência que evoca a multiplicidade dos percursos possíveis e um horizonte de expectativa que define um futuro tornado presente, não redutível a uma simples derivada da experiência presente: "Assim, espaço de experiência e horizonte de expectativa fazem mais do que se opor polarmente, eles se condicionam mutuamente".[45]

## As contribuições do *linguistic turn*

A atenção dada aos procedimentos textuais, narrativos, sintáticos pelos quais a história enuncia seu regime de verdade leva à reapropriação das conquistas dos trabalhos de toda a filiação narratologista, particularmente desenvolvida no mundo anglo-saxão. De fato, o desenvolvimento das teses narrativistas nutriu-se do *linguistic turn*, da crítica do modelo nomológico e da consideração da narrativa como jazida de saber, como manifestação de recursos de inteligibilidade. Assim, os narrativistas permitiram mostrar como o modo de narrativa tem valor explicativo, mesmo que seja pela utilização constante da conjunção de subordinação "porque" que recobre e confunde duas funções distintas: a consecução e a consequência.

Os vínculos cronológicos e os vínculos lógicos são afirmados sem serem problematizados. Ora, convém desenredar essa senha, o "porque" de usos díspares. Foi esse trabalho sobre as capacidades explicativas próprias da narrativa que executou a corrente narrativista. William Dray mostrou, assim, desde a década de 1950, que a ideia de causa deve ser separada da ideia

---

44  Ricoeur, op. cit., p.435.
45  Ibid., p.377.

de lei.[46] Defendeu um sistema causal irredutível a um sistema de leis, criticando ao mesmo tempo os que praticam essa redução e os que excluem toda forma de explicação.

Um pouco mais tarde, Georg Henrik Von Wright preconizou um modelo misto, fundamentado numa explicação dita quase causal,[47] como o mais adequado para a história e para as ciências humanas em geral. Segundo ele, as relações causais são estritamente relativas a seu contexto e à ação implicada nele. Inspirando-se nos trabalhos de Elisabeth Anscombe, ele privilegia as relações intrínsecas entre as razões da ação e a própria ação. Contrapõe, portanto, a noção causal não lógica, puramente externa, que diz respeito aos estados de sistema, e a conexão lógica, ligada às intenções e que assume uma forma teleológica. O vínculo entre esses dois níveis heterogêneos situa-se nas características configurantes da narrativa: "O fio condutor, a meu ver, é a intriga, enquanto síntese do heterogêneo".[48]

Por sua vez, Arthur Danto identifica as diversas temporalidades no interior da narrativa histórica e questiona a ilusão de um passado como entidade fixa em relação à qual só o olhar do historiador seria móvel. Distingue, ao contrário, três posições temporais internas à narração.[49] O campo do enunciado já implica duas posições diferentes: a do acontecimento descrito e a do acontecimento em razão do qual ele é descrito. Cumpre acrescentar o plano da enunciação, que se situa em outra posição temporal, a do narrador. A consequência epistemológica dessa diferenciação temporal aparece como paradoxo da causalidade, pois um acontecimento ulterior pode fazer aparecer um acontecimento anterior em situação causal. Em contrapartida, a demonstração de Danto equivale a considerar indistintas a explicação e a descrição, já que a história é composta de um só bloco, segundo ele.

---

46  Dray, *Laws and Explanation in History*.
47  Wright, *Explanation and Understanding*.
48  Ricoeur, *Temps et récit*, t.1, p.202.
49  Danto, *Analytical Philosophy of History*.

## A história

Alguns foram ainda mais longe, como Hayden White,[50] na perspectiva de construção de uma poética da história, pressupondo que o registro do historiador não é fundamentalmente diferente do da ficção no plano da estrutura narrativa. A história seria antes de tudo escrita, artifício literário. White situa a transição entre a narrativa e a argumentação na noção de inserção na intriga.

Ricoeur, que introduziu na França essas teses narrativistas anglo-saxônicas, vê nelas duas importantes conquistas. Em primeiro lugar, elas mostram que "narrar já é explicar [...]. O 'um pelo outro' que, segundo Aristóteles, constitui o vínculo lógico da intriga, é agora o ponto de partida obrigatório de toda discussão sobre a narração histórica".[51] Em segundo lugar, à diversificação e à hierarquização dos modelos explicativos, os narrativistas opuseram a riqueza dos recursos explicativos internos à narrativa.

No entanto, e apesar desses dois avanços na compreensão do que é um discurso historiador, Ricoeur não aceita as teses mais radicais dos narrativistas, quando postulam a indistinção entre história e ficção. Apesar de sua proximidade, subsiste um corte epistemológico que se funda no regime de veracidade próprio do contrato do historiador em relação ao passado. Sobre esse ponto, ele compartilha a posição de Roger Chartier, quando afirma:

> o historiador tem como tarefa oferecer um conhecimento apropriado, verificado, dessa "população de mortos", personagens, mentalidades, preços, que é seu objeto. Abandonar essa pretensão, talvez exorbitante, mas fundadora, seria deixar campo livre para todas as falsificações, todos os falsários.[52]

---

50  White, *Metahistory*
51  Ricoeur, op. cit., t.1, p.251.
52  Chartier, [Le temps des doutes,] *Le Monde*.

Essa lembrança do contrato de verdade que une o historiador a seu objeto desde Heródoto e Tucídides é de suma importância para se opor a todas as formas de falsificação e manipulação do passado. Não é contraditório com o fato de estar atento à história como escrita, como prática discursiva.

A atenção dada aos regimes de discurso implica voltar a essa zona de indeterminação para compreender como se fabricam os regimes de verdade e qual é o estatuto do erro, o caráter incomensurável ou não das diversas asserções que se dão como científicas. Recusando ao mesmo tempo a tentação positivista e a tentação genealógica, Ricoeur lhes contrapõe uma análise da realidade histórica que ele coloca "sob o signo da 'representância' para ressaltar seu duplo estatuto de realidade e de ficção: uma função vicária de lugar-tenência".[53] Ricoeur não se tranca num discurso fechado em si mesmo. À frase provocadora de Roland Barthes, segundo a qual "o fato só tem existência linguística", ele contrapõe o que chama de "quadrilátero do discurso": o locutor, que leva em conta a palavra singular como acontecimento; o interlocutor, que remete ao caráter dialógico do discurso; o sentido, que é o tema do discurso; e, por fim, a referência, que remete àquilo de que se fala, a uma exterioridade do discurso.

## A construção historiadora do tempo

### Os três estratos do acontecimento segundo Ricoeur

Entre a dissolução e a exaltação, o acontecimento sofre uma metamorfose que está ligada a sua retomada hermenêutica. Reconciliando as abordagens continuísta e descontinuísta, Paul Ricoeur propõe a distinção de três níveis de abordagem do

---

53 Ricoeur, [Histoire et rhétorique,] *Diogène*, n.168, p.25.

# A história

acontecimento: "1. Acontecimento infrassignificativo; 2. Ordem e reino do sentido, a rigor não eventivo; 3. Surgimento de acontecimentos suprassignificativos, sobressignificantes".[54] O primeiro uso corresponde simplesmente à descrição do "que acontece" e evoca a surpresa, a nova relação com o instituído; corresponde, aliás, às orientações da escola metódica de Langlois e Seignobos, o estabelecimento crítico das fontes. Em segundo lugar, o acontecimento é considerado dentro de esquemas explicativos que o põem em correlação com regularidades, leis. Esse segundo momento tende a subsumir a singularidade do acontecimento no registro da lei da qual ele depende, a ponto de estar no limite da negação do acontecimento. Podemos reconhecer aí a orientação da escola dos *Annales*. A essa segunda fase da análise deve seguir-se um terceiro momento, interpretativo, de retomada do acontecimento como surgimento, mas dessa vez sobressignificado. O acontecimento passa a ser, então, parte integrante de uma construção narrativa constitutiva da identidade fundadora (a tomada da Bastilha) ou negativa (Auschwitz). Portanto, o acontecimento que retorna não é aquele que foi reduzido pelo sentido explicativo nem aquele infrassignificado que era exterior ao discurso. Ele mesmo gera o sentido: "Essa retomada salutar do *acontecimento sobressignificado* só prospera nos limites do sentido, no ponto em que ele fracassa por excesso e por falta: por excesso de arrogância e por falta de captura".[55]

## A cristalização do acontecimento em seu rastro

Os acontecimentos só podem ser revelados a partir de seus rastros, discursivos ou não. Sem reduzir o real histórico a sua dimensão de linguagem, a fixação do acontecimento,

---

54  Id., [Evénement et sens,] *Raisons pratiques*, n.2, p.51-2.
55  Ibid., p.55.

sua cristalização, efetua-se a partir de sua nomeação. Ele se constitui, portanto, numa relação essencial entre linguagem e acontecimento, a que hoje se dá muita atenção e é problematizada pelas correntes da etnometodologia, do interacionismo e, é claro, pela abordagem hermenêutica.

Todas essas correntes ajudam a lançar as bases de uma semântica histórica. Essa última leva em consideração a esfera do agir e rompe com as concepções fisicistas e causalistas. A constituição do acontecimento é tributária de sua inserção na intriga. É a mediação que garante a materialização do sentido da experiência humana do tempo nos "três níveis de sua *prefiguração prática*, de sua *configuração epistêmica* e de sua *reconfiguração hermenêutica*".[56] A inserção na intriga desempenha o papel de operador, de elo de ligação entre acontecimentos heterogêneos. Substitui a relação causal da explicação fisicista. A hermenêutica da consciência histórica situa o acontecimento numa tensão interna entre duas categorias meta-históricas apontadas por Koselleck, a do espaço de experiência e a do horizonte de expectativa. Essas duas categorias permitem uma tematização do tempo histórico que se oferece na experiência concreta, com deslocamentos significativos como o da dissociação progressiva entre experiência e expectativa no mundo moderno ocidental.

O sentido do acontecimento, segundo Koselleck, é constitutivo de uma estrutura antropológica da experiência temporal e de formas simbólicas historicamente instituídas. Koselleck desenvolve "uma problemática da individuação dos acontecimentos que coloca sua identidade sob os auspícios da temporalização, da ação e da individualidade dinâmica".[57] Visa a um nível mais profundo do que o da mera descrição, concentrando-se nas condições de possibilidade da acontecimentalidade. Sua abordagem tem o mérito de mostrar a opera-

---

56  Petit, [La construction de l'événement social,] *Raisons pratiques*, n.2, p.15.

57  Quéré, [Evénement et temps de l'histoire,] *Raisons pratiques*, n.2, p.267.

tividade dos conceitos históricos, sua capacidade estruturante e ao mesmo tempo estruturada por situações singulares. Tais conceitos, cheios de experiência e expectativa, não são meros epifenômenos linguísticos que devem se contrapor à história "verdadeira"; são "uma relação específica com a linguagem, da qual influem cada situação e acontecimento ou a eles reagem".[58] Os conceitos não são nem redutíveis a figuras de retórica nem mero instrumental próprio para classificar em categorias. Estão arraigados no campo de experiência, do qual nasceram para subsumir uma multiplicidade de significações. Podemos afirmar, então, que tais conceitos conseguem saturar o sentido da história até permitir uma fusão total entre história e linguagem? Como Ricoeur, Koselleck não chega a tanto e considera, ao contrário, que os processos históricos não se limitam à dimensão discursiva: "A história jamais coincide perfeitamente com a maneira como a linguagem a apreende e a experiência a formula".[59] O campo prático é o enraizamento último da atividade de temporalização.

Esse deslocamento da acontecimentalidade para seu rastro e seus herdeiros provocou um verdadeiro debruçar-se da disciplina histórica sobre si mesma, no interior do que poderíamos chamar de círculo hermenêutico ou de virada historiográfica. Esse novo momento convida a acompanhar as metamorfoses do sentido nas mutações e resvalos sucessivos da escrita historiadora entre o acontecimento e a posição presente. O historiador reflete sobre as diversas modalidades da fabricação e da percepção do acontecimento a partir de sua trama textual. Pela renovação historiográfica e memorial, os historiadores assumem o trabalho de luto de um passado em si e dão sua contribuição para o atual esforço reflexivo e interpretativo nas ciências humanas.

---

58  Koselleck, *Le futur passé*, p.264.
59  Ibid., p.195.

François Dosse

# O tempo presente

## A presentificação da modernidade

Às voltas com a globalização das informações, com a aceleração de seu ritmo, o mundo contemporâneo passa por uma "extraordinária dilatação da história, o impulso de um sentimento histórico de fundo".[60] Essa presentificação teve como efeito uma nova experimentação da historicidade. Ela implicava uma redefinição da acontecimentalidade como abordagem de uma multiplicidade de possíveis, de situações virtuais, potenciais, e não mais como o concluído em sua fixidez. O movimento apoderou-se do tempo presente, a ponto de modificar a relação moderna com o passado. A leitura histórica do acontecimento não é mais redutível ao acontecimento estudado, mas observado em seu rastro, situado numa cadeia eventiva. Todo discurso sobre um acontecimento transmite, conota uma série de acontecimentos anteriores, o que dá à trama discursiva que os reata numa inserção na intriga toda a sua importância. Como podemos avaliar, a história do tempo presente não envolve apenas a abertura de um período novo, o muito próximo, que se abre ao olhar do historiador; ela é também uma história diferente, que participa das novas orientações de um paradigma que se busca na ruptura com o tempo único e linear e que pluraliza os modos de racionalidade.

À história do tempo presente foram opostos argumentos que apresentam certo número de obstáculos intransponíveis. Em primeiro lugar, a desvantagem da proximidade não permitiria hierarquizar de acordo com uma ordem de importância relativa a massa de fontes disponíveis. Segundo essa crítica, podemos definir o que é da ordem da história e o que é da

---

60  Nora, [De l'histoire contemporaine au présent historique,] *Écrire l'histoire du temps présent*, p.45.

# A história

ordem do epifenômeno. Em segundo lugar, ela é censurada por se valer de um tempo truncado de seu futuro. O historiador não conhece o destino temporal dos fatos estudados, pois no mais das vezes o sentido só se revela posteriormente. A esse respeito, Paul Ricoeur chama a atenção para as dificuldades de uma configuração inserida na perspectiva de uma distância temporal curta. Ele preconiza a distinção no passado recente: por um lado, o tempo inacabado, o devir em curso quando se fala dele a meio caminho, "o que constitui uma desvantagem para essa historiografia é o lugar considerável das previsões e antecipações na compreensão da história em curso";[61] e, por outro, o tempo encerrado, o da Segunda Guerra Mundial, da descolonização, do fim do comunismo etc., e, nesse aspecto, a data de 1989 torna-se uma interessante data de conclusão, que permite configurar conjuntos inteligíveis, uma vez acabado certo ciclo. A essas desvantagens soma-se a lei dos trinta anos, que não permite acesso imediato aos arquivos. Cumpre ainda acrescentar a falta do recuo crítico que especifica o procedimento historiador.

## Uma lição de desfatalização

Mas a história do tempo presente também tem a capacidade de transformar vários desses inconvenientes em vantagens, como mostra Robert Frank.[62] O trabalho de investigação sobre o inacabado contribui para desfatalizar a história, para relativizar as cadeias causais que constituíam os esquemas de leitura, o *prêt à porter* do historiador. A história do tempo presente é, nesse aspecto, um bom laboratório para romper o fatalismo causal. Além disso, mesmo se seu manejo causa sérios proble-

---

61 Ricoeur, [Remarques d'un philosophe,] *Écrire l'histoire du temps présent*, p.38.
62 Frank, [Enjeux épistémologiques de l'enseignement de l'histoire du temps présent,] In: Actes de l'Université d'Été de Blois, *L'histoire entre épistémologie et demande sociale*, p.161-9.

mas metodológicos, o historiador tem a oportunidade de poder trabalhar com o controle das testemunhas dos acontecimentos que ele analisa. Dispõe de fontes orais que são um trunfo certo, ainda que devam ser manejadas com prudência e distância crítica, pois são "uma fonte sobre um tempo passado e não, como muitas fontes escritas, contemporâneas do acontecimento".[63] Essa interatividade com o historiador confrontado com sua pesquisa de campo, à maneira do sociólogo, coloca-o em condições de "fazer uma história objetiva da subjetividade".[64]

Essa história do tempo presente contribuiu para inverter a relação entre história e memória. A oposição tradicional entre uma história crítica, situada do lado da ciência, e uma memória ligada a fontes flutuantes e em parte fantasistas está prestes a mudar. Enquanto a história perde parte da sua cientificidade, a problematização da memória leva a conceder uma parte crítica à abordagem da noção de memória. As duas noções se aproximaram, e a parte das fontes orais na escrita do tempo presente torna possível uma história da memória. Essa inversão tem um valor heurístico, pois permite compreender melhor o caráter indeterminado dos possíveis abertos para atores de um passado que foi o presente deles. A história do tempo presente modifica a relação com o passado, sua visão e seu estudo. O historiador do tempo presente inscreve a operação historiográfica na duração. Não limita seu objeto ao instante. Deve fazer prevalecer uma prática consciente de si mesma, o que proíbe as frequentes ingenuidades diante da operação histórica.

Inscrito no tempo como descontinuidade, o presente é trabalhado por aquele que deve historiá-lo, num esforço para apreender sua presença enquanto ausência, como Michel de Certeau definia a operação historiográfica. Essa dialética é mais difícil de operar, na medida em que é necessário realizar uma

---

63  Ibid., p.165.
64  Ibid., p.166.

# A história

desintricação voluntarista para a história do tempo presente, mais natural quando se trata do tempo passado: "A questão é saber se, para ser histórica, a história do tempo presente não pressupõe um movimento semelhante de queda na ausência, do fundo da qual o passado nos interpelaria com a força de um passado que há pouco foi presente".[65] Vemos aqui como a história do tempo presente é animada por motivações mais profundas que as de um simples acesso ao que é mais contemporâneo. Suas pesquisas são guiadas pela busca de sentido, tanto quanto pela recusa do efêmero. Um sentido que já não é um *télos*, uma continuidade pré-construída, mas uma reação à "acronia contemporânea".[66] A história do tempo presente diferencia-se de maneira radical, portanto, da história classicamente contemporânea. Está em busca de espessura temporal e procura ancorar um presente vivido muito frequentemente numa espécie de microgravidade temporal. Por sua vontade reconciliadora, no cerne da vivência, do descontínuo e das continuidades, a história do presente como penetração constante entre passado e presente permite "um vibrato do inacabado que colore bruscamente todo um passado, um presente pouco a pouco liberto de seu autismo".[67]

## O tempo da acontecimentalidade

### As lições da física quântica

A nova atenção nas ciências modernas às noções de caos, irreversibilidade e fractal permitiu romper com um determinismo evolucionista e entrar numa nova forma de temporalidade

---

65  Ricoeur, op. cit., p.39.

66  Rioux, [Peut-on faire une histoire du temps présent? In: Chauveau; Tétart (orgs.),] *Questions à l'histoire des temps présents*, p.50.

67  Ibid., p.54.

que privilegia o acontecimento. Esse contexto geral nos distancia do tempo em que Braudel perseguia "pirilampos", a escuma de acontecimentos que ele remetia ao plano da insignificância. A atualidade política responde nesse plano, como em eco, à atualidade científica pela radicalidade das descontinuidades nos acontecimentos, que tornam caduco qualquer fechamento no interior de esquemas explicativos que saturariam seu sentido. A própria ideia de processo contingente exclui a explicação e leva a acompanhar a trama dos acontecimentos, "cada sequência sendo ao mesmo tempo prolongamento e reinvenção".[68] O tempo torna-se o fio em que se constrói a narração do novo. Essa ligação entre a nova objetividade científica e o registro narrativo permite sair do objetivismo de uma causação que vinculava a causalidade e o efeito numa relação de equivalência reversível: "Com a noção de atrator caótico, por exemplo, a questão não é mais opor determinismo e imprevisibilidade, mas tentar compreender por que uma evolução é imprevisível".[69] Essa nova temporalidade, oriunda das reflexões sobre as descobertas da física quântica e as estruturas dissipativas de Prigogine, tem o efeito de inserir um elo orgânico entre a seta do tempo e sua dimensão humana: "O movimento tal como o concebemos hoje dá espessura ao instante e articula-o ao devir. Cada 'estado' instantâneo é memória de um passado que permite definir apenas um futuro limitado, restrito pelo horizonte temporal intrínseco".[70]

Essa inserção do tempo vivido na definição do tempo também dá ao presente um lugar preeminente como momento da relembrança e realização das antecipações rememoradas. Ela permite pensar a unidade temporal. O acontecimento é criador de atores e, como diz Isabelle Stengers, de herdeiros

---

68  Stengers, *L'invention des sciences modernes*, p.85.
69  Prigogine; Stengers, *Entre le temps et l'éternité*, p.180.
70  Ibid., p.192.

A história

que falam em seu nome, interessados em propagar as ideias ou inovações trazidas pela descontinuidade iniciada por ele. Para seus herdeiros, o acontecimento diferencia o passado e o futuro. Esse laço constitutivo entre o acontecimento e seus herdeiros abre o devir da ruptura eventiva a uma indeterminação original de seu alcance que já não é *a priori*, mas o que dele farão os atores que propagarão sua onda de choque. O acontecimento inicia uma temporalidade nova para os atores, suscita novas práticas. Portanto, não pode ser encerrado em seu fechamento cronológico, tomar lugar como causa, pois os inventores, seja Galileu, Newton ou Boyle, não têm o poder de explicar o que vem depois. É a proliferação das práticas que eles permitiram que aflorassem que vai poder medir o alcance do acontecimento que eles encarnam.

## O retorno do acontecimento

Entre os historiadores e na contracorrente da moda da longa duração, Pierre Nora anunciou já em 1972 "o retorno do acontecimento".[71] Ele percebe esse "retorno" – que exala o perfume antiquado da velha geração de historiadores metódicos – pelos meios de comunicação de massa. Ser é ser percebido, e para isso os diversos meios de comunicação tornaram-se mestres, a ponto de deter o monopólio da produção dos acontecimentos. Nora discerne no caso Dreyfus o primeiro acontecimento no sentido moderno, na medida em que ele deve tudo à imprensa. Caso de *mass media*, o acontecimento contemporâneo logo se torna mídia *mousse*, que tira do nada uma sensibilidade pela atualidade e dá a ela a sensação de historicidade. Alguns desses acontecimentos contemporâneos são percebidos pela audição (as barricadas de Maio de 68, o discurso do general

---

71 Nora, Le retour de l'événement, *Communications*, n.18. In: Nora; Le Goff (orgs.), *Faire de l'histoire*, t.1, p.210-28.

# François Dosse

De Gaulle em 30 de maio), outros estão ligados à imagem (a invasão de Praga, a alunissagem da missão Apolo, a repressão na praça Tian An Men etc.): "As *mass media* transformaram a história em agressão e tornaram o acontecimento monstruoso".[72] A imediatez torna mais fácil a decifração do acontecimento, porque é fulminante, e também mais difícil, porque o apresenta de maneira abrupta. Essa situação paradoxal requer, segundo Nora, um trabalho de desconstrução do acontecimento, que o historiador deve efetuar para entender como a mídia produz esse acontecimento.

## Uma poiética da história

Esse deslocamento da acontecimentalidade para seu rastro e seus herdeiros provocou um autêntico debruçar-se da disciplina histórica sobre si mesma, no interior do que poderíamos chamar de círculo hermenêutico ou virada historiográfica. Esse novo momento convida a seguir as metamorfoses do sentido nas mutações e nos resvalos sucessivos da escrita historiadora entre o acontecimento em si e a posição presente. O historiador reflete, então, sobre as diversas modalidades da fabricação e da percepção do acontecimento a partir de sua trama textual. Esse movimento de revisitação do passado pela escrita historiadora acompanha a exumação da memória nacional e ainda conforta o atual momento memorial. Pela renovação historiográfica e memorial, os historiadores assumem o trabalho de luto de um passado em si e dão sua contribuição para o esforço reflexivo e interpretativo atual nas ciências humanas.

O acontecimento exige, portanto, um novo olhar que se aproxima da maneira como Paul Valéry definia no Collège de France, em 1937, a ciência das condutas criadoras, a poiética. É essa abordagem poiética da história que René Passeron pre-

---

72  Ibid., p.215.

# A história

coniza, ou seja, a atenção especial à atividade criadora como singularidade individual ou coletiva: "Quem negará que as mudanças de concepção nas ciências (inclusive na história), nas artes, nos costumes, nas religiões, nas filosofias devem-se à fagulha de um acontecimento imprevisto?"[73] Se acreditarmos em seu prefácio à *História da França,* foi de fato o lampejo de julho de 1830 que provocou em Jules Michelet sua paixão histórica, num sentido quase crístico. A fagulha necessária é aquela que arromba; ela se situa do lado do risco, do dilaceramento temporal, do começo de uma aventura nova. Essa acontecimentalização [*evenementialization*] reabre o horizonte do futuro para a imprevisibilidade. Introduz a incerteza nas projeções de previsão: "A abertura para as surpresas futuras introduz um rombo na perspectiva".[74]

## A ação situada: Georges Mead, Karl Popper

### Georges Mead

A tentativa de sair da falsa alternativa entre a valorização das estruturas e a valorização dos acontecimentos está bem encaminhada, graças à descoberta de recursos intelectuais que permitem superar essas falsas clivagens que inspiraram até agora a disciplina histórica. É esse, sobretudo, o sentido das pesquisas atuais sobre o sentido do aparecer, ligado ao campo do agir. Uma microssociologia da ação explora esse campo da historicidade do quotidiano. A abertura para a questão do tempo na pesquisa sociológica foi favorecida quando a questão da organização da experiência quotidiana voltou a ser colocada. É o caso, em especial, do trabalho de Louis Quéré, que

---

73  Passeron, [Poïétique et histoire,] *EspacesTemps*, n.55-6, p.103.
74  Ibid., p.105.

# François Dosse

foi muito inspirado pela obra do pragmatista norte-americano Georges H. Mead.[75] Ela lhe permite estabelecer o elo entre a temporalização e a organização da ação. De fato, Mead mostra que a natureza do passado não existe em si, mas é grandemente tributária da relação mantida com o presente. O surgimento do presente sempre suscita novos passados, portanto torna o passado totalmente relativo ao presente. Essa relativização do passado e o primado concedido ao presente em sua restituição fundamentam-se em Mead na noção central de acontecimento.

É ao redor do próprio acontecimento como ação situada que se opera a estruturação do tempo. O acontecimento, por sua própria descontinuidade em relação ao que o precede, obriga à distinção e à articulação das noções de passado e de futuro. A perspectiva pragmática de Mead leva-o a considerar essa temporalização um componente essencial da ação. Mead dá o exemplo do que poderia representar a evocação de nossa infância tal como a vivemos, não como passado relativo a nosso presente, mas como passado separado de seu devir. Seu único interesse seria o exotismo. Essa aporia mostra que a realidade do que são o passado, o presente e o futuro são dimensões praxeológicas para designar o envolvimento na ação.

## Uma hermenêutica da experiência humana

A segunda fonte de inspiração dessa atenção com a acontecimentalidade é a hermenêutica, na medida em que ela enfatiza o caráter eminentemente histórico da experiência humana:

O tempo já não é, em primeiro lugar, esse abismo que é preciso atravessar porque separa e distancia: na realidade, ele é o fundamento e a sustentação do processo (*Geschehen*) em que o presente se enraíza. A distância temporal não é,

---

75  Mead, *The Philosophy of the Present.*

A história

portanto, um obstáculo a superar... Importa ver na distância temporal uma possibilidade positiva e produtiva dada à compreensão.[76]

Ao contrário da concepção objetivista, é a pertença a uma tradição que torna possível a compreensão, e não a mera postura cientificista objetivante. Por sua vez, o trabalho hermenêutico não considera a distância histórica uma desvantagem, mas, ao contrário, um trunfo que facilita o conhecimento histórico, pois permite enriquecer nossa compreensão, graças ao trabalho de decifração e de interpretação do que se passou entre o acontecimento em si e o presente a partir do qual o estudamos.

Outra dimensão sugestiva da hermenêutica é a atenção especial que ela dá à linguagem, a uma semântica da ação: "A tradição não é simplesmente algo que acontece [...], ela é linguagem".[77] A parte linguística da experiência não é redutível ao terreno das representações; ela é parte integrante, constitutiva da realidade e fator de historicidade. Os conceitos sociais e políticos incorporam uma dimensão temporal. O desvendamento do sentido só acontece progressivamente, ao longo do tempo, o que lhe confere uma identidade em gestação. Portanto, não há um sentido do acontecimento que seja dado de uma vez por todas quando acontece. Em segundo lugar, o fenômeno de comunicação, de "palavra operante", como diz Merleau-Ponty, é essencialmente também um fenômeno de temporalização.

A crise do fundacionismo na sociedade moderna foi analisada por Max Weber, cujo diagnóstico equivale a uma constatação da perda do senso comum fundador, o desencantamento de um mundo de valores plurais que perdeu a fonte religiosa fundadora de sua autoridade política. A atomização e a individualização vão de par com uma racionalização que

---

76 Gadamer, op. cit., p.137.
77 Ibid., p.203.

retiram a magia e a sacralidade das imagens religiosas do mundo. Daí decorre uma perda de substância e de compreensão das representações. Essa constatação weberiana não implica inelutavelmente o diagnóstico que foi feito da conjuntura atual como era do vazio.[78] Como Jean-Marc Ferry, podemos considerar, ao contrário, que esse trabalho de dissolvente da razão leva a uma elaboração reflexiva que formaliza a razão, sem ser, porém, sinônimo de vacuidade. O sentido é com certeza muito menos visível, muito menos substancial, palpável e tangível, mas isso não quer dizer que seja vazio. O sentido deve ser reapreendido, segundo Ferry, graças a uma recontextualização da situação. Ele apela, portanto, para os recursos da pragmática. A formação do senso comum, dos processos de entendimento e de intercompreensão define a singularidade das situações segundo o processo comunicacional. Podemos recuperar o sentido de uma ação reconhecendo a contextualidade dos recursos de sentido, as cadeias de pertinência que permitem o entendimento na situação. São esses procedimentos que, para além de seu caráter formal, trazem consigo um senso comum substancial.[79]

## Uma crítica radical do positivismo: Karl Popper

Como dizia Raymon Aron: "Cumpre devolver ao passado a incerteza do futuro". Essa desfatalização leva o historiador a se debruçar sobre as situações singulares para tentar explicá-las, sem pressupor um determinismo *a priori*. Esse é o procedimento aconselhado pelo filósofo Alain Boyer. Ele apoia sua crítica radical do positivismo nas obras de Weber e Popper, de acordo com diversos eixos. Em primeiro lugar, e ao contrário do posi-

---

78 Lipovetsky, *L'ère du vide*.
79 Cf. Ferry, *Les puissances de l'expérience*.

# A história

tivismo, ele considera que aquilo que não é científico nem por isso é destituído de sentido e que a realidade observável não abrange todo o real, tecido com zonas de sombra. Ao modelo indutivista do positivismo, Boyer opõe a hipótese popperiana do primado da teoria sobre a experiência, que conserva, porém, um papel crucial: pôr as hipóteses à prova.[80] O único ponto de acordo entre as posições de Popper e do positivismo situa-se na defesa de uma epistemologia comum das ciências.

O que Boyer guarda da análise de Popper em matéria de estudo da ordem dos acontecimentos é sua atenção com a lógica das situações. O historiador deve colocar o problema da natureza do ambiente dos problemas dos agentes em dado momento, o que permite elaborar hipóteses explicativas sobre as ações segundo as tentativas de solução sob pressão. "A análise situacional define como objetivo a explicação do comportamento humano como conjunto de tentativas de solucionar problemas".[81] Essa análise situacional apresenta-se como uma ecologia generalizada, cujo objetivo é construir uma teoria das decisões. Ela pressupõe postular que os agentes determinam a si mesmos de maneira racional, não que sua ação remete à razão, mas, de modo mais simples, que ela "se dirige para um fim".[82] A noção de situação não funciona como determinismo, não remete a nenhuma fixidez. Assim, a mesma montanha será percebida de modo diferente e até contraditório pelo turista, pelo alpinista, pelo militar ou pelo agricultor. Por sua vez, as pressões situacionais sobre a ação humana são mais ou menos fortes. Quanto mais a sociedade é aberta, como mostrou Popper, mais as disposições individuais podem estabelecer-se no interior de um amplo campo de possíveis.[83] Essa

---

80  Cf. Boyer, *Introduction à la lecture de Popper*.
81  Id., *L'explication historique*, p.171.
82  Ibid., p.175.
83  Cf. Popper, *La société ouverte et ses ennemis*.

François Dosse

indeterminação é absolutamente essencial para pensar vários possíveis nas escolhas dos agentes da história:

> Explicar uma situação histórica significa mostrar suas potencialidades e explicar por que as disposições dos agentes os levaram a agir de maneira tal que certas consequências dessas ações transformaram a situação de um modo que eles não podiam prever.[84]

Tal abordagem implica, portanto, um rompimento com as formas de determinismo em uso. A abordagem popperiana recusa toda teodiceia ou sociodiceia, portanto toda forma de historicismo que pressuponha a manifestação no tempo de leis históricas. Popper visa aqui a uma concepção essencialista da explicação histórica, segundo a qual o historiador poderia alcançar "descrições autoexplicativas de uma essência".[85] Essas leis, que pretendem subsumir as situações históricas, são substituídas por Boyer pela atenção com a noção de intencionalidade, durante muito tempo negligenciada.

## A questão da racionalidade individual

Os trabalhos de Jon Elster e de Philippe Van Parijs sobre esse assunto[86] permitem levantar a complexa questão da racionalidade individual, da intencionalidade. É o espaço dos possíveis que convém recuperar no passado para esclarecer as razões que levaram a escolher esta ou aquela direção. As restrições que pesam sobre a ação estão ligadas, em primeiro lugar, à situação que a torna ou não possível; trata-se de restrição estrutural. Em segundo lugar, as regras, as normas ou

---

84 Boyer, op. cit., p.182.
85 Popper, *La connaissance objective*.
86 Elster, *Le laboureur et ses enfants*; Van Parijs, *Le modèle économique et ses rivaux*.

as convenções orientam as escolhas dos atores. A sociologia de Elster e de Van Parijs oferece o interesse de introduzir um terceiro filtro, o da escolha racional, da motivação própria dos atores. O horizonte intencional permite levar em conta a noção de efeito inesperado e evitar, assim, o risco do psicologismo. Encontramos nesse nível a função que Popper atribui à ciência social teórica, cujo objetivo primeiro seria "determinar as repercussões sociais não intencionais das ações humanas intencionais".[87]

Podemos multiplicar os casos de efeitos inesperados. Há, assim, antecipações autorrealizadoras. Já em 1936 Merton mostrava como a atitude dos sindicatos norte-americanos, que impediam a contratação de trabalhadores negros a pretexto de que eles tendiam a furar as greves, teve o efeito perverso de fazer que, sem trabalho, esses trabalhadores se tornassem efetivamente o que os sindicatos queriam evitar. Essa é a mais famosa antecipação autorrealizadora. Popper a batiza com um nome mais bonito: "efeito Édipo".

Também podemos ter, com mais frequência, o chamado efeito Cournot, isto é, o encontro fortuito de diversas séries causais independentes que provoca um efeito inesperado. Esse tipo de acaso está ligado a uma abordagem puramente descritiva, já que apenas podemos constatar o fato contingente, sem poder vinculá-lo a nenhum sistema causal ou razão humana para explicá-lo.

O par acontecimento/situação é, portanto, fundamental nessa nova configuração, mediatizada pelos indivíduos que dão sentido ao acontecimento, ao mesmo tempo que o provocam. Essa reconstrução em ato desloca o centro de gravidade da subjetividade para a intersubjetividade e nos convida a avaliar a virada pragmática na apreensão da noção de historicidade.

---

87 Popper, *Conjectures et réfutations*.

François Dosse

# O tempo histórico rompido em Walter Benjamin

## O paradigma estético

A concepção descontinuísta da historicidade, que privilegia o caráter irredutível do acontecimento, leva ao questionamento da visão teleológica de uma razão histórica que se realiza de acordo com um eixo orientado. Hoje, a atenção dada à acontecimentalização faz eco à reflexão desenvolvida na Alemanha, na década de 1920, por Franz Rosenzweig, Walter Benjamin e Gershom Sholem, com sua ideia de um tempo do hoje, descontínuo, oriundo do continuísmo progressivo e da ideia de causalidade. Eles têm em comum, como mostra Stéphane Mosès, o fato de passar de um "tempo da necessidade para um tempo dos possíveis".[88] O messianismo judaico, próprio desses três autores às voltas com as desventuras da experiência direta de sua época, escapa do finalismo para privilegiar os rompimentos da história. Para Walter Benjamin, o paradigma estético serve para definir entre os diversos momentos do tempo "um vínculo que não seja uma relação de causalidade".[89] A partir de uma temporalidade descontínua, o sentido desvenda-se num trabalho hermenêutico muito tributário da instância do presente, que se encontra em situação vantajosa, verdadeiramente constitutivo do passado. Só de modo retrospectivo, no rastro, podemos pretender captar um sentido que não é um *a priori*: "O modelo estético da história questiona os postulados básicos do historicismo: continuidade do tempo histórico, causalidade que rege o encadeamento dos acontecimentos do passado para o presente e do presente para o futuro".[90]

Segundo Benjamin, todo acontecimento é um choque, um trauma em sua irreversibilidade. A tradição, ao incorporar

---

88 Mosès, *L'ange de l'histoire*, p.23.
89 Ibid., p.122.
90 Ibid., p.126.

A história

os acontecimentos numa lógica contínua, tende a apagar suas asperezas e naturalizá-las. Uma data nada é em si mesma, a não ser um dado vazio que é preciso preencher: "Cumpre *animá-lo* com a ajuda de um saber que não é conhecimento, mas reconhecimento e rememoração e que, de certa maneira, chama-se memória".[91] Escrever a história significa então "dar fisionomia às datas".[92]

A principal contribuição de Benjamin para a definição de um novo regime de historicidade situa-se em sua maneira de não considerar a relação entre passado e presente como uma simples relação de sucessividade. O passado é contemporâneo do presente, pois o passado constitui-se ao mesmo tempo que o presente: "Passado e presente *sobrepõem-se* e não se justapõem. São simultâneos, não contíguos".[93] Mas ao contrário de Heidegger, que se volta inteiramente para o advir, Benjamin procura responder às expectativas não realizadas de um passado que sofre no próprio interior do presente, cuidando para tornar possível uma atualização do esquecido.[94] Portanto, a história não tem nada de uma relação de causa e efeito: "Identificar a trama histórica com um simples nó causal seria desencaminhar-se. Ela é, antes, de natureza dialética, alguns fios podem ter se perdido durante séculos e se verem reatados de modo brusco, discreto, pelo curso atual da história".[95]

## Retrospectivamente

Portanto, como viram os psicanalistas, a história se faz retrospectivamente, num futuro anterior. O passado retorna e assombra o espaço dos vivos, e é como lamento que o sentido

---

91  Proust, *L'histoire à contre-temps*, p.29.
92  Benjamin, *Charles Baudelaire, un poète lyrique à l'apogée du capitalisme*, p.216.
93  Proust, op. cit., p.36.
94  Cf. Chesneaux, *Habiter le temps*.
95  Benjamin apud Proust, op. cit., p.46-7.

tenta se dizer no presente e precisa possuir a arte do presente, que é uma arte do *contratempo*:

> Pois é preciso, antes de tudo, seguir a linha do tempo, acompanhá-la até sua dolorosa eclosão final e, no último momento, abandonar sua longa paciência e sua grande desconfiança, atacar o tempo e arrancar dele outras possibilidades, entreabrir uma porta.[96]

O historiador tem o poder de dar às experiências humanas abortadas o nome que permaneceu secreto. Tem o poder significante de nomear e escreve, portanto, para salvar os nomes do esquecimento: "A narrativa histórica não salva os nomes, mas dá os nomes que salvam".[97]

Essa abordagem criacionista da história implica o questionamento da distância instituída pela maioria das tradições historiográficas entre um passado morto e o historiador encarregado de objetivá-lo. Ao contrário, a história deve ser recriada, e o historiador é o mediador, o intermediário dessa recriação. Ela se realiza no trabalho do hermeneuta, que lê o real como uma escrita cujo sentido se desloca ao longo do tempo, em razão de suas diversas fases de atualização. O objeto da história é então construção para sempre reaberta por sua escrita. A história é, antes de tudo, acontecimentalidade enquanto inscrição num presente que lhe confere uma atualidade sempre nova, porque está situada numa configuração singular.

Benjamin já se opunha ao historicismo como transposição de um modelo tomado da causada mecânica, em que a causa de um efeito é buscada na posição de anterioridade imediata na cadeia temporal. Benjamin substituía esse modelo cientificista por "um modelo hermenêutico, que tende para a interpretação dos acontecimentos, isto é, para o esclarecimento de seu sentido".[98]

---

96 Proust, op. cit., p.169.
97 Ibid., p.232.
98 Mosès, op. cit., p.161.

A história

# O carnaval da história: Nietzsche

## As feridas narcísicas

Em pleno século da história ocidental triunfante, o século XIX, um filósofo percebe intensamente seus impasses, Nietzsche. A razão em ação cava curiosamente o leito de um Estado despótico. A unidade alemã é realizada, mas à custa da constituição de um Estado prussiano militarizado e agressivo. Nietzsche escreve na época as *Considerações inatuais* (1873-1874) sobre os perigos da história em suas duas acepções de historicidade (*Geschichte*) e conhecimento do devir histórico. Nietzsche teoriza o suicídio da história ocidental e a morte do *homo historicus*. Contrapõe à teodiceia, que leva à criação do mais frio "dos monstros frios" (o Estado), a apologia dos valores plurais, locais e presentes. Defende a volta às origens de uma Europa abastardada pelas sucessivas misturas de raça e pela mensagem universalizante, desfigurada por uma saída radical da historicidade. O século XIX é o momento também em que Darwin revela a origem simiesca da espécie humana. A perspectiva antropocêntrica, o pensamento metafísico são postos à prova pelas descobertas científicas.

O discurso niilista de Nietzsche pode desabrochar então e opor-se à perspectiva do Iluminismo triunfante. Essa ferida narcísica soma-se à revelação copernicano-galileana, segundo a qual a Terra não está no centro do Universo, para derrubar a metafísica ocidental. O desenvolvimento da razão desemboca em seu inverso, na tomada de consciência de uma carência de sentido, da relatividade e da relativização da própria figura do homem. Nietzsche despede tanto a história quanto a dialética da razão. Um profundo pessimismo anima a filosofia nietzschiana, que se apresenta como o fim da filosofia: "Parece que tudo retorna ao caos, que o antigo se perde, que o novo não vale nada e debilita-se cada vez mais".[99] Essa razão que permite descentralizar o homem ainda nutre, segundo Nietzsche, a ilusão de sua onipotência, conforta-se cada vez mais com as feridas que provoca.

## Uma crítica radical do Iluminismo

Nietzsche denuncia o caráter brutal e violento revelado pela filosofia das Luzes com seu desembocar na Revolução Francesa. Todo esboroamento, toda ruptura revolucionária só pode fazer surgir a imagem da barbárie: "Não é Voltaire, com sua natureza comedida, mas sim Rousseau, com suas loucuras e suas meias mentiras apaixonadas, que suscitou esse espírito otimista da revolução, contra o qual lanço o apelo: 'Esmagai' a infame!".[100] Aqui, Nietzsche faz-se o defensor das Luzes moderadas, progressistas, contras as Luzes radicais, as que se abrem para a revolução. Mas, quanto ao essencial, a obra de Nietzsche é edificada como uma crítica radical do Iluminismo.

Se a história tem um sentido, é aquele que leva inexoravelmente ao declínio. Para Nietzsche, a consciência é atravancada de história, e é preciso livrar-se dela para julgar o presente: "Ele despede a dialética da razão".[101] Por trás das pretensões à universalidade das Luzes, Nietzsche percebe as lógicas imanentes e dissimuladas da vontade de potência. O devir é um absurdo ou, antes, o aprendizado do trágico das coisas, que é a própria essência delas: "A história é para nós uma teologia camuflada".[102] Evidentemente, o absurdo leva o homem à impotência, ao niilismo, assumido por uma elite aristocrática, a elite dos fortes, e torna caduca toda ilusão da ação humana.

---

99  Nietzsche, *Humain trop humain*, v.1, p.225.
100  Nietzsche, op. cit., p.327. ["*Écrasez l'infâme*" era o lema anticatólico de Voltaire ("infame" era a Igreja), transposto por Nietzsche contra o jacobinismo. – N. T.]
101  Habermas, *Le discours philosophique de la modernité*, p.105.
102  Nietzsche, *Considérations inactuelles*, p.327.

# A história

O espírito de racionalização do homem é apreendido em continuidade com o espírito religioso. A razão teria substituído Deus numa ilusão semelhante. O esforço de controle humano é derrisório, portanto. Nietzsche data o declínio da humanidade nas origens do pensamento grego, em Sócrates, que aparece em *Ecce Homo* como o sintoma da decadência. O instinto e o *húbris* dionisíaco são contrapostos à ética socrática, que mais tarde será substituída pela moral religiosa, para reprimir e sufocar as pulsões vitais. Toda a história da civilização se desenrola, portanto, segundo a lógica infernal de uma razão castradora e de uma moral mistificadora. Quanto à filosofia, ela deve recuperar a pulsão criadora sepultada sob a máscara da civilização. Nietzsche preconiza o esquecimento para se livrar do ilusório e da mistificação: "É possível viver quase sem recordação e viver feliz, como mostra o animal. Mas é impossível viver sem esquecer".[103]

## Derrubar os ídolos

Nietzsche denuncia a divinização do homem que substituiu a religião na época do Iluminismo e prossegue no século XIX. Se Deus não existe mais, não podemos referir-nos a uma natureza humana imutável, como *aeterna veritas*, medida de todas as coisas. Nietzsche deduz desse relativismo um niilismo radical. O juízo moral não é mais possível, em nome do que ele se erigiria em norma? "Durma a virtude e ela acordará mais bem disposta".[104] O juízo ético pressupõe uma liberdade de agir, um nível de responsabilidade que o homem não possui mais. Não há outro critério além do que o indivíduo julga melhor fazer em tal circunstância específica, tudo o mais é apenas escola de submissão do sujeito: "A irresponsabilidade total do homem, no que se refere tanto a seus atos quanto a seu ser, é a gota mais amar-

---

103 Ibid., p.207.
104 Id., *Humain trop humain*, v.1, p.95.

ga que o homem de conhecimento deve engolir".[105] Nietzsche ataca o humanismo como doutrina, que atribui ao homem o papel central de sujeito como ser pleno, sede da evidência da consciência de si. Ele traduz aqui a impossibilidade de se apoiar, com a morte de Deus, num fundamento transcendental qualquer.

Nietzsche privilegia a língua, que deve ser liberta da sujeição ao imperativo de verdade. A genealogia nietzschiana deve desenvolver outra abordagem da temporalidade e da relação com a verdade. Ela se dá como a oposição ponto por ponto à abordagem platônica, que opõe a reminiscência/reconhecimento ao uso destrutor da realidade e a tradição ao uso de irrealização e de dissociativo das identidades, e substitui a história-conhecimento pela destruição da verdade: "A genealogia é a história como carnaval combinado".[106] A busca da verdade é duplamente inacessível. Por um lado, as verdades não passam de nuvens de metáforas, metonímias, antropomorfismos, a tal ponto que acreditamos que elas são estáveis, simples valores de troca cujo valor de uso nós esquecemos. O segundo termo da ilusão acha-se na ficção do *cogito*: "Não existe mais ninguém tão inocente a ponto de ainda colocar, à maneira de Descartes, o sujeito 'eu' como condição do 'penso'".[107] O *cogito* aparece para Nietzsche como o modelo dos enunciados metafísicos, a hipóstase do sujeito fictício, cuja polissemia ele analisa.

A genealogia valoriza o espaço do signo, que deve ser descrito num desvendamento do discurso unitário metafísico. O sentido encontra-se por trás da opacidade do texto, sempre negado. Cumpre, portanto, após ter desconstruído as máscaras carnavalescas, reconstruir as cadeias significantes interrompidas das interpretações sucessivas, que não se dão em sua continuidade, mas, ao contrário, a partir das descontinuidades, dos sintomas, das carências. O processo genealógico privilegia o outro

---

105  Ibid., p.112.
106  Foucault, *Hommage à Hyppolite*, p.168.
107  Nietzsche, *La volonté de puissance*, t.1, p.79; 141.

A história

lado do dizer, a face oculta dos significados, define-se como um jogo de transposição para desinvestir, desimplicar as camadas estratificadas dos signos de seu conteúdo metafísico. São antes as condições do discurso do que o conteúdo que ele quer restituir.

## O tempo longo configurado: Norbert Elias

O tempo é uma dimensão essencial para Norbert Elias (1897-1990), tanto que ele lhe dedica um livro em 1984, *Sobre o tempo*. Sua tese consiste em recusar a abordagem transcendental do tempo para tornar a enraizar o tempo no interior mesmo da experiência social, opondo ao processo especulativo uma abordagem construtivista do tempo no plano social: "A experiência humana do que chamamos 'tempo' modificou-se ao longo do passado e continua a se modificar, de forma não histórica ou contingente, mas estruturada, orientada e, como tal, suscetível de ser explicada".[108]

### Dessubstancializar a relação com o tempo

Como observa Nathalie Heinich, trata-se de pensar a relação com o tempo não mais em termos de categorias substanciais, mas de processos e funções.[109] O tempo não é uma coisa, portanto, e, nesse aspecto, Elias critica a concepção que o "senso comum" faz de um tempo espontaneamente substancializado. Segundo Elias, o tempo é uma atividade e, quando a sociedade não dispõe dos instrumentos capazes de medi-lo, "essa experiência do tempo também está ausente".[110] Nesse sentido, Elias é muito crítico da tradição filosófica, da qual con-

---

108 Elias, *Du temps*, p.44.
109 Cf. Heinich, *La sociologie de Norbert Elias*, p.58.
110 Elias, op. cit., p.47.

## François Dosse

testa o caráter aporético, por ter, segundo o modelo cartesiano, isolado e colocado o indivíduo no centro do mundo como um ser associal. Esse ponto de vista puramente subjetivo levou à absolutização das categorias transcendentes, ao passo que, segundo Elias, só uma concepção relacional pode dar conta da experiência temporal, a partir do momento que a sociedade e a natureza não estão mais em relação de exterioridade com o sujeito. Pretende, assim, realizar o que ele mesmo chama de "revolução copernicana", graças a uma "visão global das inter-relações".[111] Elias tentou superar a falsa alternativa entre sujeito e estrutura e evitar a redução da noção de situação ao conjunto das relações percebidas, conhecidas e utilizadas de maneira consciente pelos atores sociais, como no paradigma interacionista. O interesse de um pensamento como o de Elias é pôr em ação interdependências a distâncias muito maiores, não necessariamente perceptíveis nem manipuláveis pelos indivíduos, mas que os fazem ser o que são.

## O conceito de configuração

O conceito central de configuração de Norbert Elias revela processos de recomposições complexas a partir dos elementos das configurações anteriores. Permite opor-se tanto à ilusão de invariantes trans-históricas quanto às irrupções enigmáticas de empreendimentos descontinuístas. Elias permite pensar ao mesmo tempo em termos de continuidades e de descontinuidades indissociáveis e, em contrapartida, oferece a possibilidade de entender a dialética de incorporação das exigências pelos indivíduos, o modo de individuação no interior de uma mesma configuração específica, que abarca todos os níveis da situação histórica:

> A referência a uma obra como a de Elias tem dupla função. Por um lado, propõe modelos de inteligibilidade mais

---

111 Heinich, op. cit., p.64.

# A história

dinâmicos, menos fixos [...]. A segunda função de referência a Elias é propor um esquema, talvez discutível, de evolução das sociedades ocidentais da Idade Média no século XX, centrando-o na construção do Estado e na transformação das categorias psíquicas.[112]

A reintrodução do campo dos múltiplos possíveis oferecidos pelas configurações sociais permite escapar da alternativa entre o postulado de uma liberdade absoluta do homem e o de uma determinação causal estrita. Ela permite considerar a possibilidade de pensar o vínculo social, a liberdade individual sobre o fundo de cadeias de interdependências que unem o indivíduo a seus semelhantes. A insatisfação diante de uma "história em migalhas" e a preocupação atual de reglobalizar, bem como os questionamentos renovados sobre o político, podem encontrar em Elias soluções não tanto no plano factual, mas no metodológico, graças ao aspecto globalizante de suas configurações e a sua abordagem dinâmica a respeito do estabelecimento do poder, do Estado no social. A análise dos fenômenos de assimilação, as contribuições de um método comparatista inscrito na duração em Elias são orientações preciosas para a história social, que pode fazer sua a afirmação de que "o indivíduo é ao mesmo tempo a moeda e a ferramenta que a cunha",[113] querendo dizer com isso que todo homem traz a marca indelével do social.

## A curialização

Com *La civilisation des moeurs* [A civilização dos costumes] e *La dynamique de l'Occident* [A dinâmica do Ocidente], Elias propõe uma análise histórica global da sociedade ocidental em sua propensão a tornar-se uma sociedade cada vez mais

---

112  Chartier, [Elias: une pensée des relations,] *EspacesTemps*, n.53-4, p.49.
113  Elias, *La société des individus*, p.97.

controlada, que reprime em privado todas as expressões da emotividade corporal, substituindo-as pelo respeito a regras de conduta cada vez mais rígidas. Longe de se contentar com uma simples descrição, Elias empenha-se aqui em explicar esse fenômeno e valoriza a dinâmica das relações entre categorias sociais nas inflexões comportamentais. O que ele chama de "curialização" da aristocracia desempenha um papel de primeira linha como formação de um modelo que, em seguida, difunde-se por toda a sociedade. É o Estado que, formando entre os séculos XII e XVIII um monopólio do exercício da violência, constitui o processo de civilização que permite uma pacificação do espaço social e a transformação dos afetos por um controle mais rigoroso. A civilização tal como a entende Elias está totalmente voltada, portanto, para a interiorização das exigências e para o autocontrole das pulsões.

Alguns críticos viram nessa visão da história uma forma de evolucionismo que postula uma coerência em construção ao longo do tempo:

> Essa crescente complexidade é acompanhada de uma transformação da economia psíquica, marcada pelo lugar cada vez maior ocupado pelas exigências interiorizadas. Esses dois processos solidários, psíquico e social indissoluvelmente, têm uma direção e uma orientação gerais.[114]

Apesar desse enraizamento de Elias no evolucionismo do século XIX, sua obra, pelo primado que dá às noções de interdependência funcional e de configurações incessantemente mutantes, segundo processos circulares de relações, oferece um modelo sugestivo de análise, por sua capacidade de romper com a ideia de causalidade linear e mecânica.

---

114 Colliot-Thélène, [Le concept de rationalisation: de Max Weber à Norbert Elias.] In: Garrigou; Lacroix (orgs.), *Norbert Elias, la politique et l'histoire*, p.68.

A história

# O descontinuísmo das *epistemes* de Michel Foucault

## A filiação nietzschiana

A filiação nietzschiana é evidente e reivindicada como tal por Foucault: "Sou simplesmente nietzschiano".[115] Foucault escreve de dentro do pensamento de Nietzsche, até a metáfora da figura do homem que se apaga no fim de *As palavras e as coisas*. Ele opera a mesma desconstrução do sujeito para substituí-lo pelo projeto de uma genealogia: "Tudo já é interpretação".[116] Explorador do submundo como Nietzsche, Foucault exuma os esquecidos da história e decifra por trás do progresso do Iluminismo os avanços de uma sociedade disciplinar, ocultada pelo domínio de um discurso jurídico-político libertador. Assim, a loucura foi reprimida pelo próprio desenvolvimento da razão, de uma cultura ocidental que vacila em pleno século XX. O ensinamento nietzschiano é totalmente assumido por Foucault, com a dissolução da figura do homem, entendida como mera passagem fugidia entre dois modos de ser da linguagem: "Mais que a morte de Deus [...] o que o pensamento de Nietzsche anuncia é o fim de seu assassino, o esfacelamento do rosto do homem".[117] Dali extrai também o primado de uma filologia, de um estudo discursivo, empreendimento anunciado por Nietzsche e já retomado por Mallarmé.

Segundo Foucault, Nietzsche representou o primeiro desenraizamento da antropologia, cujo esboroamento anuncia "a iminência da morte do homem".[118] A genealogia nietzschiana também inspira um trabalho que se enraíza não na busca impos-

---

115  Foucault, [Le retour de la morale,] *Les nouvelles littéraires*, 28 jun. 1984.
116  Id., Nietzsche, Freud, Marx. In: Actes du Colloque de Royaumont, *Nietzsche*, p.189.
117  Id., *Les mots et les choses*, p. 396-7.
118  Ibid., p.353.

sível das origens, mas na atualidade, no presente histórico. Não procura apreender as continuidades que anunciam enunciando nosso mundo, mas, ao contrário, aponta as descontinuidades, as mudanças das *epistemes*. O saber histórico tem como eficácia problematizar, romper as constâncias, o jogo consolador dos reconhecimentos.

Ainda que não visse contradição entre esses grandes pilares de história fria e sua própria concepção epistemológica em favor de uma concepção descontinuísta da história das ciências emprestada de Bachelard e Canguilhem, Foucault contribuiu para o retorno da acontecimentalidade. Sua crítica radical de toda temporalidade continuísta, de toda absolutização e naturalização dos valores, permitiu desenvolver uma atenção com as cesuras próprias do espaço discursivo, entre *epistemes* separadas por linhas de falha que já não permitem recosturar falsas constâncias ou permanências ilusórias: "É preciso despedaçar o que permitia o jogo constante dos reconhecimentos".[119] Ele dizia ser um positivista "feliz", que praticava a rejeição nietzschiana das buscas em termos de causalidade ou de origem e apegava-se, ao contrário, às descontinuidades, ao descritivo das positividades materiais, à singularidade do acontecimento: "A história efetiva faz ressurgir o acontecimento no que ele pode ter de único e agudo".[120]

## A crítica radical do humanismo

*As palavras e as coisas*, de Foucault, situam-se sobretudo na filiação do trabalho de Georges Canguilhem. Foucault considera igualmente a história científica a partir das descontinuidades e da desconstrução nietzschiana das disciplinas estabelecidas. Esse pilar nietzschiano do método foucaultiano encontra-se

---

119  Id., *Hommage à Hyppolite*, p.160.
120  Ibid., p.161.

## A história

numa rejeição radical do humanismo. Desaparece o homem-sujeito de sua história, consciente de sua ação. Sua figura só aparece em data recente, e sua descoberta anuncia seu fim próximo. Sua situação central no pensamento ocidental não passa de uma ilusão dissipada pelo estudo dos inúmeros condicionamentos que ele sofre.

Assim, o homem é descentrado, relegado à periferia das coisas, sob influências, até perder-se na escuma dos dias: "O homem [...] é, sem dúvida, apenas uma invenção recente, uma figura que não tem nem dois séculos, um mero vinco em nosso saber".[121] Foucault empenha-se em historizar o advento dessa ilusão que é o homem e que só nasceria neste mundo no século XIX. O que existia na época grega eram os deuses, a natureza, o cosmo; não havia lugar para um pensamento do sujeito responsável. Na problemática platônica, a falta pode ser atribuída a um erro de julgamento, à ignorância, e não à responsabilidade individual.

Do mesmo modo, na *episteme* clássica, o homem não tem lugar. Nem o humanismo do Renascimento nem o racionalismo dos clássicos puderam pensar o homem. Foi preciso esperar uma falha na configuração do saber para que o homem passasse a ocupar o centro do campo do saber. Em seguida, foi a cultura ocidental que reservou um lugar melhor para o homem. Ele aparece numa situação central, como rei da criação, referente absoluto de todas as coisas. Essa fetichização aparece sobretudo em forma filosófica, com o *ego* cartesiano, que introduz o sujeito como substância, receptáculo de verdades. Ela inverte a problemática do erro e da culpa tal como funcionava na Antiguidade e na escolástica medieval. Contudo, como observa Foucault, depois de Freud, esse homem sofreu certo número de feridas narcísicas na história do pensamento ocidental. Copérnico, ao descobrir que a Terra não está no centro do univer-

---

121 Id., *Les mots et les choses*, p.15.

François Dosse

so, revoluciona o campo do pensamento e abala a soberania primitiva do homem. Darwin, ao descobrir que o macaco está na soleira do homem, relega o homem à condição de episódio num tempo biológico que o ultrapassa. Em seguida, Freud descobre que o homem não pode conhecer-se sozinho, não é plenamente consciente e comporta-se sob a determinação de um inconsciente a que ele não tem acesso, mas que torna inteligíveis seus atos e gestos.

O homem viu-se gradualmente despojado de seus atributos, mas reapropriou-se dessas rupturas no campo do saber para transformá-las em instrumentos de recuperação de seu reinado. No século XIX, ele se mostrou em sua nudez, na confluência de três formas de saber, como objeto concreto, perceptível, com o surgimento da filologia de Propp, da economia política de Smith e Ricardo, da biologia de Lamarck e Cuvier. Aparecia, então, a figura singular de um sujeito que vive, fala e trabalha. O homem nasceu dessa tripla resultante, ocupando o lugar central desses saberes novos, figura obrigatória desses dispositivos de conhecimento, seu significado comum. Pôde reinstalar-se, então, numa posição soberana em relação à natureza. A astronomia possibilitou a física, a biologia possibilitou a medicina, o inconsciente possibilitou a psicanálise. Mas, para Foucault, essa soberania é ao mesmo tempo recente, destinada a desaparecer e ilusória. Nos rastros de Freud, que descobriu o inconsciente das práticas do indivíduo, e de Lévi-Strauss, que aborda o inconsciente das práticas coletivas das sociedades, Foucault parte em busca do inconsciente das ciências que cremos habitadas por nossas consciências, as ciências humanas.

## Outra temporalidade, própria da dissolução do homem

Esse descentramento do homem, senão sua dissolução, convida a outra relação com a temporalidade, com a histo-

## A história

ricidade: sua pluralização e sua imobilização, bem como um deslocamento do olhar para as condições exteriores que determinam as práticas humanas:

> A história do homem será mais do que uma espécie de modulação comum às mudanças nas condições de vida (clima, fertilidade do solo, modos de cultivo, exploração das riquezas), às transformações da economia (e, consequentemente, da sociedade e das instituições) e à sucessão das formas e dos usos da língua? Mas então o homem não é histórico: o tempo vem de outra parte que dele mesmo.[122]

O homem sofre temporalidades múltiplas que lhe escapam. Nesse quadro, ele não pode ser sujeito, mas só objeto de puros acontecimentos exteriores a ele. A consciência é o horizonte morto do pensamento. O impensado não deve ser mais procurado no fundo da consciência humana, ele é o outro em relação ao homem, ao mesmo tempo nele e fora dele, ao lado dele, irredutível e inapreensível, "numa dualidade sem recurso".[123] O homem articula-se sobre o já começado da vida, do trabalho e da linguagem, e encontra bloqueadas as vias de acesso ao que seria sua origem, seu advento.

Para Foucault, a modernidade situa-se aí, no reconhecimento dessa impotência e da ilusão inerente à teologia do homem do *cogito* cartesiano. Depois de ter feito descer de seu pedestal o herói e o fetiche de nossa cultura, ele se volta contra o historicismo, contra a história como totalidade, como referente contínuo. A história foucaultiana já não é descrição de uma evolução, noção tomada de empréstimo da biologia, nem indicação de um progresso, noção ético-moral, mas a análise das múltiplas transformações em ação, observação das

---

122 Ibid., p.380.
123 Ibid., p.337.

descontinuidades, como *flashes* instantâneos. O esboroamento da continuidade historiadora é o corolário necessário do descentramento do sujeito:

> O ser humano não tem mais história, ou antes, já que fala, trabalha e vive, ele se encontra em seu ser próprio, todo enredado em histórias que não lhe são nem subordinadas nem homogêneas [...]. O homem que aparece no começo do século XIX é des-historizado.[124]

A consciência de si dissolve-se no discurso-objeto, na multiplicidade de histórias heterogêneas.

Foucault faz uma desconstrução da história à maneira do cubismo, estilhaçando-a numa constelação desumanizada. A unidade temporal já não é funcional, não obedece a nenhuma necessidade. A história só pertence ao registro do aleatório, da contingência; como em Lévi-Strauss, ela é a um só tempo incontornável e insignificante. Todavia, ao contrário do estruturalismo lévi-straussiano, Foucault não evita a historicidade, usa-a como um campo de análise privilegiado, lugar por excelência de sua pesquisa arqueológica, mas para marcar as descontinuidades que a corroem, a partir de grandes fraturas que justapõem cortes sincrônicos coerentes.

Assim, Foucault assinala duas grandes descontinuidades na *episteme* da cultura ocidental: a da era clássica, em meados do século XVII, e a do século XIX, que inaugura nossa era moderna. Ele apreende essas alterações na ordem do saber em campos tão diversos quanto a linguagem, a economia política e a biologia, e divide cada etapa entre o que é pensável e o que não é: "A história do saber só pode ser feita a partir do que lhe é contemporâneo".[125] As descontinuidades observadas por

---

124  Ibid., p.380.
125  Ibid., p.221.

# A história

Foucault, na medida em que ele extirpa toda forma de evolucionismo, são figuras enigmáticas. Trata-se de autênticas irrupções, rompimentos cujas modalidades e lugar nós nos contentamos em notar, sem questionar seu processo de surgimento. Nessa abordagem, os acontecimentos-adventos permanecem fundamentalmente enigmáticos: "A tarefa implica que se questione tudo o que pertence ao tempo, tudo o que é formado nele [...] para fazer aparecer o rompimento sem cronologia e sem história do qual o tempo provém".[126] A descontinuidade aparece em sua singularidade, não redutível a um sistema de causalidade, na medida em que é cortada de suas raízes, figura etérea vinda da bruma do amanhecer da criação do mundo.

Mas é essa noção de *episteme* que levantará mais questões, não só aquela, não resolvida, de como passamos de uma *episteme* a outra, mas Foucault também será perguntado a partir de que *episteme* ele fala. Essa noção, onipresente em 1966 em *As palavras e as coisas*, será tão contestada que não aparecerá mais em sua obra ulterior. Sua arqueologia procura no subsolo dos continentes do saber as linhas de falha, as rupturas significativas:

> O que gostaríamos de trazer à luz é o campo epistemológico, a *episteme* em que os conhecimentos, considerados fora de qualquer critério que se refira a seu valor racional ou a suas formas objetivas, cravam sua positividade e manifestam, assim, uma história.[127]

Essa sucessão de *epistemes* até nosso período contemporâneo, essa historização do saber e do homem, figura que somente se tornou possível na última configuração epistemo-

---

126  Ibid., p.343.
127  Ibid., p.13.

lógica, resulta num relativismo histórico da parte de Foucault, um relativismo semelhante ao de Lévi-Strauss.

Assim como não há inferioridade ou anterioridade entre sociedades primitivas e sociedades modernas, não há verdade a buscar nas diversas etapas constitutivas do saber, apenas discursos historicamente distinguíveis: "Uma vez que o ser humano se tornou integralmente histórico, os conteúdos analisados pelas ciências humanas não podem permanecer estáveis em si mesmos nem escapar ao movimento da história".[128] A base de nosso saber contemporâneo, representado por disciplinas estruturadas e capazes de uma prática científica comprovada, não passa de figuras temporárias, configurações transitórias. Esse relativismo absoluto que historiza totalmente o campo do saber volta-se paradoxalmente contra a abordagem historiadora, e a favor de uma concepção essencialmente espacial, a do espaço epistemológico, pura sincronia cujo dentro cabe delimitar de fora, mas cuja positividade volta as costas para a duração, a história.

## Da arqueologia à genealogia: Michel Foucault

### O biopoder

A influência de Nietzsche é cada vez mais onipresente, e Foucault acrescenta à dialética discurso/poder de seus trabalhos anteriores um terceiro termo, o corpo. Essa trilogia funciona em suas extremidades: corpo e poder remetem-se um ao outro, como o ser e o não ser. A liberdade enfrenta a coerção; o desejo, a lei; a revolta, o Estado; o múltiplo, o agrupado; o esquizofrênico, o paranoico. A submissão do sujeito passa por

---

128  Ibid., p.382.

# A história

um terceiro termo. A discursividade pertence ao campo do poder, já que o saber lhe é consubstancial.

A virada genealógica manifesta-se em 1970-1971, de três maneiras. Em primeiro lugar, por ocasião de uma homenagem a Jean Hyppolite, Foucault faz uma palestra essencial sobre a história como genealogia, como carnaval combinado, segundo as relações de Nietzsche com a história.[129] Segundo Foucault, a genealogia encontra-se no centro da articulação entre o corpo e a história, e assim ele se propõe concentrar a atenção no corpo, esquecido pela história, porém base dela: "O corpo: superfície de inscrição dos acontecimentos (ao passo que a linguagem os assinala e as ideias os dissolvem)".[130] Assim, Foucault vai edificar uma verdadeira economia política do corpo, rastrear as diversas formas de sujeição, desvendar seus modos de visibilidade.

Nesse início de década, Foucault também deve definir um programa de ensino quando entra para o Collège de France. Esse é o objeto de sua aula inaugural, em 2 de dezembro de 1970, que será publicada com o título de *A ordem do discurso*. Ele define um programa híbrido, constituído das regras enunciadas em *A arqueologia do saber*, mas numa nova perspectiva genealógica, que constitui um notável deslocamento em relação à vocação da arqueologia. Em especial, já não se trata da relação entre práticas discursivas e práticas não discursivas. Mais uma vez, Foucault privilegia apenas o nível do discurso, articulando-o agora ao corpo. Seu programa genealógico continua situado no terreno da história, que vai ser o objeto privilegiado de sua análise crítica. É exclusivamente no interior da esfera discursiva que Foucault se situa; para ele, é preciso "restituir ao discurso seu caráter de acontecimento",[131] questionar a busca ocidental da verdade e renunciar à soberania do significante.

---

129 Id., *Hommage à Hyppolite*.
130 Ibid., p.154.
131 Id., *L'ordre du discours*, p.53.

François Dosse

## O difícil diálogo com os historiadores

Foucault lavrou intensamente o território do historiador como filósofo, mas também dialogou com a corporação dos historiadores e até realizou trabalhos com alguns deles, em especial com as historiadoras Michelle Perrot e Arlette Farge, cujo objeto histórico privilegiado também eram os excluídos da história tradicional, as mulheres e os marginais. Desde sua primeira publicação, a de sua tese sobre a história da loucura, Foucault encontrou, sem querer, historiadores de profissão. Philippe Ariès, franco-atirador distante da história das mentalidades, defensor improvável de Foucault, dada sua formação ideológica de direita, ultraconservadora e monarquista, foi quem defendeu a publicação do manuscrito pela editora Plon em 1961. O livro foi recebido com entusiasmo, sobretudo entre os historiadores: Robert Mandrou e Fernand Braudel saudaram o nascimento de um grande historiador. Mas, desde o começo, a relação com os historiadores construiu-se ao redor de um mal-entendido, pois o que eles celebravam era um trabalho de psicologia social, que ilustrava à perfeição o conceito de história das mentalidades dos *Annales*, o que definitivamente *A história da loucura* não era. Os historiadores tiveram a impressão, em seguida, de perder um de seus melhores, embora o projeto de Foucault não fosse instalar-se no território do historiador como especialista em história social, ainda que renovada, mas problematizar, como filósofo nietzschiano, o que considerava o carnaval da história.

Michelle Perrot adere com entusiasmo à obra de Foucault. Quando *Vigiar e punir* é publicado, ela e François Ewald organizam uma mesa redonda com historiadores e Foucault, a propósito de dois textos contraditórios: o texto do historiador Jean Léonard, "L'historien et le philosophe" ["O historiador e o filósofo"], muito crítico em relação ao método foucaultiano, e a resposta de Foucault, "La poussière et le nuage" ["A poeira e a nuvem"].

202

# A história

O todo será a matéria da publicação de *L'impossible prison* [A impossível prisão][132] em 1980. Foucault expõe seu procedimento nesse confronto e não esconde que ele é fundamentalmente diferente da abordagem historiadora. Seu objetivo não é fazer uma análise global da sociedade: "Meu projeto era, logo de início, diferente do dos historiadores. [...] Meu tema geral não é a sociedade, é o discurso verdadeiro/falso".[133] Ele repete que trabalha no sentido de uma acontecimentalização, mas seu objeto não é o campo da história social. Sua grade de análise situa-se em outro nível, o das práticas discursivas. É o que lhe censura o historiador Jean Léonard, que destaca no estudo de Foucault um uso abundante de verbos pronominais e do pronome pessoal "on". Trata-se de poder, de estratégia, de técnica, de tática, "mas não se sabe quem são os atores: poder de quem? Estratégia de quem?".[134] Foucault não leva em conta o papel das diversas instituições no trabalho de condicionamento e de adestramento dos corpos. Quanto às diversas categorias sociais, elas são deixadas no vestiário. Léonard censura a Foucault o fato de mergulhar o leitor num universo kafkiano: "O vocabulário da geometria desertifica a sociedade dos homens; trata-se apenas de espaços, linhas, quadros, segmentos, disposições...".[135] Mas a esse requisitório Foucault responde que não é esse seu assunto. Não se trata nem de um estudo sobre a sociedade francesa nos séculos XVIII e XIX nem de uma história das prisões entre 1760 e 1840, mas "de um capítulo na história da razão punitiva".[136] O diálogo só pode ser um diálogo de surdos, pois Foucault se limita a atravessar alguns canteiros da história como filósofo, cujo objetivo principal é mostrar que a instância global do real, tão cara aos historiadores, é um engodo que se deve desmistificar.

---

132 Perrot (org.), *L'impossible prison*.
133 Ibid., p.55.
134 Ibid., p.14.
135 Ibid., p.15.
136 Ibid., p.33.

François Dosse

# A acontecimentalização do sentido

Já vai longe o tempo em que Braudel perseguia "pirilampos", escuma eventiva que ele relegava ao plano da insignificância, ou seu discípulo Emmanuel Le Roy Ladurie falava apenas de história imóvel, explicando que a "escola [dos *Annales*] é a imagem daquilo que ela estuda: lenta. Ela define sua própria duração de longo prazo em nosso século [...] dá provas de uma notabilíssima indiferença aos fenômenos que acontecem na superfície".[137] De fato, assiste-se por toda parte ao "retorno" do acontecimento. O renascimento da coleção "Les trente journées qui ont fait la France" ["Os trinta dias que fizeram a França"] pela editora Gallimard é um dos muitos sintomas disso. As noções de estrutura, invariante, longa duração e história imóvel foram substituídas pelas noções de caos organizador, fractal, teoria das catástrofes, irrupção, enação, mutação, ruptura etc. Essa mudança não atinge apenas a disciplina da história: é geral em todas as ciências humanas e demonstra uma nova preocupação com o que acontece de novo. Como diz Michel de Certeau acerca de Maio de 68, "o acontecimento é o que ele se torna", o que induz um deslocamento da abordagem à montante para a abordagem à jusante. Depois de ter valorizado por muito tempo a busca causal, o historiador volta-se para os rastros múltiplos e móveis deixados pelos acontecimentos do passado e reflete sobre o que o acontecimento como ruptura traz de novo a um processo mais descontinuísta, segundo a orientação definida por Michel Foucault quando defendia uma forma de acontecimentalização do sentido. Contudo, depois de longa ausência nas ciências humanas, o "retorno" espetacular do acontecimento a que se assiste não tem muito a ver com a concepção restritiva dos metódicos do século XIX.

---

137 Le Roy Ladurie, L'histoire immobile. Reed. in: _____, *Le territoire de l'historien*, t.2.

## A história

O uso da palavra francesa *événement* [evento, aconteci-mento] é atestado desde o século XV, e ela tinha um sentido particularmente amplo e vago, já que significava tudo "o que acontece". Vem do latim *evenire*, que quer dizer "sair", "ter um resultado", "produzir-se", "advir", ou seja, um advento. Em Cícero, ela evoca o fim de um processo, seu resultado. Ao mesmo tempo, a palavra *événement* vem de *eventum* e *eventus*, que designa um fenômeno de ruptura e assume uma conota-ção positiva. Ao contrário de hoje, a acepção latina não visa a significar o inesperado, o surgimento do novo. No século XVII, esse sentido desapareceu aos poucos, dando lugar a algo que aconteceu, um fato de certa importância, de natureza um tanto excepcional, que rompe uma rotina, sentido este que conservou desde então. Mas essa estratificação de sentido torna possíveis múltiplos usos, que tomam um ou outro significado.

Hoje, o acontecimento que está de volta é examinado como indício ou rastro significante. Da maneira como sua etimolo-gia nos convida a fazer, ele é visto como resultado e começo, como desfecho e abertura de possíveis. Podemos dizer até que a ideia deleuziana de que "o possível não preexiste, é criado pelo acontecimento" tende a se impor, ao passo que tínhamos e ainda temos o hábito de privilegiar o antes do acontecimento. O acontecimento-monstro, o acontecimento-mundo que atin-gem o coração da cidade, ou o microacontecimento que vem perturbar o dia a dia do indivíduo, colocam-se cada vez mais como enigmas não resolvidos que interrogam as capacidades da racionalidade e conseguem demonstrar não sua inanidade, mas sua incapacidade de saturar o sentido do que intervém como novo, porque o enigma trazido pelo acontecimento so-brevive fundamentalmente a seu desaparecimento. Raymond Aron já ressaltara essa passagem, própria do século XX, para uma acepção moderna e incontrolável do acontecimento: "Em compensação, o termo francês '*événement*' (do latim *eventus*) enfatizou historicamente a questão imprevisível e imprevista do que acontece".

Enigma, o acontecimento é também o que renasce incessantemente das cinzas, o que jamais desaparece de verdade; ele é esse passado que não quer passar. Deixando numerosos rastros, volta sempre a manifestar sua presença espectral com acontecimentos ulteriores, provocando a cada vez configurações inéditas. Nesse sentido, há poucos acontecimentos que podemos dizer com certeza que acabaram. Por sua vez, o interesse renovado pelos fenômenos singulares garante nova centralidade à noção de acontecimento. Porque é desestruturante, o acontecimento reestrutura o tempo segundo novas modalidades. A atenção dada ao dizer, à narrativa, aos rastros convida a valorizar essa parte subjetiva, essa apreensão pessoal e individuada do tempo.

Recentemente, o acontecimento tornou-se uma entrada privilegiada para o universo social, entendido não a partir de arquétipos redutores, mas de singularidades que podem ter vocação para se tornarem ensinamentos de alcance generalizante. É o caso quando Timothy Tackett trata do acontecimento da fuga do rei Luís XVI para Varennes como matriz da política de terror que se segue.[138] O acontecimento foi de importância capital e, como mostra Tackett, foi principalmente por sua dimensão emocional que ele se espalhou tão ampla e rapidamente: "Foi um acontecimento que provocou tal comoção que as pessoas sentiriam uma necessidade urgente de transmitir seus testemunhos e relatar sua experiência". Portanto, convém compreender a parte pessoal e coletiva da interiorização do acontecimento nos atores das diversas componentes da sociedade francesa, pois é de suas representações que o curso ulterior da Revolução dependerá. O acontecimento é tomado aqui em sua capacidade de abalar a psicologia coletiva da opinião pública. Tackett mos-

---

138 Tackett, *Le roi s'enfuit.*

# A história

tra bem que a fuga em si não suscita imediata e inelutavelmente o Terror, e que ainda não existe nenhum Comitê de Salvação Pública em 1791.

Entre os historiadores, e na contracorrente da moda da longa duração, Pierre Nora anuncia muito precocemente, em 1972, num artigo publicado na revista *Communications*, revisto e reeditado em 1974 na trilogia *História*, o retorno do acontecimento.[139] Ele vê esse "retorno" – que tem o perfume antiquado da velha geração de historiadores "positivistas" – pelo ângulo das mídias. Ser é ser percebido e, para tanto, os diversos meios de comunicação se tornaram mestres, a ponto de deter o monopólio da produção dos acontecimentos. Nora discerne no caso Dreyfus o primeiro acontecimento no sentido moderno, na medida em que ele deve tudo à imprensa. Caso de *mass media*, o acontecimento contemporâneo logo se torna mídia *mousse*, que tira do nada uma sensibilidade à atualidade e dá a ela uma aparência de historicidade. Alguns desses acontecimentos contemporâneos são percebidos pela audição (as barricadas de Maio de 68, o discurso do general De Gaulle em 30 de maio), outros estão ligados à imagem (a invasão de Praga, a alunissagem da missão Apollo, a repressão na praça Tian An Men etc.). A imediatez torna mais fácil a decifração do acontecimento, porque é fulminante, e também mais difícil, porque o apresenta de maneira abrupta. Essa situação paradoxal requer, segundo Nora, um trabalho de desconstrução do acontecimento, que o historiador deve efetuar para entender como a mídia produz o acontecimento.

Segundo Paul Ricoeur, entre sua dissolução e sua exaltação, o acontecimento sofre uma metamorfose que está ligada a sua retomada hermenêutica. Reconciliando as abordagens continuísta e descontinuísta, Ricoeur propõe a distinção de três níveis de abordagem do acontecimento: "1. Acontecimen-

---

139 Nora, op. cit.

to infrassignificativo; 2. Ordem e reino do sentido, a rigor não eventivo; 3. Surgimento de acontecimentos suprassignificativos, sobressignificantes". O primeiro uso corresponde simplesmente à descrição do "que acontece" e evoca a surpresa, a nova relação com o instituído; corresponde, aliás, às orientações da escola metódica de Langlois e Seignobos, o estabelecimento crítico das fontes. Em segundo lugar, o acontecimento é considerado dentro de esquemas explicativos que o põem em correlação com regularidades, leis. Esse segundo momento tende a subsumir a singularidade do acontecimento no registro da lei da qual ele depende, a ponto de estar no limite da negação do acontecimento. Podemos reconhecer aí a orientação da escola dos *Annales*. A essa segunda fase da análise deve seguir-se um terceiro momento, interpretativo, de retomada do acontecimento como surgimento, mas dessa vez sobressignificado. O acontecimento passa a ser, então, parte integrante de uma construção narrativa constitutiva da identidade fundadora (a tomada da Bastilha) ou negativa (Auschwitz). O acontecimento que retorna não é aquele que foi reduzido pelo sentido explicativo nem aquele infrassignificado que era exterior ao discurso. Ele mesmo gera o sentido. É o que demonstra Georges Duby em 1973, diante da obrigação de contar o acontecimento da batalha de Bouvines, em 27 de julho de 1214, na clássica coleção da editora Gallimard, "Les trente journées qui ont fait la France" ["Os trinta dias que fizeram a França"]. Ele não se contenta em narrar o dia do combate e desloca o olhar para o acontecimento, mostrando que o sentido deste não se reduz a um ilustre domingo, mas se situa nas metamorfoses ulteriores, numa memória coletiva que ora magnifica, ora faz esse acontecimento cair no esquecimento. O acontecimento torna-se, então, "o destino de uma recordação dentro de um conjunto móvel de representações mentais".[140]

---

140 Duby, *Le dimanche de Bouvines*, p.21.

# A história

Os acontecimentos só podem ser distinguidos a partir de seus rastros, discursivos ou não. Sem reduzir o real histórico a sua dimensão linguística, a fixação do acontecimento, sua cristalização, efetua-se a partir de sua nomeação. Constitui-se, então, uma relação essencial entre linguagem e acontecimento, que hoje é levada amplamente em consideração e problematizada pelas correntes da etnometodologia, do interacionismo e, é claro, pela abordagem hermenêutica. Todas essas correntes contribuem para lançar as bases de uma semântica histórica. Esta leva em consideração a esfera do agir e rompe com as concepções fisicistas e causalistas. A inserção na intriga desempenha o papel de operador, de elo entre acontecimentos heterogêneos. Substitui a relação causal da explicação fisicista. A hermenêutica da consciência histórica situa o acontecimento numa tensão interna entre duas categorias meta-históricas apontadas por Koselleck, a de espaço de experiência e a de horizonte de expectativa.

Esse deslocamento da acontecimentalidade para seu rastro e seus herdeiros provocou um verdadeiro debruçar-se da disciplina histórica sobre si mesma, no interior do que poderíamos chamar de círculo hermenêutico ou virada historiográfica. Esse novo momento convida a acompanhar as metamorfoses do sentido nas mutações e deslocamentos sucessivos da escrita historiadora entre o acontecimento e a posição presente. O historiador reflete sobre as diversas modalidades da fabricação e da percepção do acontecimento a partir de sua trama textual. Essa nova exploração pela escrita historiadora acompanha a exumação da memória nacional e reforça também o atual momento memorial. Pela renovação historiográfica e memorial, os historiadores assumem o trabalho de luto de um passado e dão sua contribuição para o atual esforço reflexivo e interpretativo nas ciências humanas.

A tentativa de sair da falsa alternativa entre a valorização das estruturas e a valorização dos acontecimentos está bem encaminhada, graças à descoberta de recursos intelectuais que permitem ultrapassar essas falsas clivagens que inspiraram até agora as ciências sociais. É esse, sobretudo, o sentido das pesquisas atuais sobre o sentido do aparecer, ligado ao campo do agir. Uma microssociologia da ação explora esse campo da historicidade do quotidiano. A abertura para a questão do tempo na pesquisa sociológica foi favorecida quando a questão da organização da experiência quotidiana voltou a ser colocada. É o caso, em especial, do trabalho de Louis Quéré, que foi muito inspirado pela obra do pragmatista norte-americano Georges H. Mead. Ela lhe permite estabelecer o elo entre a temporalização e a organização da ação. De fato, Mead mostra que a natureza do passado não existe em si, mas é grandemente tributária da relação com o presente. O surgimento do presente sempre suscita novos passados, portanto torna o passado relativo ao presente. Essa relativização do passado e o primado concedido ao presente em sua restituição se fundamentam em Mead "na noção central que é a de acontecimento". É ao redor do próprio acontecimento como ação situada que se opera a estruturação do tempo. O acontecimento, por sua própria descontinuidade em relação ao que o precede, obriga à distinção e à articulação das noções de passado e de futuro. A perspectiva pragmática de Mead leva-o a considerar essa temporalização um componente essencial da ação. Mead dá o exemplo do que poderia representar a evocação de nossa infância tal como a vivemos, não como passado relativo a nosso presente, mas como passado isolado de seu devir. Ele teria apenas um interesse exótico.

Foi por essa atenção dada à singularidade da situação de irrupção do acontecimento que Louis Quéré cogitou o estudo concreto do acontecimento como acontecimento público. Atento à construção social do acontecimento, ele parte do pressuposto de que a identidade, o significado do acontecimento que se manifesta não é constituída *a priori*, mas responde a um processo emergente que se constrói na duração. A identidade

# A história

do acontecimento, sem dúvida, acaba se estabilizando, mas nunca se satura, permanecendo aberta a interpretações sempre renovadas. Foi dessa perspectiva que Louis Quéré trabalhou no acontecimento da profanação do cemitério de Carpentras, bem como nos problemas da periferia, em especial a partir dos incidentes de Vaulx-en-Velin entre 1990 e 1991. Como dizia Raymond Aron, "é preciso devolver ao passado a incerteza do futuro". Essa desfatalização leva o historiador a refletir sobre as situações singulares para tentar explicá-las, sem pressupor um determinismo *a priori*. O par acontecimento/situação é fundamental nessa nova configuração, mediatizada pelos indivíduos que conferem sentido ao acontecimento, ao mesmo tempo que o suscitam. Essa reconstrução em ato desloca o centro de gravidade da subjetividade para a intersubjetividade e convida a avaliar a virada pragmática na apreensão da noção de historicidade.

Assim como Michel de Certeau propôs a expressão "fazer história", podemos considerar que o acontecimento está ligado a um fazer, a uma fábrica. A construção social do acontecimento, a fabricação de sua magnitude social, logo histórica, passa pela tentativa de redução da indeterminação do que aconteceu e ao qual se tenta conferir uma importância determinada em consequência de um sistema de valores. Essa busca tem a vantagem de estar ligada a um lugar, a uma instituição, a uma ancoragem social, mas deixa escapar uma parte importante, que é a constituição simbólica do acontecimento. Para evitar uma relação de fascínio diante do acontecimento, que estaria ligada ao mesmo engodo da fetichização que o historiador pode sentir diante do arquivo como acesso direto ao real, o analista dispõe de certo número de ferramentas. Tem a sua disposição toda uma reflexão de ordem semiológica que visa a recuperar a face oculta do mito. Esse processo nada tem de antinômico com o olhar de ordem sociológica que permite ressituar o discurso em lugares, em quadros sociais.

Fazer um acontecimento pressupõe dois fenômenos muito diferentes. Em primeiro lugar, e sobretudo na sociedade moderna mediatizada, implica um choque, um trauma, um abalo que provoca de início um estado de afasia. Esse primeiro aspecto, o mais espetacular do acontecimento, pressupõe uma ampla difusão que garante e assume sua repercussão. O choque sentido em escala mundial em 11 de setembro de 2001 é, nesse aspecto, o precipitado mais exemplar desse tipo de fenômeno de sideração. Ao mesmo tempo, os grandes acontecimentos históricos acontecem na maioria das vezes, como diz Nietzsche, a passo de gato, como uma doença mortal que se infiltra silenciosamente no corpo, ou como o desembarque dos Pilgrims do *Mayflower* na costa de Massachusetts, ou ainda como a tomada da Bastilha, que não provoca nenhum comentário de Luís XVI em seu diário na data de 14 de julho de 1789. O essencial do acontecimento está, com efeito, em seu rastro, no que ele se transforma de maneira não linear nos numerosos ecos de seu amanhã.

## Regimes de historicidade

A noção de regime de historicidade, introduzida pelo antropólogo Marshall Sahlins, permite levar em conta a pluralidade da relação possível com a temporalidade. Sahlins define a noção como evocadora da maneira como uma sociedade ou uma cultura singular vive sua relação com a historicidade.[141] Marcel Detienne apoia-se nessa noção de "regimes de historicidade" e retém três questões a explorar quanto à natureza da consciência histórica: a memória em sua relação com o pensamento historiador, a análise do que é a mudança e o fato de considerar o passado enquanto pensado e construído como passado em si: "Para que o *outro* apareça no *mesmo*, é preciso que o passado

---

141  Cf. Sahlins, *Des îles dans l'histoire.*

# A história

tenha começado a ser separado do presente que o constitui e parece justificá-lo".[142] É nesse contexto de reflexão que o historiador François Hartog e o antropólogo Gérard Lenclud retomam por conta própria essa noção de "regimes de historicidade",[143] no cruzamento entre a vivência e o conceito, a psicanálise e a história. Essa noção tem a vantagem de poder explicar a pluralidade com a qual as comunidades humanas vivem sua relação com o tempo e pensaram os diversos recortes do tempo a partir de certo número de invariantes, de categorias transcendentais. Essa noção de "regimes de historicidade" inaugura não só um novo canteiro de investigação para o historiador, mas sobretudo torna caduca a estigmatização do anacronismo como pecado, substituindo-o por uma atenção particular com a imbricação das diversas temporalidades, segundo regimes instáveis, heterogêneos e em possível tensão. Essa abordagem retoma por conta própria uma das tradições do pensamento filosófico, para qual o tempo é antes de tudo "folheado", pois deve estar relacionado com a subjetividade do sujeito histórico, quer individual, quer coletivo. Tal acepção implica, portanto, uma verdadeira ontologia, a do homem em sua condição de ser histórico, ainda que o uso que o historiador François Hartog faça dela limite-se prudentemente a seu valor heurístico de artefato.[144]

A noção de "regimes de historicidade" afeta ao mesmo tempo o modo como a sociedade dispõe os quadros culturais que ordenam sua relação com o passado, a maneira como o passado está presente em seu presente e o modo como a sociedade cultiva ou enterra, mobiliza e reconstrói sem cessar seu passado: "O regime de historicidade definia uma forma

---

142 Detienne, *Comparer l'incomparable*, p.73.
143 Hartog; Lenclud, Régimes d'historicité. In: Dutu; Dodille (orgs.), *L'état des lieux en sciences sociales*, p.18-38.
144 Cf. Hartog, Sur la notion de régimes d'historicité. In: Delacroix, Dosse e Garcia (orgs.), *Historicités*, p.133-50.

## François Dosse

culturalmente delimitada, portanto convencional, de relação com o passado; a historiografia seria uma dessas formas e, como gênero, um elemento sintomático de um regime de historicidade abrangente".[145]

A noção de "regime", por sua vez, remete à ideia de variação, de heterogeneidade, a um caráter essencialmente compósito e instável de relação com a historicidade, tributária de um lugar e de um momento. Os homens habitam de maneira diferente no tempo. Isso faz que a ordenação interior de seu domicílio temporal, seu tempo histórico, seja variável conforme as épocas e os lugares. François Hartog aprofundará – dessa vez sozinho – essa noção de "regimes de historicidade", dedicando-lhe um livro em 2003.[146]

Essa noção vem sendo cada vez mais usada como ferramenta heurística que deve permitir elucidar a relação das sociedades estudadas com o tempo, privilegiando os momentos de crise, fratura, brecha aberta entre o passado e o presente. Seu uso permite não só considerar o caráter folheado do tempo, como dá importância ao acontecimento por sua capacidade de fazer advir o novo e, com ele, uma nova relação com o mundo e sua temporalidade. Hartog lembra, por exemplo, em que o cristianismo encarnou uma nova concepção do tempo com sua cronosofia, que parte do acontecimento decisivo da encarnação – que divide o tempo entre um antes e um depois – e abre-se para um entrelaçamento temporal feito de esperança do fim. Enquanto o cristianismo privilegia o presente como já realizado rumo à escatologia por vir, o judaísmo permanece no "ainda não" de uma visão da temporalidade voltada completamente para o advir, para uma concepção messiânica do tempo:

> Essa inflexão da ordem cristã do tempo na direção do *já*, de um passado, na verdade continuamente reativado pelo

---

145 Hartog; Lenclud, op. cit., p.26.
146 Hartog, *Régimes d'historicité*.

# A história

ritual, permite, em todo caso, que a Igreja recupere, retome, habite os modelos antigos do *mos majorum* e da *historia magistral* e faça-os funcionar em seu proveito.[147]

Privilegiando os grandes momentos de mudança, de transição, de passagem de um mundo para outro, Hartog usa o exemplo de figuras em tensão entre duas temporalidades, como é o caso de Chateaubriand, particularmente dividido entre o antigo e o moderno: "Eu me vi entre dois séculos, como na confluência de dois rios; mergulhei em suas águas revoltas, afastando-me com pesar da velha margem onde nasci, nadando esperançoso para uma margem desconhecida".[148] Desde que escreveu o *Essai historique* [Ensaio histórico], publicado em 1797, Chateaubriand tem a sensação de uma aceleração do tempo, provocada pela Revolução Francesa, cujo efeito, como diz François Hartog, é tornar o presente inapreensível, o futuro imprevisível e o passado incompreensível. É nessa brecha que se insere seu grande projeto de escrita, que é a redação de *Mémoires d'outre-tombe* [Memórias de além-túmulo], que ocupou o autor por mais de quarenta anos.

A sucessão de regimes de historicidade diferentes efetua-se a partir de acontecimentos-rupturas. Assim, um regime de historicidade que privilegia o futuro marcou todo um longo período que se estenderia entre as duas datas simbólicas, entre os dois grandes acontecimentos que são 1789 e 1989. Os períodos de crise são particularmente propícios ao entrelaçamento das temporalidades para garantir a marcha adiante de um mundo novo, ganhando segurança e legitimidade pelos tempos passados. É o caso do rompimento temporal constituído pela Revolução Francesa, que se nutre de inúmeras referências da Antiguidade. Eram celebradas as virtudes espartanas, o legado de juristas

---

147  Ibid., p.75.
148  Chateaubriand, *Mémoires d'outre-tombe*, t.2, p.936.

como Licurgo e as liberdades romanas. A Antiguidade encarna um momento de grande ruptura na história da humanidade:

> Ruptura, sim, surgimento, mas a Antiguidade assim percebida ou vivida dá segurança fundamentalmente. Pois o legislador é esse demiurgo que ao mesmo tempo exprime e domestica, traduz e domina esse surgimento, modelando a cidade à imagem de sua Constituição.[149]

---

149 Hartog, La Révolution française et l'Antiquité. In: _____, *La pensée politique*, t.1, p.34.

# 5
## O *télos*:
## da Providência ao progresso da razão

A fortuna em ação na história – *Clio* batizada – A história-Providência: Bossuet – A Providência segundo Vico – A história cosmopolita: Kant – A razão e a contingência na história: Hegel – Fim ou fome da história? – O materialismo histórico: Marx – O processo histórico sem sujeito: Althusser

## A fortuna em ação na história

### Os jogos da fortuna e do acaso na Grécia

Quando o *histor* nasce na Grécia antiga, com Heródoto, ele se distancia do aedo, embora permaneça em relação de proximidade com ele; o mesmo acontece com os dramaturgos, autores de tragédia como Ésquilo e Sófocles, contemporâneos do surgimento do gênero histórico como gênero autônomo. Essa impregnação trágica da escrita historiadora faz lembrar que, se o historiador tende a privilegiar a esfera da liberdade humana, isto é, a parte da ação indeterminada, nem por isso é menos verdade que a inserção dos deuses e de suas inúmeras manifestações no cerne da vida da cidade seja onipresente. Um fatalismo, um destino desejado pelos deuses domina a história, e as pessoas procuram adivinhá-lo, interrogando as profecias e os oráculos para guiar sua conduta.

A operação historiográfica, portanto, está integrada desde Heródoto numa concepção profundamente moral, em que convém descobrir, com os deuses, o caminho do justo meio, da justiça (*diké*), e evitar qualquer forma de excesso (*húbris*). A marca de um destino que ultrapassa os limites da finitude humana é sentido por toda parte. Esse destino determina não só a sorte dos homens, mas também a dos deuses, como suprema fatalidade trágica, como testemunha Heródoto em pessoa:

> Chegando a Delfos, os lídios cumpriram sua missão e, segundo dizem, a pítia lhes deu esta resposta: "À sorte que o destino fixou, nem mesmo um deus pode escapar. Creso pagou a culpa de seu quarto antepassado, que, simples guarda dos Heráclidas, cedendo às intrigas de uma mulher, matou seu senhor e assumiu uma condição a que não tinha nenhum direito... Saiba Creso: ele foi feito prisioneiro três anos mais tarde do que o destino havia decretado. Em segundo lugar, Lóxias socorreu-o no cadafalso. Creso não tem razão em queixar-se do oráculo que lhe foi dado; Lóxias avisou-o: se marchasse contra a Pérsia, destruiria um grande Império. Para decidir com sabedoria, deveria mandar perguntar ao deus se ele designava seu próprio império ou o de Ciro; se não entendeu o oráculo, se não pediu explicações, a culpa é dele mesmo".[1]

Mais tarde, Políbio se vale em sua investigação das causalidades dos jogos múltiplos da fortuna e do acaso. Crê tam-

---

1 Heródoto, *L'enquête*, I, 91.

bém no exercício de uma potência soberana, que dá sentido e coerência ao conjunto da história. Essa força fora de alcance é a fortuna. "A Fortuna (*Tychê*) dirigiu", escreve Políbio, "por assim dizer, todos os acontecimentos numa única direção e obrigou todos os negócios humanos a se orientarem para um único e mesmo fim".[2] Uma das principais funções do historiador consiste, portanto, em recuperar esse plano de conjunto, essa coerência supralunar que põe certa ordem no caos aparente da factualidade sublunar: "O historiador deve fazer de modo que os leitores possam abarcar com um só olhar os mecanismos de que a Fortuna se valeu em toda parte para produzir todos os seus efeitos juntos".[3] Políbio, no entanto, não se limita a recorrer a um plano inacessível e critica os historiadores que, por preguiça, invocam a Fortuna a toda hora. O que ele pretende reduzir pelo desenvolvimento de seu método histórico, pela teoria das causas, não é a fortuna, que continua sendo um horizonte inacessível, mas sim o acaso. Sua visão da historicidade permanece fundamentalmente finalista e pressupõe a ação contínua da fortuna. Assim, a conquista romana, além de ter sido facilitada por uma boa constituição, é a execução de um plano estabelecido pela fortuna, que encarna a potência retribuidora dos castigos e das recompensas. A história eleva-se, então, à universalidade, graças a essa potência em que se pode reconhecer os traços próprios da suposta estrutura do espírito humano em sua eternidade. A fortuna dispõe até de uma atividade consciente e racional no discurso histórico de Políbio, e manifesta suas emoções, suas fontes de satisfação ou de descontentamento. Ela é o princípio transcendente em ação na história, garantindo ao mesmo tempo sua continuidade e sua unidade num todo vivo e solidário, para além das desordens da factualidade.

---

2 Políbio, *Histoires*, I, 4.
3 Ibid.

François Dosse

## Os jogos da fortuna e do acaso em Roma

Também em Roma os deuses são ativos no destino das populações, que não podem escapar a suas manifestações. Segundo Tito Lívio, próximo das concepções estoicas, o destino, o *fatum*, está na base do funcionamento do universo. Os romanos trazem consigo uma verdadeira missão, legada pelos deuses que deram origem à própria criação da cidade romana. "Sem dúvida, o destino exigia a fundação da grande cidade e o advento da maior potência do mundo, depois da dos deuses".[4] Assim como os homens, os deuses estão sob a influência de uma força superior, encarnada pelo destino, não passam de instrumentos dele. Tito Lívio julga que as virtudes podem permitir que algumas modificações aconteçam no interior dessa lei de bronze e, como historiador, sua perspectiva é ampliar o campo de investigação propriamente antropocêntrico. Procura mostrar que os pequenos incidentes podem se transformam em acontecimentos importantes, mas não influem no destino, que se manifesta sobretudo pela multiplicação de prodígios.

Por trás de suas narrativas dramatizadas, Tácito procura as causas profundas que fazem os homens agir, muitas vezes sem saber. Proclama, assim, a necessidade de ir além da superfície das coisas. "Desse modo", escreve ele, "conheceremos em cada caso não só as peripécias e o desenlace, em que o acaso costuma fazer tudo, mas também a lógica e as causas."[5] Qual é o papel do *fatum*, do destino, em Tácito? Mais antropocêntrico que Tito Lívio, ele dá mais ênfase ao determinismo humano, mas acredita na intervenção dos deuses, que se manifestam sobretudo nas questões humanas para punir os atos imorais, desencadeando diversas calamidades, ditas naturais. Sob o choque do espanto, só se pode pensar em sua presença e em sua

---

4  Tito Lívio, *Histoire romaine*, I, 4, 1.
5  Tácito, *Histoires*, I, 4, 1.

eficácia temível. O desencadeamento das crises políticas também está fundamentalmente ligado a sua intervenção. Assim, a catástrofe de 68-69 d.C. explica-se pela cólera dos deuses, que podemos discernir por algumas manifestações supraterrenas. "Paralelamente às catástrofes humanas, houve prodígios no céu e na terra", escreve Tácito.[6] A realização do *fatum* é totalmente independente da vontade humana, e realiza-se a despeito do comportamento, com uma lógica trágica e inexorável. Galba pode até ignorar os prodígios sinistros que se acumulam, mas não escapa ao destino fatal que o arrasta para a morte, num "destino inevitável". Subsistem, é claro, zonas de indeterminação, em que o homem pode inserir uma ação dependente apenas de sua liberdade, e Tácito inscreve a própria função do historiador na investigação dessa margem de espaço livre, mas ela continua confinada a limites estreitos.

## Clio batizada

### O tempo de Deus

Na Idade Média, a escrita da história é marcada pelo tempo de Deus. Os eclesiásticos é que dão o sentido da sociedade ocidental, honrando na história a execução de um plano já determinado por Deus. Torna-se a história uma teologia estrita, animada por considerações profundamente morais, como na Antiguidade. A história sacralizada é então uma teofania. Os historiadores inserem sua escrita em tensão entre o reconhecimento do papel onipresente de Deus e da liberdade humana. Há, sem dúvida, uma evolução ao longo dos séculos da Idade Média, correlativa às mudanças sociais. Até o século XIII, especialidade dos monges e dos grandes mosteiros, a história

---

6  Ibid., I, 3.3.

abre-se nos séculos XIV e XV para um público mais amplo e mais urbano e tende a se laicizar. Mas nem por isso deixa de ser menos marcada pela Providência, que é o quadro de coerência de seu desenvolvimento.

Nesse tempo, a história não passa de um gênero menor, uma ciência auxiliar a serviço de disciplinas fundamentais. Está a serviço sobretudo da rainha das ciências, a Teologia. As reformas monásticas, bem como a multiplicação das escolas, têm o objetivo de conhecer melhor a Bíblia, e esse esforço de apropriação é redobrado pela atenção dada à contextualização histórica. O estudo cada vez mais metódico e sistemático da Bíblia leva à criação de novos instrumentos de trabalho, que se tornarão as ferramentas básicas do historiador, como a definição de divisões e subdivisões do texto, índices, léxicos etc. No século VI, Cassiodoro, selecionando alguns historiadores cristãos cuja leitura lhe parecia necessária para a boa formação religiosa, ressalta aquele que considera "o pai da história cristã", Eusébio de Cesareia (265-341). De fato, esse último inaugura uma história providencialista. Autor de uma *História eclesiástica* e dos *Cânones cronológicos da história universal*, ele se baseia em documentos autênticos e pretende mostrar a continuidade sem falhas da força dos ensinamentos de Cristo até sua época, ou seja, a marcha triunfal de uma Igreja, prestes a se unificar, até o concílio de Niceia, em 325. Narra seu início difícil, as perseguições aos mártires, as muitas heresias, até a consagração final. Sua obra não se limita à restituição dos acontecimentos dos primórdios do cristianismo: tem como projeto voltar ao começo do Antigo Testamento, em seus *Cânones cronológicos e resumo da história universal dos helenos e dos bárbaros*. De vocação universalizante, a história, segundo Eusébio, conta sete escansões principais desde as origens. Ele inicia sua história com o nascimento de Abraão, por volta de 2016 a.C., até sua época. Essa história está presente na maioria dos mosteiros e será traduzida para o latim por Jerônimo (345-420), que a

A história

continua cronologicamente até o século V. Por fim, Eusébio conclui sua obra com uma *Vida de Constantino*, cuja conversão ao cristianismo ele celebra nesse panegírico.

A história também está a serviço do Direito, na medida em que os mosteiros, preocupados em defender suas prerrogativas, compilam os cartulários. Na maioria das vezes, estes são apenas cópias de cartas sem comentários, mas às vezes os juristas sentem a necessidade de colocar esses documentos numa perspectiva histórica. O desenvolvimento de uma verdadeira documentação jurídica, que enquadra a compilação dos cartulários, permite o progresso das técnicas de verificação do ofício de historiador para a melhor compreensão dos documentos, o que exige competências paleográficas, a necessária discriminação entre documentos autênticos e falsos, bem como sua classificação de acordo com o estabelecimento de tábuas cronológicas.

A história vê-se, assim, numa relação de estreita dependência em relação à moral. Em continuidade com a Antiguidade e, sobretudo, com as posições de Cícero, a história continua sendo "escola de vida"; é um tesouro de exemplos a seguir e, com isso, colhe na Antiguidade romana os modelos de virtude, enriquecidos com a vida dos santos, as hagiografias.

## Gregório de Tours

Resulta dessa sacralização da história a pertença do gênero histórico à constituição de uma eclesiologia. Aquele que será apresentado no século XVI como "o pai de nossa história" nacional, o bispo merovíngio Gregório de Tours (538-594), autor de uma *História dos francos*, pretende menos estabelecer a história do povo franco do que apresentar uma sociedade cristã. Explica que a pessoa de Cristo constitui a verdadeira motivação, a finalidade mesma de sua historiografia.

A eclesiologia de Gregório de Tours é organizada numa trilogia que compreende um longo período de prefiguração de Cristo, desde Adão e Eva até o cativeiro da Babilônia. Cristo aparece na segunda parte, central, e o livro dedica a terceira parte a outra figura crística, a de São Martinho de Tours, patrono do ofício episcopal exercido por Gregório. Ao longo de todos os dez livros, Gregório se vale de uma estrutura simétrica, que organiza de maneira complementar os capítulos que tratam de negócios profanos e os que têm por objeto a santidade: "A posição de Gregório é totalmente determinada pelo desejo de operar essa união da Igreja de Cristo com o Estado terreno".[7]

## Os *gesta episcoporum*

A renovação da vida intelectual no renascimento carolíngio e os progressos da erudição beneditina dão ao eclesiástico letrado um novo lugar na sociedade e um novo papel por sua relação privilegiada com o poder político. Depois dos textos de Beda, o Venerável, monge beneditino inglês, e de Paulo Diácono, também monge beneditino, friulano e testemunha da primeira parte do reinado de Carlos Magno, é Eginhardo (775-840) que escreve a obra-prima da época, com sua *Vida de Carlos Magno* (*Vita Karoli*). Admitido no círculo imperial a partir de 792, torna-se secretário do imperador e escreve seu panegírico, valendo-se de recordações pessoais e de uma abundante documentação, composta de documentos oficiais e da correspondência de Carlos Magno. Serve-se também de seu conhecimento dos historiadores da Antiguidade, confrontando as informações recolhidas sobre Carlos Magno com os traços característicos dos imperadores romanos. Com essa obra, delineia-se uma história profana, o que era raro na época;

---

7 Heinzelmann. In: Actes du Colloque International de Reims, *Histoires de France, historiens de France*, p.43.

A história

contudo, ela exemplifica o projeto comum de reis e bispos, naqueles tempos carolíngios, de executar um amplo projeto político e religioso.

É nesse contexto que se multiplicam os textos de *gesta episcoporum* (listas episcopais). Esse gênero, próximo e distinto das genealogias, pretende descrever as linhagens episcopais, instituindo a família do bispo. Os *gesta* torna o bispo em exercício descendente direto do fundador santificado da igreja local. Assim, os lugares de memória veem-se solidamente enraizados e legitimados quando os episcopados se revelam fundados pelos Apóstolos, instituídos por Cristo e pelos mártires. Essa vontade de chegar aos tempos apostólicos, nova no século IX, é o objetivo dos *gesta*. Outra analogia que aproxima esse gênero às genealogias é a maneira como os *gesta* instituem a *familia* do bispo. Este não só tem o título de pai, mas preenche de fato certo número de funções paternas, alimentando a família, abrigando-a e protegendo-a; ele "gera" os pagãos para a verdadeira vida e manifesta que ele é "fecundo do Espírito Santo" quando efetua as ordenações.

Michel Sot estudou um desses historiadores, um cônego do século X, autor de um dos mais ricos *gesta episcoporum*, Flodoardo de Reims.[8] Flodoardo foi beneficiado pelo cuidado de seu antecessor, o célebre arcebispo Hincmar, em manter arquivos bem conservados, classificados e atualizados. Assim, ele pôde reconstituir por esses arquivos toda a genealogia dos bispos de Reims desde a Gália merovíngia, com um modelo acabado, o de Hincmar, para o qual a autoridade da Igreja é uma e indivisível, é Roma. Sua história, essencialmente demonstrativa, é a história da grandeza, do prestígio e da santidade dos arcebispos. No século X, quando Flodoardo escreve, vive-se um tempo de desordem, o poder da Frância enfraquece com a multiplicação de castelos e fortalezas. Flodoardo apela para

---

8 Cf. Sot, *Flodoard de Reims.*

a memória dos habitantes de Reims em troca de um projeto da mesma dimensão do de Hincmar. Outro desafio é resistir ao domínio do poder régio ou imperial. Segundo Flodoardo, o arcebispo deve permanecer independente. Segundo Michel Sot, esboça-se por trás dessa cesura entre um poder sagrado e um poder real dessacralizado, o modelo futuro da reforma gregoriana do século XI, ou seja, a vontade de separação radical do que pertence à Igreja e do que pertence ao mundo laico, a partir de uma visão do mundo dominada pelos eclesiásticos.

## À sombra dos mosteiros

A partir da época carolíngia, porém, o bispo está ocupado demais para tratar de história e é substituído pelos mosteiros. Nem todos são centros historiográficos, já que muitos monges não sabiam escrever e muitos mosteiros não contavam com um *scriptorium*. Mas certo número de mosteiros beneditinos torna-se a joia da historiografia. A abadia de Fleury, fundada em 645, torna-se, no fim do século X, o principal centro francês de produção histórica e faz escola. Possui as relíquias do corpo de São Bento. O trabalho histórico orienta-se para uma crônica dos primeiros abades de Fleury, iniciada por Aimoíno e prosseguida por Helgaldo e André de Fleury. A influência geográfica da abadia é tamanha que esses estudos deram origem às *Grandes crônicas de França*. Levaram no começo do século XII à obra-prima de Hugo de Fleury, com sua *Historia Francorum*.

Em Cluny, no século XI, Raul Glaber (985-1047) decide organizar suas recordações depois de várias viagens para compreender o lugar de seu tempo rumo à Jerusalém celeste. Desenvolve nos cinco livros de suas *Histórias* uma concepção cristã e monacal da ordem do mundo, em harmonia com a mentalidade do ano 1000.[9] Raul Glaber propõe uma periodização

---

9  Cf. Duby, *L'an mil.*

# A história

integrada numa história orientada para a vinda do Anticristo e o retorno de Cristo. Convém aguardar, preparar-se, e cabe aos monges dar o exemplo de sabedoria, com seu sacrifício. Devem manter-se distantes da literatura profana, concentrar-se no estudo das Escrituras e na oração. Em Glaber, isso resulta numa história não lógica, mas analógica, em estreita ligação com o plano de Deus. Tudo é construído de acordo com a quaternidade divina. O quadrado do claustro ou do transepto e os quatro Evangelhos permitem recuperar neste mundo o plano perfeito da divindade. A adequação é plena entre o mundo terreno e o mundo celeste, e o jogo de correspondências pode ser lido pelos Evangelhos:

> Assim, em toda parte, distinguimos uma estrutura semelhante à estrutura espiritual dos Evangelhos: o Evangelho de Mateus contém uma figura mística da terra e da justiça, pois mostra mais claramente que os outros são a substância da carne de Cristo feito homem. O Evangelho segundo Marcos oferece uma imagem da temperança e da água, mostrando a penitência purificadora que decorre do batismo de João...[10]

As manifestações dos mistérios são onipresentes, visíveis, tangíveis em diversas formas, quer no poder taumatúrgico dos reis, quer no dos corpos santos, quer na multiplicação dos milagres.

Mas o tempo de Glaber é o de uma mutação difícil, que se manifesta por toda uma série de desordens, tanto cósmicas – com os cometas e os eclipses – quanto biológicas – com a proliferação de epidemias e fome –, mas também espirituais, como a simonia, as heresias e a presença de Satanás, que o próprio Glaber encontra três vezes ao acordar. O alerta representado pelo acúmulo de todos esses sinais de desarranjo é

---

10 Glaber, *Histoires*, I, 2-3.

claro e implica, segundo Glaber, penitenciar-se, despojar-se, escolher a ascese, como os monges. O fato de escrever a história faz parte dessa aspiração à redenção coletiva, para recuar as forças do mal e preparar a nova primavera do mundo. Glaber vê na multiplicação das igrejas o novo batismo despontar no horizonte. A cristandade liberta-se do velho homem e veste o traje nupcial, a "branca veste", equivalente à dos homens de Deus. Ele anuncia, assim, a nova era das peregrinações, das assembleias de Deus e das missões que preparam as futuras Cruzadas, tanto mais que a trégua de Deus limita o exercício das armas e o concílio de Narbona, em 1054, proclama "que nenhum cristão mata outro cristão". A finalidade de sua história é celebrar, segundo uma interpretação muito estritamente pro-videncialista do tempo humano, a glória de Deus: "Declarou o Salvador que até a última hora do último dia, com a ajuda do Espírito Santo, Ele fará surgir novos acontecimentos em união com seu Pai".[11]

## As fontes do historiador na Idade Média

As fontes do historiador situam-se, então, no cruzamento do que ele viu, ouviu e leu. Na tradição grega, aquele que sabe é o que "viu", a testemunha. Ver é saber, e considera-se que as melhores narrativas vêm das testemunhas oculares. Como complemento à visão direta, o historiador dispõe da tradição oral, da coletânea dos testemunhos dos atores. Assim, o grande historiógrafo das Cruzadas, Guibert de Nogent, jamais foi ao Oriente. Ele conta que teve a ideia de escrever uma história das Cruzadas no momento em que, depois da tomada de Jerusalém, em 1099, alguns cruzados, de volta do Oriente Próximo, começaram a fazer relatos. Assinala aos eventuais críticos que lhe censurarem não ter ido a Jerusalém que não se

---

11 Ibid., I, 2.

pode acusá-lo de não ter ouvido as testemunhas dos fatos que ele relata.

Mas as fontes privilegiadas nesses tempos medievais são as fontes escritas e, entre elas, a Bíblia latinizada. O pai da história não é mais Heródoto ou Salústio, mas Moisés, e o corpo bíblico é fonte de constante inspiração, inúmeras citações e aproximações analógicas. Assim, Carlos Magno torna-se o equivalente de Davi, e Maomé ocupa o lugar de Ciro. Quanto a Godofredo de Bulhão, ele encarna a figura de Judas. No século IX, Paulo Diácono explica que o importante é sempre frisar a prioridade da fonte bíblica. Convém submeter-se às Escrituras, e toda a história profana é absorvida na história "santa". Além do recurso bíblico, o *corpus* de arquivos diversifica-se e torna-se cada vez mais abundante nos mosteiros, com o emprego dos diplomas, da correspondência e da redação de anais, nos quais são registrados os fatos do dia a dia em ordem cronológica.

Com o desenvolvimento urbano e a afirmação dos Estados nacionais nos séculos XIV e XV, as administrações multiplicam os depósitos de arquivos e começam a classificá-los. Por volta do século X, o historiador também dispõe de algumas bibliotecas ainda pouco numerosas e pobres. A biblioteca da catedral de Estrasburgo possuía apenas cinquenta volumes em 1027, e a de Notre-Dame de Paris tinha algumas dezenas de volumes no século XIII. Os livros encontram-se em maior número nas bibliotecas dos mosteiros, como em Fleury, que contava com até trezentos volumes no fim do século XI, número excepcional para a época.

## A história-Providência: Bossuet

Bossuet (1627-1704) ocupa um alto cargo na cúpula do Estado como preceptor, responsável pela educação do Grande Delfim, filho de Luís XIV. Ele escreve, com fins pedagógicos, o *Discurso da história universal*, publicado em 1681 e concebido como uma série de lições acerca da filosofia da história. Segundo Bossuet, a história é fruto da vontade divina, e cabe ao historiador descrever esse desígnio providencial:

> Como a religião e o governo político são os dois pontos sobre os quais giram as coisas humanas, ver o que diz respeito a essas coisas contido num compêndio e descobrir por intermédio disso toda a sua ordem e toda a sua sequência é compreender no pensamento tudo o que há de grande entre os homens e segurar, por assim dizer, o fio de todos os negócios do universo.[12]

O *Discurso* subdivide-se em três partes. Em primeiro lugar, "as épocas" expõem os doze períodos sucessivos desde a criação, situada em 4004 a.C., até o reinado de Carlos Magno. Todos os encadeamentos têm a marca de Deus, do destino providencial. Escreve Bossuet:

> Esses impérios têm em sua maioria uma ligação necessária com a história do povo de Deus. Deus se serviu dos assírios e dos babilônios para castigar esse povo: dos persas para restabelecê-lo [...]. Os judeus permaneceram até Jesus Cristo sob o poder dos mesmos romanos. Quando o desconheceram e crucificaram, esses mesmos romanos contribuíram sem saber para a vingança divina e exterminaram aquele povo ingrato.[13]

Em segundo lugar, o *Discurso* comporta uma subdivisão dedicada à "Continuação da religião", a parte mais longa, com 31 capítulos, cujo objetivo é mostrar "a religião sempre uniforme, ou melhor, sempre a mesma, desde a origem do mundo:

---

12  Bossuet, *Discours*, prólogo.
13  Ibid., terceira parte, cap. 1.

sempre se reconheceu o mesmo Deus como autor e o mesmo Cristo como salvador do gênero humano".[14]

Com essa demonstração, Bossuet participa de uma controvérsia com as teses de Spinoza, que, com seu *Tratado teológico-político* (1670), rejeita a autoridade eclesial, bem como com as teses do filólogo oratoriano Richard Simon, que tentou desvendar o mistério da origem dos livros sagrados, aplicando-lhes os métodos da Filologia e da Diplomática. Bossuet insurge-se contra tal tentativa de banalização do texto sagrado: "Sendo a Escritura de origem divina, não temos o direito de tratá-la como texto meramente humano".[15]

Em terceiro lugar, Bossuet dedica-se à história dos "impérios", tentando mostrar a lei comum da mortalidade, própria das coisas humanas. A sucessão de impérios é regulada pela Providência. Bossuet afirma a ação onisciente de Deus sobre o curso dos acontecimentos numa verdadeira teodiceia, em que, como teólogo que é, ele imprime um curso inflexível à direção seguida pelo passado:

> Assim, quatro ou cinco fatos autênticos e mais claros que o Sol revelam que nossa religião é tão velha quanto o mundo. Mostram, por conseguinte, que não tem outro autor senão Aquele que fundou o universo, que, tendo tudo em sua mão, pôde sozinho começar e conduzir um plano em que todos os séculos estão incluídos.[16]

Cabe à realidade curvar-se ao esquema providencial e, quando ela parece contradizer a lógica, nossa percepção é que deve ser questionada, pois nossas paixões nos desorientam.

---

14  Ibid.
15  Id. apud Barret-Kriegel, *La défaite de l'érudition*, v.2, p.250.
16  Ibid., p.31.

## A Providência segundo Vico

Outro grande defensor do providencialismo, um autodidata do início do século das Luzes na Itália napolitana, Giambattista Vico (1668-1744), ambiciona conseguir uma autêntica demonstração histórica e filosófica da Providência. Filho de camponês que se tornou livreiro, preceptor e depois titular da cátedra de eloquência latina na universidade, participa da vida literária da época em todas as suas dimensões, sem sair de certo isolamento: "A solidão de Vico em seu tempo era muito real. Podemos compará-la à solidão de Baruch Spinoza no seu".[17] Esse isolamento está ligado à recusa em pensar uma história profana desligada da história sagrada. Ele pretende unificar esse dualismo pela Providência, que, segundo Vico, permite pensar conjuntamente a racionalidade e a moralidade que se situam na história sagrada, ao passo que a história profana se desenvolve num fundo de desordem, violência e injustiça.

Recusando o método dedutivo, que vai da lei geral à lei singular, segundo o método cartesiano, Vico pretende recuperar a particularidade da experiência vivida, devolvendo ao provável todo o seu espaço. Assume como tarefa explorar a cultura multidimensional de seu tempo, tendo como instrumento de inteligibilidade a própria história, pois cada cultura só pode ser compreendida em sua época singular.

Vico mantém-se em constante tensão entre a preocupação de restituir a particularidade de cada sociedade, que só o procedimento histórico pode discernir, e a vontade de unificação da pluralidade no âmbito da Providência, que continua sendo o horizonte de sua pesquisa, como indica o título de seu livro *Princípios de uma ciência nova relativa à natureza comum das nações*, publicado em 1725. Para Vico, essa Providência divide-se em dois painéis, em duas leis que governam seu curso. Ele

---

17  Momigliano, *Problèmes d'historiographie anciene et moderne*, p.295.

# A história

vê o desenrolar-se da história como a sucessão das três idades da humanidade:

> Esboçaremos a história ideal que a história das nações seguiu; veremos que, apesar da variedade e da diversidade dos costumes, essa evolução teve uma perfeita uniformidade e percorreu as três etapas pelas quais o mundo passou: a idade dos deuses, dos heróis e dos homens.[18]

À era das sociedades patriarcais, marcadas pela onipresença dos deuses, seguem-se as sociedades aristocráticas, caracterizadas pela presença dos heróis, e, por fim, surge a sociedade dos homens, que é também a da ciência e da filosofia. Seu esquema histórico é movido, portanto, por um processo de emancipação, de realização progressiva escandida por etapas, que fazem o homem passar da animalidade para a maturidade. A Providência está sempre presente para garantir o sucesso dessa emancipação: "Como os bárbaros não poderiam passar sem auxílio da imaginação para a razão, a autoridade da Providência foi reafirmada com isso. A Providência ensinava aos pagãos das épocas primitivas o uso da razão e, afinal, a verdadeira compreensão de Deus".[19]

A segunda lei, necessária para pensar conjuntamente a individualidade e a Providência, é a lei dos *ricorsi*, ou seja, do retorno regular da humanidade a suas origens, que "constitui a beleza, a graça eterna da ordem estabelecida pela Providência".[20] A história, portanto, não evolui como um processo linear, mas em espiral no âmbito da Providência. Cristão, Vico aceita a ideia da queda e, humanista, concebe a de um possível declínio.

Um século depois, os românticos redescobrem Vico com entusiasmo. Michelet foi seduzido pela abordagem histórica de

---

18  Vico, *Principes*, p.363.
19  Momigliano, op. cit., p.306.
20  Ibid., p.452.

Vico, a ponto de lhe dar uma tradução francesa, publicada em 1827. Dilthey fez dele um precursor da hermenêutica historicista e Momigliano atribui-lhe um lugar excepcional: "Vico não é só um precursor, é também um guia na interpretação de seus sucessores. Em relação a eles, sua situação lembra a dos manuscritos do Mar Morto em comparação com os Evangelhos".[21]

## A história cosmopolita: Kant

Distante da ideia de uma Providência divina em ação na história e ao mesmo tempo em continuidade com a ideia de um *télos* em ação numa história finalizada ao redor da ideia de progresso, a filosofia iluminista deseja pensar o caráter racional do processo histórico. A chave desse pensamento é essa marcha contínua da sociedade na direção de mais progresso, num amplo processo de emancipação da humanidade. A história é, então, a exemplificação dessa marcha da razão na direção de uma transparência cada vez maior. Ela é o principal recurso pelo qual se realiza a figura da razão como instrumento da liberdade e da perfectibilidade humana em escala universal.

É esse o sentido da intervenção do filósofo Emmanuel Kant (1724-1804) no campo da história num texto publicado em 1784, "A ideia de uma história universal de um ponto de vista cosmopolita". Kant se empenha em descobrir certo número de categorias estruturantes de uma ordem que subsuma a desordem contingente a fim de descobrir o jogo da liberdade do querer humano.

[A história] poderá descobrir aí um curso regular e, assim, o que nos sujeitos individuais nos impressiona por sua forma confusa e irregular poderá, contudo, ser conhecido no

---

21  Ibid., p.320.

conjunto da espécie com o aspecto de um desenvolvimento contínuo, embora lento, de suas disposições originais.[22]

## O modelo das ciências da natureza

Como mostra Monique Castillo, Kant elabora um conceito de história universal segundo o método de uma teoria geral da natureza: "É como naturalista que Kant aborda a história política".[23] Na medida em que a filosofia da natureza é guiada pelo princípio mecânico, a história vista como natureza deve ser considerada segundo um princípio de geração mecânica, segundo uma teleologia que designa em Kant o próprio método de estudo da natureza, para revelar seus princípios de unidade e coerência.

Segundo Kant, portanto, a história cosmopolita é concebida à maneira de um sistema de corpos celestes, e sua referência é o modelo astronômico. Mas, a essa unidade que é a história da humanidade, Kant dá uma direção que é a da realização progressiva do direito dos homens. Essa abordagem naturalista da história revela uma tensão interna entre condicionamento natural e liberdade individual própria das teses kantianas e suscita a controvérsia entre dois tipos de interpretação das teses kantianas sobre a história.

Uma leitura finalista, instrumentalista e holista de Kant entende a teleologia kantiana como uma prefiguração da dialética hegeliana e marxista. Tende a ver a história como a efetuação do gênero humano, elevado à condição de verdadeiro sujeito da história, em detrimento dos indivíduos. Essa é a leitura de Hannah Arendt, quando identifica o progresso com uma versão puramente naturalista da história. Inúmeras proposições de

---

22  Kant, L'idée d'une histoire universelle au point de vue cosmopolitique. In: _____, *La philosophie de l'histoire*, p.26.

23  Castillo, *Emmanuel Kant*. p.19.

Kant vão nesse sentido, como a "segunda proposição" da "Ideia de uma história universal de um ponto de vista cosmopolita", segundo a qual "no homem (como única criatura razoável sobre a terra), as disposições naturais que visam o uso da razão não devem ter recebido seu desenvolvimento completo no indivíduo, mas apenas na espécie".[24] Ou também sua "oitava proposição", segundo a qual:

> podemos considerar a história da espécie humana em geral como a realização de um plano oculto da natureza para produzir uma constituição política perfeita no plano interior e, em função dessa meta a atingir, também perfeita no plano exterior; esse é o único estado de coisas em que a natureza pode desenvolver completamente todas as disposições que ele pôs na humanidade.[25]

Monique Castillo, porém, recusa essa interpretação, contrária às teses kantianas, que jamais valorizaram a força vital da espécie e têm o cuidado de distinguir as causas ocasionais materiais e as causas finais do desenvolvimento das disposições: "Comete-se um erro, portanto, quando se entende a finalidade natural de maneira instrumental e não de maneira final".[26] Kant não visa a assumir uma concepção instrumental da finalidade, mas defender uma concepção final da finalidade. Sua concepção da história é realmente teleológica, mas como naturalismo humanista, ou seja, uma natureza que tem o gênero humano como fim e não como meio. Essa faculdade a que Kant se refere é a inteligência, e esta não é um dado: deve ser exercida segundo a razão e liberdade, na medida em que, como escreve Fichte: "Todo animal é o que é, só o homem originariamente não é nada".[27]

---

24  Kant, op. cit., p.28.
25  Ibid., p.40.
26  Ibid., p.25.
27  Fichte apud Philonenko, *La théorie kantienne de l'histoire*, p.87.

A história

## O horizonte histórico segundo Kant

Do mesmo modo, Kant contrapõe ao destino do animal, que se torna o que é, a perspectiva histórica da humanidade, que, por um processo sintético em que escapa ao nada, alcança a existência. Qual é o motor de propulsão desse movimento? Kant indica uma razão negativa no fato da falta de subsistência (terceira proposição), mas há outra, positiva, que constitui a "quarta proposição": "O meio de que a natureza se serve para levar a cabo o desenvolvimento de todas as suas disposições é seu antagonismo dentro da sociedade, na medida em que esta é, afinal, a causa de uma ordenação regular dessa sociedade".[28]

Movido por paixões que o levam ao excesso e a uma forma de associabilidade da sociabilidade, o homem tomado por suas paixões ilusórias "vê-se embarcado na existência".[29] Nesse sentido, segundo Kant, a natureza, Deus ou a Providência conduzem o homem no caminho da história. Mas não se pode deixar que as paixões se desencadeiem, e daí a "quinta proposição" de Kant: "O problema essencial para a espécie humana, aquele que a natureza obriga o homem a resolver, é a realização de uma sociedade civil que administre o direito de maneira universal".[30] Para garantir uma sociabilidade reguladora, o homem encontra, então, o direito, único capaz de impedir a alteração da liberdade de outrem.

Na medida em que "o homem abusa por certo de sua liberdade em relação a seus semelhantes",[31] ele precisa de um senhor que estabeleça limites para sua vontade singular, e Kant vale-se da imagem luterana da curvatura para mostrar a

---

28 Kant, op. cit, p.31.
29 Philonenko, op. cit., p. 92-3.
30 Kant, op. cit., p.33.
31 Ibid., sexta proposição, p.34.

dificuldade de arquitetar algo reto com madeira curva. O encaminhamento histórico do homem é tender dessa curva para o reto. Mas a razão histórica não pode servir por si só de guia, pois o homem é feito de madeira tão nodosa que não consegue seguir a linha reta da moral.

Sendo a solução perfeita impossível e o equilíbrio ineluctavelmente precário, resta defender o caráter aberto da historicidade na direção de um ponto de vista cosmopolita. É o sentido da "sétima proposição": "O problema do estabelecimento de uma constituição civil perfeita está ligado ao problema do estabelecimento de relações regulares entre os Estados e não pode ser resolvido independentemente deste".[32] Levando em conta a disjunção inevitável entre a instância teórica e a experiência prática, Kant enuncia o que tem *status* de horizonte de expectativa, situando o fim possível do estado de guerra e, de maneira profética, diz até o nome da organização internacional que reunirá as nações depois da Primeira Guerra Mundial: SDN. "Sair do estado anárquico de selvageria para entrar numa sociedade das nações. Ali, cada um, mesmo o menor dos Estados, poderia alcançar a garantia de sua segurança e de seus direitos".[33] Kant confirma essa esperança num texto de 1795 sobre o projeto de paz perpétua.

A nona e última proposição de Kant visa à essência da história como desígnio da natureza: "uma tentativa filosófica para tratar a história universal segundo o plano da natureza, que vise a uma unificação política total na espécie humana, deve ser vista como possível e até vantajosa para esse plano da natureza".[34] Portanto, Kant define um horizonte de esperança para o homem que encontra sua justificação num procedimento transcendental, guardião da história concreta.

---

32 Ibid., p.35.
33 Ibid., p.36.
34 Ibid., p.43.

A história

## A noção de cidadania

Kant desenvolveu uma tese sobre a história cujo *organon* é a teleologia e cujo ator é o cidadão, segundo Gérard Raulet.[35] Sua concepção transcendental da história distingue-se e recusa tanto a historiografia empírica quanto o ponto de vista teológico. A história como "Geschichte", tal como a entende Kant na "Ideia de uma história universal de um ponto de vista cosmopolita", distingue-se da história como simples narrativa de fatos empíricos (*Historie*). Por sua vez, sua concepção do cosmopolitismo não se opõe, segundo Gérard Raulet, ao nacionalismo, mas procura, ao contrário, articular essas duas dimensões de acordo com uma "faculdade das passagens", que reúne sem unificar e distingue sem separar as diferenças entre as identidades nacionais:

> Kant manifesta-se com muita clareza contra uma forma de cosmopolitismo que desdenhe tudo o que esteja ligado a considerações antropológicas ou teleológicas: contra a mistura dos caracteres nacionais por absorção de um Estado por outro e contra qualquer fusão orgânica dos Estados-nações que, sendo realidades jurídicas e territoriais, possuem cada um uma identidade própria.[36]

## A razão e a contingência na história: Hegel

### As astúcias da razão

O horizonte histórico de Hegel (1770-1831) pertence unicamente ao registro da filosofia, na medida em que trata do

---

35 Raulet, *Kant.*
36 Ibid., p.243-4.

processo de autorrealização do Espírito. Contudo, ele substitui a história linear do progresso por uma filosofia da contradição. O percurso dialético daí decorrente pressupõe uma visão unitária do Espírito por meio de suas concretizações múltiplas. A matéria histórica lhe oferece um lugar privilegiado de inscrição e realização. Partindo do postulado de que o real é racional, o espírito do mundo age num desenvolvimento cuja efetuação escapa aos atores. Todo momento histórico é permeado de uma contradição interna que lhe dá seu caráter singular, ao mesmo tempo que prepara sua superação potencial num novo momento.

É esse trabalho da contradição endógena do sistema que é alçado a motor da história, porque é a partir daí que se origina o processo histórico em si. O Espírito ou a Razão serve-se dessas configurações singulares para realizar seu projeto:

> O Espírito particular de um povo pode declinar, desaparecer, mas forma uma etapa na marcha geral do Espírito do mundo, e este não pode desaparecer. O Espírito de um povo é, portanto, o Espírito universal numa figura particular que lhe é subordinada, mas que ele deve assumir na medida em que existe, pois com a existência aparece também a particularidade.[37]

Os homens acreditam fazer a própria história, ao passo que ela caminha atrás deles, sem que eles saibam, segundo a famosa ideia da astúcia da Razão: "Podemos chamar de *astúcia da Razão* o fato de que ela deixa que as paixões ajam em seu lugar, de modo que só o meio pelo qual ela chega à existência sofre perdas e prejuízos".[38]

Cada ator acredita realizar suas paixões, ao passo que apenas executa, contra sua vontade, um destino mais vasto que

---

37  Hegel, *La raison dans l'histoire*, p.82.
38  Ibid., p.129.

## A história

o engloba: "Cada indivíduo é um elo cego na cadeia da necessidade absoluta pela qual o mundo se cultiva".[39] Pode acontecer de um indivíduo, um Estado, uma nação encarnar esse Espírito em ação na história. Quando o mal explode com fúria e triunfa com seu quinhão de violências, a realização da Razão não é afetada duradouramente: "Os indivíduos desaparecem diante da substancialidade do todo e este forma os indivíduos de que precisa. Os indivíduos não impedem que aconteça o que deve acontecer".[40] Apesar de Hegel considerar o trágico e a guerra, o mal, mesmo não sendo a musa da história, nem por isso deixa de ser sua astúcia. Podemos ser tentados, como Luc Ferry, a considerar a filosofia hegeliana da história como a negação da contingência.[41] Segundo ele, essa filosofia da história é determinista, já que "os acontecimentos históricos estão indissolúvel e necessariamente ligados uns aos outros".[42]

## Hegel revisitado: um espaço maior à contingência

Bernard Mabille, ao contrário, insiste no lugar eminente da contingência na obra de Hegel.[43] Considera ilegítimo, por três razões, o qualificativo de determinista: em primeiro lugar, esse qualificativo é reservado, em Hegel, aos fenômenos da natureza; em segundo lugar, se houvesse determinismo, haveria capacidade de predizer; e, por fim, a necessidade exterior em Hegel é ela mesma contingente: "Embora, para Hegel, a história seja a dos povos que encarnam um momento da manifestação da Ideia, nunca se trata de deduzir numa mesma

---

39  Id. apud Hondt, *Hegel, philosophie de l'histoire vivante*, p.206.
40  Hegel, op. cit., p.81.
41  Cf. Ferry, *Philosophie politique*, v.2.
42  Ibid., v.2, p.55.
43  Mabille, *Hegel.*

cadeia o conjunto dos povos que existem e existiram".[44] Para Hegel, a idealidade do finito é justamente sua contingência, como é o caso da noção de "tribunal" da história, que aparece nos *Princípios da filosofia do direito* e na *Enciclopédia*. Ela não remete nem a uma instituição concreta, como em Kant, nem a uma justiça imanente de Deus: "Essa história é um tribunal porque, em sua universalidade em si e para si, tudo o que é particular, os penates, a sociedade civil, os espíritos dos povos em sua realidade tão multicolorida, só existe de maneira ideal".[45] Resta encontrar uma articulação entre a exterioridade da Ideia, a racionalidade e a contingência histórica, que continua sendo um horizonte aporético do pensamento hegeliano da história.

Se o Espírito do mundo parece agir sem o conhecimento dos indivíduos, em razão de uma finalidade que lhes é exterior, segundo o esquema das astúcias da Razão, Bernard Mabille alerta contra a simplificação, assinalando dois indícios perturbadores. Segundo ele, quando Hegel define o Espírito – "O Espírito, isto é, nós mesmos, os indivíduos ou os povos"[46] –, essa definição é um convite a abandonar o esquema segundo o qual a história em Hegel seria apenas um teatro em que o manipulador das marionetes permanece escondido, agindo sem o conhecimento dos atores. Mais ainda, a "astúcia da Razão" só pode ser entendida como processo imanente e objeto de um saber em consequência do qual "fazer da teoria da astúcia da Razão a atividade oculta de uma Razão ou de um Espírito do mundo personificados, de um mau demiurgo que se empenha em humilhar a contingência individual, é um contrassenso".[47]

Uma vez admitida a contingência na abordagem hegeliana da história, resta saber como ela se articula com a racionalidade. Em primeiro lugar, esta deve ser dotada de um sentido: a con-

---

44  Ibid., p.155.
45  Hegel, *Principes de la philosophie du droit*, §341.
46  Hegel, *La raison dans l'histoire*, p.73.
47  Mabille, op. cit., p.167.

# A história

tingência não pode ser reduzida ao inessencial, pois pensar a história significa "acolher o inesperado do contingente, arriscando uma palavra a seu respeito que seja compromisso para a realização de um sentido", como afirma Pierre-Jean Labarrière.[48] Dotada de um sentido, a contingência histórica pode ser pensada, então, em ligação com a eternidade da razão, como convida Hegel na introdução das *Lições sobre a filosofia da história*, em 1820, o que implica partir novamente da concepção hegeliana do tempo, que se distingue da concepção transcendental do tempo em Kant: "Mas não é no tempo que tudo se produz e se passa, mas o tempo é esse devir, essa produção e esse aniquilamento, a abstração existente, *Kronos*, que gera tudo e destrói tudo que procriou".[49]

O tempo é vinculado, assim, à realidade; não é um receptáculo vazio, mas, como em Aristóteles, está em tudo. É o conceito que está aí e cujo modo de ser é ao mesmo tempo um modo do desaparecer. Ao contrário da leitura kojeviana, que fez de Hegel o pensador da necessidade, Mabille, como outros leitores atuais,[50] pretendem mostrar que Hegel é um pensador da liberdade, para o qual a história não é nem a revelação transparente do Absoluto nem o espetáculo absurdo de violências, manipulado por um princípio supremo e exterior, mostrando, assim, que "a necessidade do conteúdo só pode ser expressa na contingência de nossas lógicas".[51]

## Abandonar a leitura de Kojève

O "renunciar a Hegel" de Ricoeur em *Tempo e narrativa* deve ser entendido, portanto, mais como a renúncia à leitura

---

48  Labarrière, La sursomption du temps et le vrai sens de l'histoire conçue, *Revue de Métaphysique et de Morale*, n.1, p.97.

49  Hegel, *Encyclopédie*, §258.

50  Cf. Jarczyk; Labarrière, *De Kojève à Hegel*.

51  Mabille, op. cit., p.368.

que Kojève fez de Hegel. Isso implica um duplo descentramento, constituído da contestação do eurocentrismo como encarnação da história em marcha rumo a um *télos* já realizado pelo estruturalismo, bem como das lições que se devem tirar do genocídio cometido pelos nazistas em plena civilização ocidental e que só podem levar a um questionamento radical do otimismo da leitura de Kojève. No entanto, o triunfo da Razão e do conceito em Hegel é pago ao alto preço da redução à contingência da acontecimentalidade histórica e da narratividade, algo que Ricoeur não pode endossar: "Essa equação da efetividade da presença marca a abolição da narratividade na consideração pensante da história".[52] Hegel não atribui muita importância ao rastro do passado. Ele mais dissolve do que resolve "o problema da *relação* do passado histórico com o presente".[53] A tentação hegeliana esbarra sobretudo na impossível mediação total. Nesse sentido, Ricoeur considera um acontecimento crucial do século XX a perda da credibilidade da filosofia hegeliana da história. O recalque do hegelianismo corresponde ao contexto histórico da morte do eurocentrismo, desde o suicídio político da Europa no início do século XX, em 1914. O conhecimento da pluralidade das partituras pelas quais a humanidade toca sua música não torna mais possível a totalização dos espíritos dos povos num só e único Espírito do mundo em ação na história. Além disso, a tripla relação entre passado, presente e devir só retém na dialética hegeliana um passado vivo no interior de um presente que o subsume num processo de abolição da diferença do presente com o passado.

Ao contrário da visão hegeliana, os interesses singulares dos indivíduos, dos Estados e dos povos aparecem hoje "como os *membra disjecta* de uma impossível totalização".[54] É esse acontecimento irredutível de nosso século, desencadeador de

---

52 Ricoeur, *Temps et récit*, t.3, p.360.
53 Ibid., p.364.
54 Ibid., p.371,

# A história

um verdadeiro êxodo para fora do hegelianismo, que necessita de uma inscrição diferente da consciência histórica numa hermenêutica definida como novo horizonte de um verdadeiro trabalho de luto, ao fim do qual passamos da noção de mediação total àquela, mais modesta, de mediação inacabada e, portanto, imperfeita.

O abandono dessa dupla aporia do pensamento do tempo pela narrativa, pelo tempo narrado, tem como quadro esse diálogo com Hegel, que postula uma espécie de equivalência entre linguagem e conceito em *Fenomenologia do Espírito*. A verdade encontra-se no ponto de conjunção de um movimento browniano constitutivo de uma totalidade: "A verdadeira figura em que a verdade existe só pode ser o sistema".[55] Ele é o ponto de chegada do movimento do Espírito. O deslocamento feito por Ricoeur é duplo: concede à linguagem um lugar central e mostra que a linguagem como objeto simbólico não se esgota quando é substituída pelo conceito. Não só a saturação do sentido não é garantida apenas pela conceitualização, como também algo irredutível escapa ao controle conceitual no já aí da ordem simbólica. Para reconstituir a riqueza dessa última, Ricoeur define no fim de sua trilogia uma hermenêutica da consciência histórica, com sua categoria fundamental de ser afetado pelo passado, graças a uma relação com o espaço de experiência colocado sob a égide "do conceito de iniciativa".[56] É essa outra via que Ricoeur define após atravessar o hegelianismo: a do símbolo que dá o que pensar, seguida da inserção na intriga, do paradigma narrativo.

O lado trágico do século XX é um desafio à filosofia e, segundo Ricoeur, o panlogismo hegeliano não pode superá-la por meio de sua integração numa totalização do sentido. Ricoeur pretende sobretudo desviar o pensamento filosófico da interpretação de Hegel dada por Kojève. Esta dominou am-

---

55 Hegel, *La phénoménologie de l'esprit*, t.1, p.8.
56 Ricoeur, op. cit., t.3, p.414.

François Dosse

plamente a introdução e a recepção de Hegel na França: "Ele teve como ouvintes, entre outros, Georges Bataille, Raymond Queneau, Gaston Fessard, Maurice Merleau-Ponty, Jacques Lacan, Raymond Aron, Roger Caillois, Éric Weil, Gurvitch, Raymond Polin, Jean Hyppolite e Robert Marjolin".[57] O "renunciar a" de Ricoeur implica, porém, uma apropriação de toda uma parte do pensamento hegeliano. Entre outras coisas, Ricoeur acredita que a reflexão hegeliana sobre a instituição e a moralidade objetiva pode ser salva. De fato, a mediação institucional permanece constitutiva da ética do sujeito e da passagem "da liberdade selvagem para a liberdade sensata".[58] O principal problema é saber como a liberdade passa a instituição. A partir de Hegel, Ricoeur fundamenta sua demonstração no acordo realizado entre a vontade coletiva e o exercício efetivo das instituições. Ele continua também muito hegeliano por sua preocupação com as mediações, por sua convicção de que não existe saber senão o reflexivo e convém livrar-se de qualquer tentação de um pensamento da imediatidade.

## Ser "kantiano pós-hegeliano"

Nesse sentido, Ricoeur situa-se no depois de uma interiorização de todo o procedimento hegeliano e define-se, aliás, como um "kantiano pós-hegeliano", retomando os termos de Éric Weil, de quem se sente muito próximo em sua maneira de interpretar a obra de Hegel para construir uma filosofia política.[59] O gesto filosófico comum a Weil e Ricoeur significa estabelecer as antinomias sem sua superação dialética, numa reconciliação dos contrários, como em Hegel. Eles mantêm a tensão da contradição até um ponto de paroxismo, que torna inelutável não

---

57  Jarczyk; Labarrière, op. cit., p.29.
58  Ricoeur, La philosophie et le politique devant la question de la liberté. In: Rencontres Internationales de Genève, *La liberté et l'ordre social.*
59  Cf. Weil, *Philosophie politique.*

a superação dos termos da contradição, mas o transbordamento destes por um deslocamento que permite ao pensamento tomar um novo ímpeto. O projeto de coerência visado por Weil não pode realizar-se num quadro sistemático, já que permanece tributário de uma releitura, de uma retrospecção, portanto de uma abertura interpretativa: "Coerência recorrente aberta ela mesma a várias interpretações, compreendidas entre os dois extremos de uma composição sinfônica que deixaria atitudes e categorias coexistirem em paz, sem se abolirem mutuamente".[60]

Tanto para Weil quanto para Ricoeur, o Estado não é simples apêndice do social, mas o verdadeiro fundamento do querer viver junto em instituições que permitem a organização da comunidade histórica, com seu duplo aspecto de grandeza e tragédia, de origem do direito e violência: "Ao alcançar o poder, um grupo alcança precisamente o universal concreto e supera-se como grupo particular; mas a racionalidade exercida por ele e a função universal assumida por ele coincidem com sua posição dominante".[61] Para retomar a expressão de Gilbert Kirscher,[62] a via de escape para a sabedoria, definida por Weil para sair da violência constitutiva da história, está próxima das considerações de Ricoeur, ainda que este se refira mais a Aristóteles acerca do julgamento prudencial e do desejo de uma boa vida.

## Fim ou fome da história?

### O saber absoluto

Hegel evoca o famoso tema do fim da história para concluir a *Fenomenologia do Espírito*. Mas não lhe dá o sentido que

---

60  Ricoeur, *Lectures I*, p.132.
61  Id., La philosophie politique d'Éric Weil. In: _____, *Lectures I*, p.107.
62  Kirscher, *La philosophie d'Éric Weil*.

Kojève lhe atribuiu: o de um encerramento, uma fase última da história. Esse tema significa, mais modestamente, que a história ideal da consciência é encerrada pelo saber absoluto. A utilização do tema de um crepúsculo da história encontra sua pertinência como tema hegeliano quando tomamos como *corpus* as aulas de Hegel sobre a filosofia da história, dadas em Berlim. De fato, em *A Razão na história*, Hegel escreve que a "história mundial vai de leste para oeste, porque a Europa é realmente o termo (*Ende*) dessa história e a Ásia é seu começo";[63] quando ele aborda, em *Lições sobre a filosofia da história*, sua própria época das Luzes, Hegel diz ter chegado "ao último estágio da história".[64] Trata-se, portanto, da história efetiva, e não de uma fenomenologia da consciência. A questão do "fim da história" foi sobretudo matéria para muitas leituras contraditórias da parte dos intérpretes de Hegel.

Sem dúvida, Nietzsche estigmatiza de maneira polêmica um Hegel para o qual "o ponto culminante e o ponto final do processo universal coincidiriam com sua própria existência berlinense".[65] Contudo, em 1906, Moses Rubinstein opõe-se a tal leitura, mostrando que a ideia de um fim da história entendido como estágio terminal contradiria o princípio lógico fundamental de Hegel, que é o desenvolvimento infinito da liberdade do espírito. Na França, na década de 1930, Kojève defendeu com firmeza a ideia do fim da história, baseando essa tese em sua leitura da *Fenomenologia do Espírito*. Ele considera o saber absoluto que conclui a obra de Hegel como o atestado de que "a própria história deve estar essencialmente acabada",[66] e, com o advento da Ciência, é a história que desa-

---

63  Hegel apud Bouton, [Hegel penseur de "la fin de l'histoire"?] In: Benoist; Merlini (orgs.), *Après la fin de l'histoire*, p.98.
64  Ibid., p.99.
65  Nietzsche, *Seconde considération intempestive*, p.148.
66  Kojève, *Introduction à la lecture de Hegel*, p.380.

# A história

parece, "a história detém-se".[67] Segundo Kojève, começa então uma pós-história, em que o homem está em pleno acordo com a natureza, sem outro futuro a não ser a perpetuação de uma vida natural a-histórica.

Ora, para Hegel o momento é intemporal e só sua figura real é temporal. "Se os momentos procedem de uma particularização ontológica da universalidade do espírito, as figuras são sua singularização ôntica no devir efetivo."[68] O espírito está ele mesmo nas figuras sempre diferenciadas de sua história. Sendo assim, o progresso histórico não poderia encontrar um ponto de parada em Hegel, mas uma leitura que privilegiasse um progresso ilimitado, tendendo de maneira assintótica para um fim absoluto jamais alcançado, não seria fiel à demonstração de Hegel. A história desenvolve seu processo segundo uma sucessão de épocas que formam, cada uma, uma totalidade em si. Cada uma dessas épocas traduz, portanto, a plenitude de um presente vivo: "O espírito conhece em cada época da história mundial um fim *absoluto*".[69] O ponto de parada, porém, só pode ser provisório, pois a totalidade é trabalhada pela negatividade no interior de um presente sempre em via de destotalização. Assim, como Bouton, podemos frisar que toda vez que Hegel fala de fim, de última fase, ele tem o cuidado de restringir seu sentido a um caso particular, acrescentando "para nós", "em nossos dias", "até agora".

No horizonte das diversas formas da consciência, a verdade situa-se, segundo Hegel, no saber absoluto, ou seja, no conceito. O saber absoluto deve seu conteúdo ao percurso do espírito, "pelo fato de ele ter a figura do conceito em sua objetalidade".[70] No fim desse percurso, a figura do tempo desaparece, na medi-

---

67 Ibid., p.419.
68 Vaysse, *Hegel, temps et histoire*, p.88.
69 Bouton, op. cit., p.101.
70 Hegel, op. cit., p.517.

da em que era apenas o hiato entre a representação e o conceito no pensamento hegeliano. O triunfo do conceito acarreta a queda do tempo: "Se o tempo é a potência cega da natureza, é também o destino do espírito, que exige fazê-lo cessar".[71] No saber absoluto, o espírito acaba seu desenvolvimento em figuras, e o sistema conceitual pode desenvolver-se em sua ordem lógica, substituindo a história.

## Confusão entre a história efetiva e a historicidade

Vemos realmente em Hegel a ideia de um fim da história. A confusão, porém, vem do fato de se pôr no mesmo plano a história efetiva e a historicidade que remete à circularidade do saber. Na *Fenomenologia do Espírito*, a história é ao mesmo tempo a trama efetiva dos acontecimentos e as condições transcendentais desses últimos. O saber absoluto não significa que nada mais acontece: "A supressão do tempo não significa de modo algum a a-historicidade do saber absoluto".[72] Segundo Jean-Marie Vaysse, o pensamento hegeliano da historicidade seria uma libertação da teleologia, segundo a qual a Ideia seria um além do qual nos aproximaríamos ao infinito, sem jamais alcançá-lo. O pensamento do tempo em Hegel, ao contrário, deve ser compreendido como pensamento do presente, combinando um ideal real e a Ideia, que assumiria uma figura perceptível neste mundo. Pensamento do presente efetivo, a essência do passado seria de fato o passado, mas enquanto permite uma totalização do todo do tempo. Se há mesmo um *télos* no pensamento hegeliano, ele não deve ser entendido como a intenção consciente de um fim a realizar, mas deve ser compreendido em sua acepção aristotélica, ou seja, enquanto mobilidade, enquanto atividade, "unidade do *ergon* e do *télos*,

---

71  Vaysse, op. cit., p.95.
72  Ibid., p.105.

da obra e do fim, soberana mobilidade que é ao mesmo tempo movimento e repouso".[73] Portanto, a teleologia hegeliana estaria mais próxima da efetuação da presença no sentido aristotélico do que de um providencialismo no sentido cristão, e a história seria a própria efetuação do movimento de atualização do espírito e não o efeito de uma causa exterior a si mesma. O espírito contém os momentos de um passado que não passou, pois "assim como passou por seus momentos na história, ele deve percorrê-los no presente – em seu próprio conceito".[74]

O saber absoluto segundo Hegel não deve, portanto, ser entendido da maneira como Alexandre Kojève o interpretou, ou seja, como um "absoluto do saber", que designaria seu estágio terminal. O que Hegel designa como "supressão do tempo" é o acesso à fase reflexiva de uma história verdadeira, que procede à releitura de seus momentos passados, concebidos "em sua coextensividade especulativa. Assim, a consciência filosófica só escapa ao tempo porque, nele habitando, descobriu a chave de sua interpretação como história".[75] O "saber absoluto" teria, portanto, uma função de abertura das condições de possibilidade de um desenvolvimento sensato da própria historicidade como o pôr em movimento da liberdade do homem e do mundo.

## Fukuyama

É na linhagem de Kojève que se inscreve o livro de Francis Fukuyama, *Fim da história e o último homem*, publicado em 1992 e que provocou um amplo debate, relançando o tema do "fim da história" em Hegel. Fukuyama transforma a democracia liberal na realização última do desenvolvimento da história da humanidade:

---

73 Ibid., p.119.
74 Hegel, *La raison dans l'histoire*, p.215.
75 Jarczyk; Labarrière, op. cit., p.226.

Aquilo cujo fim eu sugeria não era, é claro, a história como sucessão de acontecimentos, mas a história, isto é, um processo simples e coerente de evolução que levava em conta a experiência de todos os povos ao mesmo tempo. Essa concepção da história é muito próxima da do grande filósofo alemão G. W. F. Hegel.[76]

Fukuyama baseia sua demonstração na noção hegeliana de contradição, afirmando que já não há contradições importantes capazes de operar a destotalização do presente e provar uma situação histórica de natureza diferente à de nosso mundo liberal. Na falta de motor, a história teria chegado, portanto, à parada definitiva: "Hoje [...] temos dificuldade de imaginar um mundo que seja radicalmente melhor do que o nosso [...]. Não somos capazes de pensar um mundo que seja *essencialmente* diferente do mundo presente".[77] Nossa pós-modernidade, marcada por esse fim da história, já não teria, portanto, um horizonte de expectativa, e esta seria a característica de nossa consciência epocal:

> Foi num fundo de historicismo e, paradoxalmente, de messianismo histórico que perdemos o sentido da história. O paradoxo constitutivo de nossa (pós-)modernidade, na complementaridade inelutável de uma à outra, é que *a História mata a história.*[78]

A consciência de horizontes suprime o horizonte e transforma-o em miragem: "É por isso que o homem moderno é o *último* homem: a experiência da história tornou-o indiferente, desiludiu-se quanto à possibilidade de uma experiência direta

---

76 Fukuyama, *La fin de l'histoire et le dernier homme*, p.12.
77 Ibid., p.72.
78 Benoist, [La fin de l'Histoire, forme ultime du paradigme historiciste. In: Benoist; Merlini (orgs.),] op. cit., p.37.

A história

dos valores".[79] Jocelyn Benoist vê nessas teses a retomada contemporânea das religiões da história do século XIX, a expressão de uma forma última do paradigma historicista, acrescentando com humor que, como sempre, a segunda vez vira comédia e que "se enganam as filosofias que creem poder abrir mão de nossa contingência".[80]

# O materialismo histórico: Marx

## O primado das relações sociais de produção

Em 1846, Marx e Engels elaboram na *Ideologia alemã* as bases do materialismo histórico. A intenção é encontrar a atividade real do homem, e o trabalho é considerado elemento constitutivo de suas relações com o mundo: "O que os homens são coincide, portanto, com sua produção, tanto com o que produzem quanto com a maneira como produzem".[81] Marx faz do trabalho o elemento diferenciador da espécie humana em relação à natureza e é, portanto, na produção e nas relações sociais de produção que se encontram as chaves de inteligibilidade do processo histórico:

> Essa concepção da história tem por base, portanto, o desenvolvimento do processo real da produção; e isso partindo da produção da vida material imediata: ela entende a forma das relações humanas ligadas a esse modo de produção e geradas por ela, isto é, a sociedade civil em suas diferentes fases, como sendo o fundamento de toda a história.[82]

---

79  Fukuyama, op. cit., p.346.
80  Benoist, op. cit., p.59.
81  Marx; Engels, *L'idéologie allemande*, p.46.
82  Ibid., p.62.

A partir daí, a alienação, até então valorizada como obstáculo ao desabrochar do ser genérico do homem, torna-se um simples derivado das relações sociais. Marx critica a autonomia concedida à ideologia pela tradição filosófica: "A filosofia cessa de ter um meio em que ela existe de maneira autônoma".[83]

Quanto às relações sociais que determinam a historicidade de uma sociedade, elas são a produção dos meios que permitem satisfazer suas necessidades, mas outros elementos também contam, como a própria reprodução dos homens e, portanto, suas relações de parentesco. A história resulta, então, de uma dialética de transformação das relações sociais de produção e das forças produtivas, pois é a incompatibilidade, a contradição provinda de um desenvolvimento mais rápido das forças produtivas com a conservação das relações sociais em dado momento que altera o curso da história. Essa hipótese é desenvolvida por Marx sobretudo em *Contribuição à crítica da economia política*:

> Em certo estágio de desenvolvimento, as forças produtivas materiais da sociedade entram em contradição com as relações sociais de produção existentes ou, o que é apenas sua expressão jurídica, com as formas de propriedade dentro das quais elas haviam funcionado até então. De formas de desenvolvimento das forças produtivas que eram, essas relações passam a ser entraves. Inicia-se então uma época de revolução social.[84]

Dessas teses e da análise interna do funcionamento da sociedade moderna desenvolvida em *O capital*, no mais das vezes resultou uma leitura puramente economicista das teses de Marx sobre a história, privilegiando o que é chamado de tese do re-

---

83  Ibid., p.51.
84  Marx, *Contribution à la critique de l'économie politique*, p.4.

A história

flexo das instâncias superestruturais em relação aos fenômenos mais fundamentais das infraestruturas. Se tal reducionismo pode, de fato, apoiar-se em algumas fórmulas lapidares de Marx, na realidade esse último tem o cuidado de analisar o processo histórico diferenciando os fenômenos objetivos e sua parte subjetiva na passagem para a consciência de uma situação de existência e de luta comum e, portanto, no acesso de uma classe social em si a uma classe social para si. Se há mesmo em Marx uma origem material das representações, estas não são o derivado direto do que as funda. A representação transpõe a realidade sem exprimi-la de maneira direta, e cumpre levar em conta também as distorções, as defasagens de temporalidades que não seguem no mesmo ritmo e, sobretudo, as inércias próprias da evolução dos sistemas de representação. Na mente de Marx e Engels, essas representações são muito caóticas e incoerentes no mais das vezes; daí a importância da *práxis* política, que visa a dar mais visibilidade e unidade no processo de conscientização social.

## Uma análise concreta de uma situação concreta: o 18 de brumário

Nesse aspecto, a análise concreta de uma situação histórica concreta a que se dedica Marx em *O 18 de brumário de Luís Bonaparte* revela a importância dada por ele ao político, à contingência histórica: "consciente de não haver acordo espontâneo entre as temporalidades econômica e política, Marx deixa a última palavra para as 'circunstâncias' encarregadas de restabelecer a harmonia".[85] Sem dúvida, nessa análise histórica sobre a morte da Segunda República que se entrega a um imperador, Marx estabelece uma correlação constante entre interesses de classe e lutas políticas partidárias, mas também ressalta discordâncias possíveis, como a de uma aristocracia

---

85  Bensaïd, *Marx, l'intempestif,* p.46.

financeira que acaba por amaldiçoar a luta parlamentar levada adiante por um partido da ordem que deveria, porém, representar seus interesses: "assim, a burguesia industrial, em seu fanatismo pela ordem, estava descontente com as contínuas brigas entre o partido da ordem parlamentar e o poder executivo".[86] Marx vê em Bonaparte aquele que se opõe à burguesia como representante dos camponeses e do povo. Sua leitura da sociedade francesa em suas relações com o político é, portanto, singularmente complexa e contrasta com as futuras análises, ditas marxistas, em termos de simples reflexo.

Marx explica em sua famosa carta a Wedemeyer de 5 de março de 1852 que ele não inventou a noção de luta de classes como motor da história. Na verdade, descobriu essa centralidade ao ler aqueles que chama de historiadores burgueses e, em especial, a luta das raças de Augustin Thierry. Em contrapartida, especifica o que considera ter sido a contribuição de sua concepção da história:

> O que fiz de novo consiste na seguinte demonstração: 1) a existência das classes só está vinculada a certas lutas definidas, históricas, ligadas ao desenvolvimento da produção; 2) a luta de classes leva necessariamente à ditadura do proletariado; 3) essa ditadura constitui apenas o período de transição para a supressão de todas as classes e para uma sociedade sem classes.[87]

## Uma escatologia revolucionária

No entanto, se Marx passa pelo desvio da concretude histórica, a da positividade dos fenômenos históricos e sociais em seus aspectos mais contingentes, nem por isso ele deixa de

---

86  Marx, *Le 18 brumaire*, p.105.
87  Id., *Lettre à Wedemeyer*, 5 mar. 1852.

representar um pensamento teleológico que assume a forma de uma profecia escatológica voltada para o desaparecimento da sociedade de classes, para a transparência realizada pela sociedade comunista, à qual o *Manifesto do Partido Comunista* (1848) pretende conduzir. Há realmente uma linha diretriz de inteligibilidade que leva a humanidade na direção de uma ampliação dos intercâmbios, uma produção mais abundante, e que tira do estado de pré-história por etapas, das quais o comunismo parece ser o último estágio, depois da travessia do feudalismo e do capitalismo.

Essa ideologia histórica se atenua ao longo da obra de Marx, mas não desaparece de fato, pois é o ponto de apoio de toda a prática marxista e do horizonte de esperança que ela produz. No entanto, é nas obras de juventude que ela é mais marcada, como no *Manuscrito de 1844*, em que Marx descreve a história como um processo governado por uma finalidade que lhe é imanente:

> O comunismo, apropriação real da essência humana pelo homem e para o homem, a verdadeira solução da luta entre existência e essência, objetivação e afirmação de si, liberdade e necessidade, indivíduo e gênero. Ele é o enigma resolvido da história e conhece-se como tal solução.[88]

## O processo histórico sem sujeito: Althusser

### Salvar Marx da água do banho

Louis Althusser tenta levar a cabo uma empreitada difícil, um autêntico desafio que consiste em colocar o marxismo no centro da racionalidade contemporânea, ao preço de separá-lo

---

88  Id., *Manuscrits de 1844*, p.87.

da práxis, da dialética hegeliana, para superar a vulgata staliniana em uso, fundada num economicismo mecânico. Para realizar esse deslocamento, Althusser apoia-se no estruturalismo e apresenta o marxismo como o único capaz de efetuar a síntese global do saber, instalando-o no centro do paradigma estrutural. O preço a pagar implica participar do distanciamento da vivência, do psicológico, dos modelos conscientes, bem como da dialética da alienação. Esse distanciamento do referente assume a forma de um corte epistemológico, com base no modelo de ruptura preconizado por Bachelard. Althusser faz a divisão entre o ideológico, de um lado, e a ciência, de outro, encarnada pelo materialismo histórico. Todas as ciências devem ser questionadas, então, a partir do que funda a racionalidade científica, a filosofia do materialismo dialético, para serem libertas de sua ganga ideológica. Com base no modelo da arbitrariedade do signo em relação ao referente, a ciência deve "satisfazer a exigências puramente internas",[89] e o critério de verdade não passa, portanto, por uma possível falseabilidade das proposições.

A ontologização da estrutura em voga naquela década de 1960 permitia a Althusser deslocar o sistema de causalidade em uso na vulgata marxista. Tratava-se, até então, de limitar os esquemas de explicação à concepção monocausal do reflexo. Tudo deveria derivar do econômico, e as superestruturas eram concebidas como meras traduções do substrato infraestrutural. Romper com esse procedimento puramente mecânico tinha a dupla vantagem de tornar complexo o sistema de causalidade, substituindo uma relação causal simples do efeito por uma causalidade estrutural, em que a própria estrutura designa a dominância. Althusser poderia explicar, assim, uma crítica do stalinismo que ia mais longe que a simples contestação oficial do culto da personalidade, mas com menos custos, pois sua

---

89 Descombes, *Le même et l'autre*, p.147.

## A história

crítica preservava, em nome da autonomia relativa das instâncias do modo de produção, a base socialista do sistema.

## Tornar absoluto o corte epistemológico

Preocupado em apresentar Marx como portador de uma ciência nova, Althusser vê um corte radical entre o jovem Marx ainda preso ao idealismo hegeliano e o Marx científico da maturidade. Segundo ele, Marx alcança o nível científico quando consegue romper com a herança filosófica e ideológica de que se impregnou. Althusser até estabelece as fases de gestação desse processo e data com muita precisão o momento dessa cesura que o faz passar para o campo científico: 1845. Tudo o que precede essa data pertence às obras de juventude, a um Marx anterior a Marx.

O jovem Marx é marcado pela temática feuerbachiana da alienação, do homem genérico. É a época de um Marx humanista, racionalista, liberal, mais próximo de Kant e de Fichte do que de Hegel: "As obras do primeiro momento supõem uma problemática de tipo kantiano-fichtiano".[90] Sua problemática concentra-se na figura de um homem destinado à liberdade, que deve restaurar sua essência perdida na trama de uma história que o alienou. A contradição a ser superada situa-se, portanto, na alienação da razão, encarnada por um Estado que permanece surdo à reivindicação de liberdade. Contra sua vontade, o homem realiza sua essência pelos produtos alienados de seu trabalho e deve consumar sua realização recuperando essa essência alienada para se tornar transparente a si mesmo, homem total, por fim realizado no fim da história. Essa inversão vem diretamente da obra de Feuerbach: "O fundo da problemática filosófica é feuerbachiana".[91]

---

90  Althusser, *Pour Marx*, p.27.
91  Ibid., p.39.

Segundo Althusser, foi em 1845 que Marx rompeu com essa concepção que fundamenta a história e a política na essência do homem, substituindo-a por uma teoria científica da história, articulada sobre conceitos completamente novos de elucidação, como os de formação social, forças produtivas, relações de produção etc. Ele abandona as categorias filosóficas de sujeito, essência e alienação e faz uma crítica radical do humanismo, atribuído ao estatuto mistificador da ideologia da classe dominante. Esse Marx, o da maturidade, cobre o período de 1845 a 1857 e possibilita a grande obra científica da maturidade, *O capital*, verdadeira ciência dos modos de produção, logo da história humana.

Essa cesura fundamental observada no interior da obra de Marx torna-se possível pelo deslocamento do marxismo do terreno da práxis para o da epistemologia. Marx teria rompido definitivamente com o ideológico, graças ao *Capital*, que se coloca como contribuição científica ao lado dos *Principia* de Newton: "Sabemos que só existe ciência pura desde que seja continuamente purificada [...]. Essa purificação, essa libertação só se adquirem à custa de uma incessante luta contra a própria ideologia".[92] Se até então a obra de Marx era vista como a retomada da dialética hegeliana de um ponto de vista materialista, Althusser opõe termo a termo a dialética em Hegel e em Marx. Este não se contentou em pôr de pé o idealismo hegeliano, mas teria construído uma teoria cuja estrutura é completamente diferente, ainda que a terminologia da negação, da identidade dos contrários, da superação da contradição etc. sugira uma ampla semelhança no procedimento: "É absolutamente impossível manter, em seu aparente rigor, a ficção da inversão. Pois, na verdade, Marx não conservou, ao invertê-los, os termos do modelo hegeliano de sociedade".[93]

---

92  Ibid., p.171.
93  Ibid., p.108.

# A história

## Romper com o economicismo

Essa descontinuidade percebida por Althusser entre Hegel e Marx permite-lhe romper com a vulgata economicista staliniana, que se contentava em substituir a essência político-ideológica de Hegel pela esfera do econômico como essência. Mas essa crítica do mecanicismo em uso no pensamento marxista é feita em nome da construção de uma teoria pura, descontextualizada. Nessa qualidade, ela alcança o *status* de ciência e, para Althusser, o materialismo dialético é a teoria que funda a cientificidade do materialismo histórico e deve, portanto, ser preservado de toda contaminação ideológica que o espreita sem cessar: "Vemos que não pode tratar-se, em última instância, de inversão. Pois não se obtém uma ciência invertendo-se uma ideologia".[94]

Althusser substitui a vulgata mecanicista da teoria do reflexo por uma totalidade estruturada, em que o sentido é função da posição de cada uma das instâncias do modo de produção. Assim, ele reconhece uma eficácia própria da superestrutura, que pode encontrar-se, em certos casos, em posição de dominância e, em todos os casos, numa relação de autonomia relativa em relação à infraestrutura. À totalidade ideológico-política hegeliana, Althusser opõe a totalidade estruturada do marxismo, estrutura complexa e hierarquizada de maneira diferente, conforme o momentos histórico, pelo lugar respectivo ocupado pelas diversas instâncias (ideológica, política etc.) no modo de produção, ficando entendido que o econômico permanece determinante, em última instância. Com Althusser, a estrutura pluraliza-se e decompõe a temporalidade unitária em temporalidades múltiplas: "Não há histórias em geral, mas estruturas específicas da historicidade".[95] Há, portanto, apenas

---

94  Ibid., p.196.
95  Id., *Lire le Capital*, col. Théorie, t.2, p.59.

François Dosse

temporalidades diferenciais, situadas numa relação de autonomia em relação ao todo: "A especificidade de cada um desses tempos, de cada uma dessas histórias, em outras palavras, sua autonomia e independência relativas, funda-se num certo tipo de articulação no todo".[96]

Althusser participa, portanto, de uma desconstrução da história, própria do paradigma estrutural, não negando a historicidade, mas decompondo-a em unidades heterogêneas. A totalidade estruturada em Althusser é des-historizada e descontextualizada , na medida em que deve afastar-se do ideológico para alcançar a ciência. O conhecimento (Generalidade III) só se torna possível pela mediação de um corpo de conceitos (Generalidade II) que trabalha sobre a matéria-prima empírica (Generalidade I). Tal abordagem assimila o objeto da análise do marxismo aos objetos das ciências físicas e químicas, o que implica um total descentramento do sujeito: "Isso é confundir ciências experimentais e ciências ditas humanas".[97]

## Crítica do historicismo

Com o sujeito, nega-se também toda concepção historicista, pois também ela viria perverter o horizonte teórico, científico a que se quer chegar: "A queda da ciência na história é aqui apenas o índice de uma queda teórica".[98] Esse anti-historicismo passa pela decomposição das temporalidades e pela construção de uma totalidade articulada ao redor de relações pertinentes numa teoria geral. Mas essa totalidade se vê imobilizada em estado de estrutura, à maneira das sociedades frias, sem ser apreendida naquilo que trabalha para suas contradições internas, suas possíveis superações. O estado de estrutura substitui,

---

96  Ibid., p.47.
97  Naïr, Marxisme ou structuralisme? In: Avenas et al., *Contre Althusser*, p.192.
98  Althusser, op. cit., col. PCM, t.1., p.170.

## A história

segundo um procedimento metonímico, o cadáver do sujeito falecido e de sua historicidade. Como é preciso vincular essa estrutura atrofiada, congelada, a algum ponto de sutura, Althusser lhe dá um ponto de ancoragem, graças ao estatuto que concede ao conceito de ideologia, que vai desempenhar um papel de pivô semelhante ao papel desempenhado pelo simbólico em Lacan ou Lévi-Strauss. Althusser transforma-o numa categoria invariante, atemporal, à maneira do inconsciente freudiano. Isso lhe permite tornar complexo o tipo de relação puramente instrumental em uso na vulgata marxista, quando considera a ideologia dominante um mero instrumento da classe dominante.

Althusser alça a instância ideológica à condição de verdadeira função, gozando de uma relativa autonomia, que não mais permite reduzi-la de maneira mecânica ao que lhe subjaz. Mas esse distanciamento da ideologia é duplicado por uma hipertrofia da última, que assume a forma de estrutura trans-histórica, cuja teoria Althusser convida a construir. A eficácia do ideológico leva então à criação, pelas práticas induzidas, de sujeitos em situação de enfeudação absoluta em relação ao lugar que lhes é atribuído, para transformá-los em objetos mistificados de forças ocultas representadas por um novo sujeito da história: a ideologia.

# 6
## Uma história social da memória

O romance nacional – Em busca da França – A lenda dos reis: Mézeray – A batalha das origens – Distinção entre duas memórias: Bergson – A dissociação entre história e memória – Problematizar a memória pela história – O futuro do passado – Entre repetição e criatividade – A guerra das memórias e a história

## O romance nacional

### O recobrimento da memória pela história

Tanto os mecanismos da memória em sua complexidade como a análise historiadora na equivocidade de sua linguagem remetem a essa proximidade das dificuldades do dizer e provocaram durante muito tempo um verdadeiro recobrimento do nível memorial pelo nível histórico. Para pensar as relações entre memória e história, foi preciso primeiro dissociar esses dois planos para tornar a captar, num segundo momento, suas inter-relações.

A história foi muito tempo identificada com a memória. Primeiro, os mosteiros implantaram os dispositivos necessários para descrever os fundamentos de sua história. Em seguida, em ligação com esses polos mais avançados da cultura ocidental, o poder político construiu sua própria história/memória. Foi dessa simbiose que nasceu a história da França.[1] Um dos pontos altos dessa elaboração foi a cidade de Reims. Carlos, o Calvo, transformou essa cidade, a partir de 845, num dos mais importantes centros administrativos do reino. O arcebispo de Reims, Hincmar, ajudou a fazer dela um dos maiores centros intelectuais da segunda metade do século IX, supervisionando pessoalmente a atividade da escola, criando um *scriptorium* e conservando com cuidado uma cópia de toda a documentação acumulada. Isso criou um fundo de arquivo excepcional. Hincmar manteve ali seus anais até morrer, em 882, com mais de 75 anos. Ao longo de todo o século X, graças a sua biblioteca e a esse acúmulo, Reims continuou sendo um centro intelectual de primeira grandeza, e Richer, que dá sequência a essa tradição de Reims, inicia uma história do reino com seu *De Gallorum Congressibus*. No século XI, a influência da escola de Fleury dá continuidade a Reims, e as crônicas dessa prestigiosa abadia estão na origem das *Grandes crônicas de França*, quando Hugo de Fleury empreende, no início do século XII, a redação de sua *Historia Francorum*.

## O abade Suger

Mais tarde, a abadia de Saint-Denis supera a de Fleury, tornando-se o principal centro de elaboração da história dos reis da França. Aquele que um dia foi chamado de "Pai da Pátria" por Luís VII, conselheiro de dois reis e regente da França, não é outro senão o abade de Saint-Denis, Suger, eleito em 1122. Ele

---

1 Cf. Beaune, *Naissance de la nation France*.

A história

deu origem a uma grande mudança na vida monacal com sua reforma de 1127, marcada pela austeridade, mas cujo sucesso contribuiu para o prestígio de Saint-Denis, a tal ponto que Suger é convocado com cada vez mais frequência conselheiro na corte real. Seu objetivo é vincular o patronato de Saint-Denis à pessoa física do rei, à presença de seu cadáver no local. Um problema de saúde de Luís VI possibilita a realização de seu desejo. Em 1135, Luís VI adoece gravemente e, acreditando na proximidade da morte, convoca bispos, abades e sacerdotes: Suger vai até sua cabeceira e consegue fazê-lo prometer que será sepultado em Saint-Denis. O estado de saúde de Luís VI melhora, mas, quando tem uma recaída e morre dois anos depois, é enterrado em Saint-Denis. O reino passa para as mãos de um jovem de 17 anos, e Suger desempenha ao lado de Luís VII o papel decisivo de conselheiro.

Convencido de que a história é o instrumento mais eficaz de legitimação, Suger escreve uma *Vida de Luís VI, o Gordo*, um autêntico panegírico, mas no qual ele tenta mostrar os mecanismos da autoridade real. Decidindo partir numa Cruzada, Luís VII confia o governo do reino a Suger, o que demonstra a importância assumida pelo abade nas esferas da decisão política. Ele foi bem-sucedido em seu projeto de transformar Saint-Denis em padroeiro particular do reino como "cemitério dos reis".

A historiografia monárquica continua em Saint-Denis depois da morte de Suger. Mais tarde, Rigord, que tem acesso aos arquivos do rei, tornou-se autor da história quase oficial de Felipe Augusto, com a publicação de seus *Gesta Philippi Augusti*. No fim do século XIII, Luís IX convida um monge de Saint-Denis, Primat, a escrever em vernáculo a história do reino. Ele utiliza todas as crônicas da abadia de Saint-Denis para elaborar uma história contínua dos reis, difundida com o nome de *Crônica dos reis de França*.[2] Essas *Crônicas* alcançam logo

---

2  Cf. Guenée, Les grandes chroniques de France. In: Nora, *Les lieux de mémoire*, t.2, p.189-214.

## O mito das origens

O mito nacional é permeado pela tensão entre os defensores da origem troiana da França e os da origem gaulesa.[3] A lenda da origem troiana nasceu no século VII e perdurou até o século XVI. Diz ela que Francion e seus companheiros fugiram de Troia em chamas e fundaram a cidade de Sicâmbria. Tornamos a encontrá-los dez anos mais tarde na Germânia sobre o Reno, começando a penetração da Gália no século IV. Nas *Grande crônicas*, a partir de Rigord e de Guilherme, o Bretão, essa versão assume um aspecto ainda mais prestigioso, já que Francion torna-se o próprio filho de Heitor. Os francos são vinculados então à família real de Troia. Esse herói sem rastro foi substituído aos poucos por Antenor, um herói mais bem atestado pelos textos e um dos poderosos de Troia, mal visto por Príamo, pois teria traído a cidade fazendo entrar o famoso cavalo. Ele teria se exilado com 12 mil troianos durante a tomada da cidade.[4] Mas esse herói tem o inconveniente de ser pouco simpático, porque tem o papel de traidor. Além disso, não é de linhagem real. No entanto, continua sendo o símbolo dessa fusão pressuposta entre troianos e gauleses que seria o cadinho das populações francas.

A partir do século XV, a identificação com os gauleses ganha espaço; as origens troianas são postas em dúvida, mas foi sobretudo Jean Lemaire de Belges que trouxe a questão à baila em 1500, com a publicação das *Illustrations de Gaule et singularités de Troie* [Ilustrações da Gália e singularidades de

---

3 Citron, *Le mythe national*.
4 Cf. Beaune, op. cit.

A história

Troia]. Adaptando-se ao declínio do mito troiano, ele incorpora os gauleses ao mito das origens: eles se tornam os antepassados dos troianos, portadores de uma civilização notável, que transmitiu seus ensinamentos ao âmago das cidades gregas e de Roma, um mundo pré-cristão que nada tem de bárbaro. O mito troiano consegue sua adaptação incorporando a história gaulesa, e o nascimento da nação francesa acontece com base num mito de origem duplo, a partir de uma forte linha de clivagem que encontraremos ao longo de toda a história nacional.

## Em busca da França

O século XVI, como vimos, assiste ao surgimento do sonho da história perfeita, duplo fruto do progresso da erudição e de uma relação de proximidade com uma filosofia da história. Cada teórico da história toma consciência de uma possível "história nova". A construção dessa história insere-se numa perspectiva evolucionista e na confiança em que o futuro é capaz de efetuar o progresso da humanidade. Tal evolucionismo é acompanhado da concepção de uma história que pode ser total, abarcando todos os aspectos da realidade. Nada deve escapar ao olhar do historiador. Ora, esse é o momento em que essa historiografia humanista mobiliza homens de ação, profundamente envolvidos na vida da cidade. O contexto da construção do Estado monárquico vai influir muito na produção histórica. Constrói-se, então, toda uma memória coletiva ao redor da vontade política dos reformadores do Estado. A função de historiador é oficializada, a memória faz-se história num processo de recobrimento ao redor do esquema nacional. Catorze historiógrafos beneficiam-se de gratificações na corte da França entre 1572 e 1621. A história está estreitamente ligada à construção de um Estado-nação França, pego em cheio na tormenta das guerras de religião.

É nesse contexto que Étienne Pasquier (1529-1615) busca os caminhos para a elaboração de uma história da França. Jurista de formação, aluno de Hotman e Baudoin, fez seus estudos de Direito primeiro em Paris e depois na Itália e representa bem esse ideal do ambiente jurídico, atraído pela história. Advogado e parlamentar, constrói uma bela carreira, tornando-se advogado geral do Tribunal de Contas. Quando publica o primeiro volume de sua obra *Les recherches de la France* [As pesquisas da França], em 1560, estamos em plena comoção nacional, logo depois da morte acidental de Henrique II. Isso leva a uma regência italiana que ameaça a unidade do reino. A paz de Cateau-Cambrésis consagra perdas territoriais e, sobretudo, a hegemonia da Espanha na Europa Ocidental. O cisma religioso dilacera os franceses. É essa situação deletéria que leva Pasquier a retomar o caso nacional no plano histórico para lhe dar um fundamento identitário mais sólido. Decide empreender uma vasta pesquisa sobre as origens da França, a partir de uma concepção ampla da disciplina histórica que leva em conta não só o passado institucional, mas todos os aspectos da vida em sociedade, tanto a evolução das técnicas quanto a dos hábitos alimentares. Pasquier efetua uma primeira ruptura ao decidir dirigir-se aos leitores em língua vernácula, o que atende a uma demanda nacional, a uma vontade política e ao desejo de atingir um público mais amplo. Pasquier inscreve sua obra na linhagem de Budé, e seu título evoca essa preocupação em fundamentar certezas em documentos verificáveis, pois ele não escreve uma história da França, mas um ensaio de filologia erudita que se apresenta como *pesquisas* da França.

O método que daí resulta consiste em conceder um lugar fundamental ao documento, que ele pretende dar a palavra. Assim, sua narrativa é interrompida com frequência por longas citações de documentos que revelam um emprego inovador das fontes em Pasquier. Ele dedica grande parte de sua pesquisa à procura de documentos originais, seja na biblioteca do rei em

A história

Fontainebleau, nos registros do Parlamento, nos Memoriais do Tribunal de Contas ou nos manuscritos de seus amigos. A partir dessa massa de documentos, ele se interroga sobre o início da história da França e realiza uma segunda grande ruptura com a escrita da história em uso até então, abandonando o mito troiano. Sua narrativa das origens começa com os gauleses, num momento em que a lenda troiana ainda está viva. Pasquier não aceita nem a dominação da língua latina nem a preeminência do direito romano. Esse último não é aplicável aos franceses, tão diferentes dos romanos por seus "costumes, natureza e compleição". Ele procura destacar a singularidade das tradições nacionais, a originalidade e a contribuição dos gauleses, fortalecidas pela contribuição dos francos, que teriam dado origem às sucessivas instituições com que a França teria se dotado. As estruturas institucionais que encarnam essa continuidade e, portanto, essa legitimidade são, segundo Pasquier, os parlamentos, os únicos capazes de repelir as tendências centrífugas da nobreza, que levam à desagregação do reino. Ao conceder aos gauleses uma promoção espetacular, Pasquier deseja mostrar que a França existia antes dos reis, antes de sua Igreja, antes de sua nobreza e antes mesmo de Roma. Apoia-se na narrativa da *Guerra das Gálias*, de César, para mostrar que os gauleses haviam atingido um grau de civilização superior ao de seus vizinhos bretões ou germanos. Segundo Pasquier, a história é um instrumento de valor pedagógico na difusão da identidade nacional, distinta da raça e do Estado, definida por seus costumes, língua e cultura.

## A lenda dos reis: Mézeray

O século XVII, esse "Grande Século", acentua a instrumentalização do saber histórico a serviço de uma monarquia fulgurante. O poder político espera que o historiador glorifique o monarca. O Estado absolutista vigia de perto seus historiógrafos,

François Dosse

e a escrita histórica torna-se serva do conformismo. A forma da narrativa histórica prevalece contra o fundo da mensagem, pois é preciso agradar aos patrocinadores, aos poderosos, para ser reconhecido como "artesão da glória". Privilegiam-se os retores, que retornam a Cícero e Tito Lívio. Enquanto o século XVI parece livrar-se da lenda troiana, o século XVII retorna às origens troianas, que lhe parecem mais nobres. O erudito Nicolas Fréret é quem sofre as consequências: em 1714, quando apresenta à Academia de Inscrições uma dissertação que mostra o absurdo da tese das origens troianas, é preso por alguns meses na Bastilha. Nesse contexto de glorificação do poder, Scipion Dupleix (1569-1661), panegirista da monarquia de direito divino, publica de 1621 a 1643 uma *Histoire générale de la France avec l'État de l'Église et de l'Empire* [História geral da França, com o Estado da Igreja e do Império], em que o autor, sem recuar diante de nenhum anacronismo, faz Clóvis usar uma peruca.

O Estado torna-se o principal agente estimulador das pesquisas históricas. Colbert funda em 1663 a Academia Real de Inscrições e Belas Letras para instaurar uma política das artes, letras e ciências. Sua primeira finalidade é organizar a historiografia do reino. Os historiadores recebem pensão do rei e a eleição dos membros da academia é submetida à aprovação do rei em pessoa, que deve ratificar que eles têm "bons costumes e reconhecida probidade".

Foi por iniciativa de Richelieu que François Eudes de Mézeray (1610-1683) escreveu uma *Histoire de France depuis Faramond jusqu'à maintenant* [História da França desde Faramundo até agora], publicada em três volumes entre 1643 e 1651. Eleito para a Academia Francesa em 1648, Mézeray torna-se historiógrafo da França em 1664. É o historiador mais conhecido do século; sua *História da França* teve grande sucesso e foi reedita até 1830. Mézeray retoma a lenda troiana e avaliza outra, oriunda da história parlamentar, de um pacto carolíngio

# A história

como origem da realeza. Insere seu projeto na adesão à pátria. "Não há fidelidade", escreve ele, "nem afeto preferível ao que devemos à pátria".[5] Esse apego o faz defender uma história religiosa ligada ao nacionalismo galicano. Ele nega a autonomia de inúmeras personalidades da história religiosa em relação ao Estado, dessacralizando a história ao interpretar a Idade Média em termos de história política e institucional e operando uma transferência de sacralidade para a pessoa do rei e seu regime monárquico. Enquanto tal, Mézeray tem como tarefa escrever uma narrativa histórica que manifeste as qualidades escondidas na substância fundamental do rei e reveladas a cada acontecimento. Do próprio lugar do poder, Mézeray encarna um discurso da verdade, de um poder/saber que se legitima com sua espessura temporal na própria história de sua memória. Enquanto historiógrafo oficial, deve acrescentar sentido à força. O tempo descrito por ele começa com Faramundo e termina com Luís XIV, ou seja, uma grande unidade regida pela figura do rei, que se encontra sempre no centro de um quadro contendo certo número de forças adversas, como os impérios ou a Igreja. Segundo Mézeray, o poder régio, que conta com uma administração de magistrados, é o único capaz de trazer luz à opacidade deste mundo marcado pela obscuridade dos campos, agitado pelos demônios da fome e das revoltas.

Mézeray, porém, não se contenta com uma genealogia dinástica, que ele relativiza porque deve atender à curiosidade de seu tempo, e não esconde os abusos cometidos no passado pelos que "se acostumaram a fazer valer suas faltas".[6] Ele inova ao dar à iconografia toda a sua importância: "O olho encontra ali toda a sua diversão, assim como o espírito, e ela oferece entretenimento até para quem não sabe ler!".[7] Também se in-

---

5  Mézeray apud Bizière; Vayssière, *Histoire et historiens*, p.98.

6  Ibid.

7  Ibid.

François Dosse

teressa pela história quotidiana dos franceses, pelas condições econômicas e sociais, a ponto de denunciar em 1668, num compêndio que provoca descontentamento em Colbert, as injustiças dos impostos e das taxas. Isso lhe valeu uma redução da pensão, embora tenha mantido a função de historiógrafo.

Mézeray encarna uma tensão própria de sua função oficial e dos progressos da erudição que o leva a elaborar um método que privilegia o acesso aos originais e um grande cuidado com os trabalhos de seus predecessores. Assim, redige um manuscrito intitulado "Pour une histoire de France parfaite" ["Para uma história da França perfeita"] que indica a conveniência de encontrar os 6 mil estudos de história da França que o precederam, estudar os arquivos da Alemanha e desconfiar das hagiografias. Ele fica a meio caminho entre a tradição retórica e a filiação erudita, sem realmente se decidir por um lado ou outro.

A partir do século XVI, as histórias gerais da França tornaram-se um gênero à parte, cujo apogeu aconteceu no século XVII, em razão das encomendas do Estado monárquico. No século XVIII, esse gênero é dotado de regras específicas e corresponde a um atestado de patriotismo. Introduzido no ensino escolar, torna-se o campo privilegiado da inovação pedagógica. O legendário nacional atribui essas histórias da França ao campo do sagrado. A origem monárquica, ainda no século XVII, está ligada ao mito de Faramundo. Diante dos eruditos que questionam sua existência, os historiógrafos continuam a usar essa figura mítica como verdadeiro núcleo da história nacional. Com Faramundo, a história da França insere-se num tempo mítico, ao redor de um começo absoluto que tem continuidade na história dos reis.

Assim reafirmada a perenidade da função real, as histórias da França deveriam fazer os reis do passado comparecerem diante do tribunal da história, exaltando os bons soberanos para edificar as gerações futuras e mandando os maus príncipes para o inferno. Certo número de virtudes serve para praticar

## A história

as discriminações necessárias: a justiça, a valentia, a bondade, a sabedoria e também o amor pelo povo. Entre os bons soberanos, dois têm uma promoção espetacular: São Luís, no século XVII, que se torna objeto de um verdadeiro culto ao santo, protetor dos reis batizados Luís, e encarna a sacralidade da função monárquica; e Henrique IV, no século XVIII, que também se torna objeto de um verdadeiro culto.[8] Fixa-se então a imagem que a posteridade guardará, a do penacho branco, da galinha de panela, do rei simples, franco, próximo do povo, a partir do livro dedicado a ele por Haudouin de Péréfixe, *Histoire du roi Henri le Grand* [História do rei Henrique, o Grande], publicado em 1661. Henrique IV é, com efeito, o herói dos Bourbons, que chegaram ao poder por seu intermédio, fundador de novo ramo e promessa de renovação.

## A batalha das origens

### A tese germanista

Toda uma controvérsia historiográfica acerca da querela entre germanistas e romanistas atravessa o século XVIII. O que está em jogo é a própria origem daquilo que funda a nação França. Quem anima o debate são sobretudo os teóricos da história, engajados em combates políticos e apoiados no passado nacional para sustentar suas teses. O mais conceituado representante das teses germanistas é o conde de Boulainvilliers (1658-1722), cuja *Histoire de l'ancien gouvernement de France* [História do antigo governo da França] é publicada cinco anos após sua morte, em 1727. O conde dedica-se a uma apologia da aristocracia, da hierarquia social encarnada por uma nobreza digna, herdeira das liberdades francas. Segundo ele, os france-

---

8  Cf. Grell, *L'histoire entre érudition et philosophie.*

ses eram originalmente um povo de companheiros de armas, iguais entre si, e seu rei era o general de um exército livre. A conquista da Gália pelos francos constitui o verdadeiro cadinho da nação França. Decorre desse mito de origem que o regime monárquico usurpou aos poucos um poder que foi tomado da aristocracia, questionando as liberdades da ordem aristocrática. Essa tese se pretende uma contestação do despotismo em nome de uma legitimidade histórica mais longa. Aponta a guerra entre duas raças como o verdadeiro motor da história.

## A tese romanista

Contra essa tese germanista, o abade Dubos (1670-1742) encarna entre outros, como o marquês de Argenson ou Jacob-Nicolas Moreau, a tese contrária, romanista, que ele expõe em sua publicação de 1734, *Histoire critique de l'établissement de la monarchie française dans les Gaules* [História crítica do estabelecimento da monarquia francesa nas Gálias]. Ao contrário de Boulainvilliers, Dubos apresenta a conquista da Gália pelos francos como uma ilusão histórica. Eles teriam se estabelecido como aliados dos romanos. Os francos e os romanos teriam vivido em pé de igualdade. Segundo Dubos, o tema das duas raças é pura mitologia. Ele contesta a validade da tese da conquista. Se houve realmente uma invasão franca, a simbiose entre conquistadores e conquistados foi total. Dubos legitima, assim, o poder monárquico como encarnação dessa simbiose bem-sucedida.

Montesquieu recebeu a tese de Dubos com muito sarcasmo: "Direi que ele tinha mais espírito do que luzes, mais luzes do que saber; mas esse saber não era desprezível, porque, de nossa história e de nossas leis, ele conhecia muito bem as coisas principais".[9] Montesquieu adota as teses de Boulainvilliers, mas acrescenta uma cláusula que limita de maneira singular

---

9  Montesquieu, *De l'esprit des lois.*

A história

seu alcance, quando considera que os gauleses tiveram a possibilidade de optar pela lei franca em certas condições, compartilhando em parte os privilégios dos vencedores. O abade Mably (1709-1785) serviu-se desse argumento em suas *Observations sur l'histoire de France* [Observações sobre a história da França], para voltar as teses germanistas contra as pretensões aristocráticas. Ele amplia a igualdade dos antigos francos de Boulainvilliers a todo o povo galo-romano.

## Nossos ancestrais, os gauleses

Nesse século XVIII, ao longo do qual a supremacia francesa se vê ameaçada, um patriotismo exacerbado serve de antídoto aos revezes sofridos pelo país, e, no plano historiográfico, essa situação provoca um entusiasmo espetacular por "nossos antepassados, os gauleses".[10] Contudo, dá-se pouca atenção no início do século a esses "bárbaros", cuja menção servia antes de qualificativo para designar a grosseria. As pessoas voltavam-se mais para o passado romano. Na *Enciclopédia*, podemos ler o artigo dedicado à arte gaulesa: "É preciso desviar o olhar desses tempos horríveis que são a vergonha da natureza". A impressão geral, portanto, era unilateralmente negativa a respeito de um povo visto como cruel, bárbaro e supersticioso, e até se agradecia aos romanos por permitirem que nossas terras fossem civilizadas.

Em meados do século, a inversão de imagem é radical. Procuram-se qualidades de coragem naqueles que se tornam nossos antepassados, e os gauleses são os melhores exemplos de um povo intrépido diante dos ameaçadores adversários da França. Seu físico um pouco rude torna-se vantajoso, porque encarna as qualidades da força física: são homens altos, de olhos azuis e olhar altaneiro. No plano moral, são amantes

---

10  Cf. Grell, op. cit.

da liberdade e do espírito de independência. Sua frugalidade se assemelha à dos espartanos. Eles ignoram as astúcias e a mentira e não são mais considerados um povo idólatra. Ao contrário, honram o ser supremo, e seus druidas estão no mesmo nível dos sábios da Antiguidade. Em contrapartida, longe de se limitar às qualidades guerreiras, os gauleses também são poetas que vibram com as histórias de seus bardos. Essa visão de um passado gaulês mítico faz um enorme sucesso na segunda metade do século, tanto que dezoito títulos sobre o tema foram publicados nos últimos vinte anos do Antigo Regime, ou seja, quase um por ano.

## A guerra das raças

No século XIX, essa batalha das origens volta a ser travada em outro contexto, o da legitimação da Revolução Francesa como ponto de chegada de uma guerra de raças, quando Augustin Thierry resolve escrever sobre a história da França, opondo-se aos legitimistas, que consideram que o parêntese deve ser fechado. Enquanto os ultras, favoráveis a Carlos X e ao retorno da bandeira branca, referem-se às teses de Boulainvilliers sobre as origens germânicas da França para justificar as prerrogativas da nobreza francesa, os liberais em geral, e Augustin Thierry em particular, identificam o combate de emancipação do Terceiro Estado a uma luta de raças travada pelos galo-romanos contra os invasores germanos.

Thierry situa a revolução como o ponto de chegada de uma luta de emancipação dos indígenas oprimidos:

> Pareceu-me que, apesar da distância no tempo, algo da conquista dos bárbaros ainda pesava sobre nosso país e que, dos sofrimentos do presente, podíamos voltar, de degrau em degrau, à intrusão de uma raça estrangeira na Gália e sua dominação violenta sobre a raça indígena. Para me fortalecer

nessa ideia que abriria para mim, como eu pensava, um arsenal de armas novas para a polêmica que eu travava contra as tendências reacionárias do governo, comecei a estudar e extrair tudo o que fora escrito *ex professo* sobre a velha monarquia francesa e sobre as instituições da Idade Média.[11]

Essa visão de uma história movida por um motor constitutivo de sua inteligibilidade será retomada mais tarde por Marx, que transformará a ideia de uma longa guerra de raças em luta de classes.

## Da política da memória ao evangelho nacional

A geração liberal do começo do século XIX, em combate contra os ultras e preocupada em preservar as conquistas da Revolução Francesa, dando sólida legitimidade ao regime de monarquia constitucional, empenha-se em dar ao poder, a partir de 1830, uma memória nacional arraigada. François Guizot é o mestre de obras na implantação dessa memória nacional, como ministro da Instrução Pública entre 1832 e 1837. Tendo responsabilidades políticas, Guizot pode conjugar sua dupla identidade de historiador e ator político. Em 1833, cria a *Société de l'Histoire de France* [Sociedade da História da França], cujo objetivo é "popularizar o estudo e o gosto de nossa história nacional de maneira crítica e sadia, em especial por meio da pesquisa e do uso de documentos originais". Já em 1833, Guizot pede a todos os prefeitos da França que façam buscas nas bibliotecas públicas e nos arquivos departamentais e comunais a fim de reunir todos os manuscritos que tenham alguma relação com a história nacional. Ele representou uma etapa importante na constituição do romance nacional e acom-

---

11 Thierry, *Dix ans d'études historiques* apud Gauchet, (org.), *Philosophie des sciences historiques*, p.37.

François Dosse

panhou a necessidade premente de história e em particular de história nacional nesse início de século.[12]

O grão-mestre que vai reinar sobre o ensino da história nesse fim de século XIX e no começo do século XX é Ernest Lavisse. Ele reúne os três pilares do espírito republicano: o culto da ciência, da pátria e da laicidade. Como toda a sua geração, foi marcado pela derrota de 1870 e nunca deixou de trabalhar para superá-la. Para tanto, convém recriar a unidade de uma nação dividida e debilitada pela ruptura de 1789. Será preciso reconciliar os franceses com seu passado mais distante, devolver-lhes raízes profundas, para que compreendam que a fronteira não é mais interna, mas externa. Aliando cuidado metódico e pedagógico, Lavisse torna-se o sumo sacerdote, o grande organizador de uma monumental *Histoire de France* [História da França], publicada pela editora Hachette e que será resultado de um trabalho coletivo de vinte anos entre a assinatura do contrato (1892) e a publicação do último volume (1911).

Lavisse encarna uma autêntica republicanização da memória. Ultrapassando o quadro universitário, torna-se professor na e para a nação. O sucesso é tão grande que é acompanhado de um manual Lavisse, dito "Petit Lavisse", com o qual todas as crianças da escola pública aprenderão a história de sua nação. A França é então una, inteira, a mesma de Vercingetórix em Valmy, e o relato histórico é o das batalhas heroicas ao longo das quais muitos sacrificaram suas vidas pela pátria. A Terceira República é mostrada como o melhor dos mundos possíveis, e é a partir dela que os regimes anteriores são julgados.

O sentido dessa história é claro. Lavisse multiplica as intervenções para reafirmar os objetivos do ensino da história:

Ouçam bem na escola, quando lhes ensinarem a história da França. Não a aprendam da boca para fora, mas com toda

---

12   Cf. Delacroix; Dosse; Garcia (orgs.), *Historicités*.

## A história

a inteligência e todo o coração [...]. Nenhum país prestou tantos e tão duradouros serviços à civilização, e o grande poeta inglês Shakespeare falou a verdade quando exclamou: "A França é o soldado de Deus". Que cada um de vocês compreenda claramente o todo dessa maravilhosa história. Nela, vocês encontrarão a força necessária para não ceder ao desânimo e também a firme vontade de tirar nossa pátria do abismo em ela que caiu.[13]

Aos adultos, aos futuros professores, Lavisse não é menos claro em suas recomendações:

Se não se tornar um cidadão cônscio de seus deveres e um soldado que ama sua bandeira, o professor terá perdido seu tempo. É isso que deve dizer aos que estudam para se tornarem professores o titular de história da escola normal, como conclusão de seu ensinamento.[14]

O historiador não tem nenhuma dúvida sobre sua função, que é fundamental na nação. Com seu mito das origens, ele permite finalizar a narrativa e legitimar o presente pelo passado.

## Distinção entre duas memórias: Bergson

No diálogo incessante que travou com as ciências de seu tempo, Bergson procura articular a metafísica com as descobertas mais recentes da ciência e empenha-se em incorporar o que se ensina de novo sobre a psique humana, evitando toda forma de reducionismo. Em 18 de abril de 1861, quando o doutor

---

13  Lavisse, discurso feito em 1872, durante uma distribuição de prêmios, dirigido às crianças das escolas.
14  Id., verbete "Histoire". In: Buisson, *Dictionnaire de pédagogie*.

# François Dosse

Broca demonstrou que um paciente se tornou afásico em consequência de um choque que lesou a parte esquerda de seu cérebro, impôs-se a tese da localização das faculdades da linguagem numa parte do cérebro. "Foi então a era de ouro das localizações."[15] Essa tese reforça uma tendência reducionista exemplificada no século XVIII por La Mettrie, em seu livro *L'homme-machine* [O homem-máquina].

Bergson reagiu, recusando tanto o obscurantismo quanto o cientificismo. Leva em consideração as contribuições das descobertas de Broca, mas opõe-se a suas generalizações, que considera excessivas. Faz uma crítica de seu fisicalismo, levando em conta outros trabalhos sobre a afasia, como os de Pierre Marie sobre a chamada afasia de Wernicke. Esses trabalhos o levam a considerar que a consciência ultrapassa o organismo. Embora haja um vínculo entre o cérebro e os fenômenos de consciência, não se pode deduzir daí que "se possa ler num cérebro tudo o que se passa na consciência correspondente".[16]

Quando Bergson escreve *Matéria e memória*, publicada em 1896, sua intervenção situa-se ainda no campo do diálogo com as ciências para demonstrar em que elas não podem defender posições reducionistas. Trata-se de uma reação aos trabalhos de Théodule Ribot, autor de *As doenças da memória*, que considerava, em 1881, que as ciências do cérebro demonstram a localização precisa das recordações. Foi o confronto com essa ideia que levou Bergson a diferenciar dois tipos de memória. Ele distingue a memória-hábito, vinculada à parte sensório-motora do corpo, e a memória pura, coextensiva à consciência em sua relação com o tempo. Para ele, o dinamismo dessa última está vinculado a uma relativa autonomia em relação a seu suporte corporal. Em *Matéria e memória*, Bergson procura demonstrar que o passado sobrevive com duas formas distintas: em me-

---

15 Vignaux, *Les sciences cognitives, une introduction*, p.98.
16 Bergson, *L'énergie spirituelle*, p.842.

# A história

canismos motores e em lembranças independentes. Chega ao ponto de considerar que poderíamos imaginar duas memórias teoricamente independentes. O dinamismo próprio da memória pura depende de uma combinatória de três elementos: dois em posição oposta, de um lado, a lembrança pura e, de outro, a percepção, cuja relação se efetua graças à mediação da lembrança-imagem.

O descriminante dessa distinção é a relação com o tempo, e Bergson toma o exemplo da diferença entre um *savoir-faire*, como a declamação de um texto decorado e a evocação da lembrança de um episódio próprio da aprendizagem, ligado a um acontecimento singular, não iterável: "No caso da memória--hábito, o passado é 'agido' e incorporado ao presente, sem distância; no caso da memória-lembrança, a anterioridade do acontecimento rememorado é 'marcada', ao passo que permanecia 'não marcada' na memória-hábito".[17] Assim, segundo Bergson, rememorar e memorizar são dois fenômenos distintos que não se recobrem, o que não autoriza, portanto, o recobrimento reducionista dos dois terrenos.

## A dissociação entre história e memória

### Halbwachs

O mérito da tentativa de delimitação de um objeto memorial específico no campo de investigação das ciências sociais cabe ao sociólogo durkheimiano Maurice Halbwachs. No começo do século, ele opôs termo a termo os dois universos, colocando do lado da memória tudo o que flutua, o concreto, a vivência, o múltiplo, o sagrado, a imagem, o afeto, o mágico, ao passo que a história se caracterizaria por seu caráter exclusivamente crítico, conceptual, problemático e laicizante. Uma distinção

---

17 Ricoeur, *La nature et la règle*, p.165.

tão radical leva, a rigor, a só cogitar a história no ponto em que acaba a memória. Essa distinção foi para Halbwachs o ponto de partida de uma reflexão inovadora acerca da maneira como a memória coletiva se enraíza e se liga a comunidades sociais concretas.[18] Contudo, ele parte do pressuposto de uma história que estaria vinculada a uma física social exterior à vivência. De fato, Halbwachs empenha-se em distinguir totalmente a história e a memória e estabelecer um quadro antitético entre elas.

A memória está inteiramente vinculada à vivência, ao passo que "os acontecimentos históricos não desempenham um papel além do das divisões do tempo marcadas no relógio ou determinadas pelo calendário".[19] A história é relegada, então, a uma temporalidade puramente exterior, a um tempo de fora, mera concha vazia e puro receptáculo da vivência existencial. Se a memória é concreta e atestada nos inúmeros lugares de cristalização stendhaliana, a história encontra-se na vertente da distância teórica. A disciplina histórica encarna, portanto, "um saber abstrato",[20] indispensável para reconstituir um passado que está fora da dimensão da vivência.

O recobrimento da memória pela história está ligado à construção de um mito, na medida em que, para Halbwachs, "a história só começa no ponto em que termina a tradição, no momento em que se extingue ou se decompõe a memória social".[21] Ele torna absoluto o corte entre o que vê como duas dimensões irredutíveis uma à outra. A memória coletiva apresenta-se como um rio que alarga seu leito à medida que avança numa linha contínua, ao passo que a história define, recorta períodos e privilegia as diferenças, as mudanças e outras descontinuidades: "No desenvolvimento contínuo da memória coletiva, não há linhas de separação traçadas com nitidez, como

---

18  Halbwachs, *Les cadres sociaux de la mémoire.*
19  Id., *La mémoire collective*, p.101.
20  Ibid., p.120.
21  Ibid., p.130.

# A história

na história".[22] Por sua vez, se a memória se situa do lado da fragmentação, da pluralidade dos grupos e dos indivíduos que são seus vetores efêmeros, a história está do lado da unicidade, da afirmação do Uno: "A história é una, e podemos dizer que só há uma história".[23]

A concepção da disciplina histórica transmitida por Halbwachs é muito estreitamente "positiva" para valorizar os direitos da nova Sociologia durkheimiana de abarcar todo o campo do social. Ele apresenta a história como o lugar da objetividade absoluta, do não envolvimento do sujeito-historiador, da simples transcrição do que esteve no plano puramente factual. A postura do historiador é a de Sirius, ao abrigo de qualquer julgamento normativo e distante de qualquer vínculo memorial: "Só podemos reunir num quadro único a totalidade dos acontecimentos passados desde que sejam separados da memória dos grupos que conservam sua recordação".[24] É esse trabalho de corte que especifica a obra histórica, separada de seu contexto, para assumir uma posição proeminente, em nome da eficiência de seu método científico de abstração, e para servir-se de seus próprios operadores, isolados de qualquer busca identitária.

## A oposição: história/memória

Foi a partir dessa cesura que se pôde pensar uma memória em seu funcionamento específico, e foi dela que Pierre Nora partiu quando definiu, em 1984, o objeto dos *Lieux de mémoire* [Lugares de memória]:

> Memória, história: longe de serem sinônimos, tomamos consciência de que tudo as opõe. A memória é a vida, sempre

---

22 Ibid., p.134.
23 Ibid., p.135.
24 Ibid., p.137.

François Dosse

levada por grupos vivos e, por isso, em permanente evolução, aberta à dialética da lembrança e da amnésia, inconsciente de suas deformações sucessivas, vulneráveis a todas as utilizações e manipulações, suscetíveis a longas latências e súbitas revitalizações. A história é a reconstrução sempre problemática e incompleta do que não existe mais. A memória é um fenômeno sempre atual, um elo vivido no presente eterno; a história é uma representação do passado. Por ser afetiva e mágica, a memória só se acomoda com pormenores que a confirmam; nutre-se de recordações vagas, imbricadas, globais ou flutuantes, particulares ou simbólicas, sensível a todas as transferências, censuras, obstáculos ou projeções. A história, por ser uma operação intelectual e laicizante, convida à análise e ao discurso crítico. A memória instala a lembrança no sagrado, a história a tira de lá e sempre a torna prosaica.[25]

A retomada dessa dicotomia tem decerto um valor heurístico num primeiro momento, o da subversão interior de uma história-memória por uma história-crítica, mas pelo próprio efeito do canteiro aberto, e em consonância com a conjuntura marcada pelo dever imperioso de memória, logo cede lugar a uma aproximação tão inelutável quanto enriquecedora entre esses dois polos, que são a memória, por um lado, e a história, por outro, ambos modificados pela experiência de uma dupla problematização no centro da qual o caráter abstrato, conceitual da história transformou-se tanto que renunciou à pretensão de tornar-se uma física social separada da vivência.

Em contrapartida, a multiplicação dos estudos sobre a memória coletiva permitiu compreender melhor a complexidade de seu modo de funcionamento e tornou possível sua abordagem crítica. O falso dilema da escolha entre o polo de uma história baseada em seu contrato com a verdade e o de uma memória

---

25 Nora, op. cit., t.1, p.xix.

# A história

regrada pela fidelidade transforma-se hoje, quando uma grande transformação historiográfica, numa conjunção alimentada por fidelidades múltiplas expostas à prova da verdade expressa pelos trabalhos de uma nova história social da memória. Ao primeiro movimento, que garante o primado do olhar crítico, do distanciamento, da objetivação e da desmitologização, segue--se um segundo, complementar, sem o qual a história seria puro exotismo, o de uma recuperação do sentido, que visa a apropriação das diversas sedimentações de sentido legadas pelas gerações anteriores, dos possíveis não realizados que se acumulam no passado dos vencidos e dos mudos da história.

## Problematizar a memória pela história

### Idas e vindas da memória na história

Os recentes estudos de história social da memória mostram quanto essa oposição canônica entre história e memória não é pertinente. A própria aproximação dessas duas noções lembra a dimensão humana da disciplina histórica. Essa contestação da separação radical feita por Halbwachs e do recobrimento dos dois campos praticado pelo Estado nacional, tem como efeito o deslocamento do olhar histórico, iniciado por Georges Duby em seu estudo sobre a famosa batalha de Bouvines: ele não se limita a reconstituir o que realmente aconteceu, isto é, nada de mais, nesse ilustre domingo, 27 de julho de 1214, mas mostra que o que constituiu esse dia como acontecimento importa sobretudo por seus rastros: "Com exceção deles, o acontecimento não é nada".[26] A recordação tão distante de Bouvines só pôde ser conservada a partir do momento em que ela foi mantida, incorporada na consciência coletiva. As metamorfoses dessa

---

26  Duby, *Le dimanche de Bouvines*, p.8.

memória tornam-se, assim, objeto de história da mesma forma que a efetividade do acontecimento em seus estreitos limites temporais. O estudo do jogo da lembrança e do esquecimento dos rastros revela como "a percepção do fato vivido se propaga por ondas sucessivas".[27] Por uma investigação sistemática da memória coletiva, Philippe Joutard também foi pioneiro nessa área, quando se propôs examinar os fundamentos do rancor persistente que contrapunha as duas comunidades de Cévennes. Observa que essa clivagem data, na realidade, da segunda metade do século XIX. Antes, a historiografia era unânime em reprovar a revolta *camisarde*, mas não conseguiu curar as feridas e reunificar a comunidade regional. Joutard avança e testa com os camponeses de Cévennes a hipótese de uma memória oral subterrânea, e realiza a primeira verdadeira investigação histórico-etnográfica a partir de 1967. Ele estabelece a existência de uma tradição oral a respeito do acontecimento traumático da revolta *camisarde* e de sua repressão, memória recalcada, mas arraigada: "Este estudo espera ter mostrado que a pesquisa historiográfica não pode ser separada de um exame da mentalidade coletiva".[28]

## Uma história em segundo grau

Esse deslocamento do olhar historiador corresponde plenamente à atual guinada historiográfica, pela qual a tradição só vale como tradicionalidade, enquanto afeta o presente. A distância temporal já não é um defeito, mas um trunfo para a apropriação das diversas estratificações de sentido de acontecimentos passados que se tornaram acontecimentos "sobressignificados".[29] Essa concepção descontinuísta da historicidade, que privilegia o caráter irredutível do acontecimento,

---

27 Ibid., p.14.
28 Joutard, *La légende des camisards. Une sensibilité au passé*, p.356.
29 Ricoeur, *Événement et sens*, *Raisons pratiques*, n.2, p.55.

## A história

leva ao questionamento da visão teleológica de uma razão histórica que se realiza segundo um eixo orientado.

Essa retomada reflexiva do acontecimento sobressignifica-do está na base de uma construção narrativa constitutiva das identidades fundadoras ou de identidades negativas. Esse deslocamento do olhar, que não nega a pertinência do necessário momento metódico e crítico, mas dá primazia à parte interpretativa da história, é definido por Pierre Nora ao caracterizar o atual momento historiográfico:

> Está aberto o caminho para uma história completamente diferente: não mais os determinantes, mas seus efeitos; não mais as ações memorizadas ou mesmo comemoradas, mas o rastro dessas ações e o jogo dessas comemorações; não os acontecimentos por si mesmos, mas sua construção no tempo, o desaparecimento e o ressurgimento de suas significações; não o passado tal como se passou, mas suas sucessivas reutilizações; não a tradição, mas a maneira como ela se constituiu e transmitiu.[30]

O que está em jogo é a tomada de consciência por parte dos historiadores do estatuto de segundo grau de seu discurso. Entre história e memória, o fosso nem por isso é preenchido. É possível evitar o impasse a que conduz uma separação grande demais, mas também o recobrimento de ambas as noções.

Ao valor de perícia do historiador que privilegia o estatuto da verdade em sua pesquisa para se opor aos negacionistas, reservando à memória a função da fidelidade, podemos perguntar o que vale uma verdade sem fidelidade ou uma fidelidade sem verdade. É pela mediação da narrativa que se pode realizar uma mediação entre essas duas dimensões.

---

30 Nora, Comment on écrit l'histoire de France. In: _____, *Les lieux de mémoire*, p.24.

François Dosse

## Os ensinamentos da psicanálise

Nesse aspecto, a prática psicanalítica pode ser sugestiva para o historiador: o analisando fala, e, pelo aflorar do inconsciente em seu dizer, na forma de fragmentos de narrativas incoerentes, sonhos, atos falhos etc., o objetivo é chegar a uma inserção em intriga inteligível, aceitável e constitutiva de sua identidade pessoal. Nessa busca, o paciente passa por duas mediações, segundo Freud. Primeiro, a do outro, a de quem escuta, isto é, o psicanalista. É indispensável para a expressão da memória mais dolorosa e traumática a presença de um terceiro que autorize o contar. O paciente fala diante de uma testemunha, e esta é que o ajuda a superar os obstáculos da memória. A segunda mediação é a da própria linguagem do paciente, que é a de uma comunidade singular.

Essas duas mediações dão um enraizamento social à narrativa para transformá-la em prática. O dispositivo da cura, pela presença de um terceiro, cria uma forma particular de intersubjetividade. Quanto ao dizer do paciente, as narrativas formadas de narrativas que a precedem estão enraizadas numa memória coletiva. O paciente exprime uma interiorização da memória coletiva que cruza sua memória pessoal, excedida pela preocupação com a comunicação, a transmissão intergeracional, a injunção do *Zakhor* (Lembra-te!) da tradição do Velho Testamento.[31] Essa memória está ligada a uma terceira, ao mesmo tempo privada e pública. Ela advém como surgimento de uma narrativa constitutiva de uma identidade pessoal "enredada em histórias"[32] que faz da memória uma memória compartilhada.

O segundo grande ensinamento que podemos extrair da prática analítica é o caráter ferido da memória, cujos mecanismos complexos visam a se amoldar e, portanto, recalcar os traumas

---

31  Cf. Yerushalmi, *Zakhor.*
32  Schapp, *Enchevêtré dans des histoires.*

A história

sofridos e as recordações dolorosas demais. Estas estão na base de muitas patologias. Dois ensaios de Freud têm como tema o tratamento da recordação no plano coletivo. Evidenciam, em escala individual, o papel ativo da memória, o fato de que ela envolve um trabalho. A cura analítica contribui para um "trabalho de rememoração",[33] que deve passar por recordações encobridoras, origem de bloqueios que levam ao que Freud chama de compulsão de repetição no paciente condenado a resistir, apegando-se a seus sintomas. O segundo uso do trabalho da memória mencionado por Freud é ainda mais conhecido: trata-se do "trabalho de luto".[34] O luto não é só aflição, mas uma verdadeira negociação com a perda do ser amado num lento e doloroso trabalho de assimilação e desapego. Esse movimento de rememoração pelo trabalho da rememoração e distanciamento pelo trabalho de luto mostra que a perda e o esquecimento estão em ação no próprio âmago da memória para evitar perturbações.

Assim, diante das atuais injunções de que há um novo imperativo categórico vinculado ao dever de memória, Ricoeur, inspirando-se na prática analítica, contrapõe outra abordagem, a do trabalho de memória. Ele vê nesse fenômeno uma analogia possível com o plano da memória coletiva. As memórias individual e coletiva devem ambas manter uma coerência na duração, ao redor de uma identidade que se mantém e se inscreve no tempo e na ação. Nesse sentido, é a essa identidade do *Ipse*,[35] diferente da mesmidade, que se refere essa travessia experiencial da memória em torno do tema da promessa. Constatamos também situações muito contrastantes, em que deparamos, em certos casos, com "um passado que não quer passar" e, em outros, com atitudes de fuga, ocultação consciente ou inconsciente, negação dos momentos mais traumáticos do passado.

---

33  Freud, *De la technique psychanalytique*, p.105-15.
34  Id., *Métapsychologie*, p.189-222.
35  Cf. Ricoeur, *Soi-même comme un autre*.

François Dosse

## Entre o excesso e a falta de memória

Preocupado, de maneira muito kantiana, em evitar a exorbitância e os diversos modos de recobrimento que ela implica, Ricoeur dedicou-se a refletir sobre a dialética própria das relações entre história e memória, que constitui um ponto sensível e por vezes obsessivo de nosso fim de século, momento de balanço dos desastres de um trágico século XX. É essa reflexão que o leva ao resumo apresentado por ele em setembro de 2000 e que participa, como é sempre no caso nele, das preocupações cidadãs enunciadas logo de saída na abertura de seu último livro:

> Fico perturbado com o inquietante espetáculo oferecido pelo excesso de memória aqui, o excesso de esquecimento ali, para não falar da influência das comemorações e dos abusos de memória e de esquecimento. A ideia de uma política da justa memória é, a esse respeito, um de meus temas cívicos confessos.[36]

Ricoeur empenha-se em distinguir duas ambições de natureza diferente: veritativa para a história e de fidelidade para a memória, mostrando ao mesmo tempo que uma desconfiança excessiva em relação aos defeitos da memória levaria à sacralização da postura historiadora; inversamente, um recobrimento da história pela memória causaria impasse no nível epistemológico indispensável da explicação/compreensão. O que seria uma verdade sem fidelidade ou uma fidelidade sem verdade, pergunta-se Ricoeur, que constrói em primeiro lugar uma fenomenologia da memória. A imbricação entre história e memória é inevitável. Se, como mostrou Freud, a memória está sujeita a patologias – impedimentos, resistências –, ela também é vítima

---

36 Id., *La mémoire, l'histoire, l'oubli*, p.1.

A história

de manipulações e comandos. Contudo, em certas circunstâncias, ela pode ter momentos "felizes", de reconhecimento. É o caso da lembrança involuntária descrita por Proust, mas esse também pode ser o objetivo de uma memória de evocação, de um trabalho de memória que se assemelha ao que Freud chamou de trabalho de luto. Ora, em compensação, esse pequeno milagre do reconhecimento permitido pela memória é inacessível ao historiador, que não pode aspirar a essa "sorte", pois seu modo de conhecimento é sempre mediado pelo rastro textual, que faz de seu saber um canteiro de obras indefinido, sempre aberto para o ausente.

Nesse percurso que leva da fenomenologia à ontologia, Ricoeur mobiliza, na verdade, duas tradições que toda a sua obra filosófica tenta articular uma à outra. Aliás, é por esse verdadeiro emparcelamento que se mede a contribuição fundamental de Ricoeur. O *lógos* grego oferece a base inicial para responder ao enigma da representação do passado na memória. Platão já havia se colocado a questão do "quê" da lembrança, respondendo no *Teeteto* pelo *Eikôn* (a imagem-recordação). Ora, o paradoxo do *Eikôn* é essa presença no espírito de uma coisa ausente, essa presença do ausente. A essa primeira abordagem, Aristóteles acrescenta outra característica da memória com o fato de ela carregar em si a marca do tempo, o que define uma linha de fronteira entre a imaginação e a fantasia, por um lado, e a memória, por outro, que se refere a uma anterioridade, a um "ter sido". Mas quais são esses rastros memoriais? São de três tipos, segundo Ricoeur, que se mantém vigilante, à distância das tentativas reducionistas, como a de Changeux e de seu *Homem neuronal*, para o qual a lógica cortical explicaria todos os comportamentos humanos. Ricoeur toma o cuidado de distinguir os rastros memoriais corticais, psíquicos e materiais. Com essa terceira dimensão da memória, a dos rastros materiais e documentais, entramos no campo de investigação do historiador. Por si só, portanto, elas já constituem a imbricação inevitável da história

François Dosse

e da memória. Para Ricoeur, essa fenomenologia da memória participa de uma fenomenologia mais global do homem capaz, do "eu posso", que se declina num "poder lembrar-se", numa "arte de esquecer" e num "saber perdoar". Essa fenomenologia segue três interrogações. Em primeiro lugar, Paul Ricoeur se interroga sobre aquilo de que nos lembramos e insere no horizonte dessa capacidade o reconhecimento possível, que aparece como um milagre da memória enquanto "memória feliz" possível, adequação entre a lembrança e o objeto perdido, mas que pode levar a uma confusão entre o passado reconhecido e o passado percebido. O ato de reconhecer permite uma apropriação da alteridade, e Ricoeur insiste no termo "habitar". Ele se interroga, em seguida, sobre como, no duplo registro dos usos e abusos da memória e nesse plano, o trabalho de memória é da ordem do imperativo categórico, mas não deve ser atravancado pelo que o Pierre Nora chamou de "tirania da memória". Portanto, Ricoeur pretende endossar a prática historiadora em relação à memória, quando defende "a natureza verdadeira da relação da história com a memória, que é a de uma retomada crítica, tanto interna quanto externa".[37] Por fim, Ricoeur se interroga sobre o "quem" no estágio em que a memória se encontra em posição de guardiã da ipseidade e da alteridade, numa abordagem graduada que leva da egologia, do si mesmo para o outro como próximo e depois aos outros em geral. E, ao mesmo tempo, a memória é como que capturada pela história, é sua matriz, segundo Ricoeur, e, contudo, seria ilusório conceber que o conhecimento histórico pode confinar-se em sua dimensão memorial. A intervenção de Ricoeur nesse terreno pode ser analisada, na verdade, como uma tentativa de articular essas duas dimensões, subentendendo-se que elas são ao mesmo tempo diferentes e que Ricoeur entende "a memória como matriz da história".[38]

---

37 Ibid., p.337.
38 Ibid., p.106.

# A história

Contudo, há de fato um corte entre o nível memorial e o do discurso histórico, e este se efetua com a escrita. Ricoeur retoma aqui o mito da invenção da escrita como *pharmakon* no *Fedro* de Platão. Em relação à memória, a escrita é ao mesmo tempo o remédio que protege do esquecimento e o veneno, na medida em que ameaça substituir o esforço de memória. É no nível da escrita que se situa a história nas três fases constitutivas do que Michel de Certeau chama de operação historiográfica: o arquivamento, em que se define sua ambição veritativa de discriminação entre o testemunho autêntico e o falso; o plano da explicação/compreensão, que coloca a questão causal do "porquê"; e, por fim, o nível da própria representação historiadora, ao longo da qual se efetua o ato da escrita da história, que coloca mais uma vez a questão da verdade.

A *representância*, segundo Ricoeur, condensa as expectativas e as aporias da intencionalidade historiadora. Ela é o alvo do próprio conhecimento histórico, colocado sob o selo de um pacto segundo o qual o historiador assume como objeto personagens e situações que existiram antes de serem narradas. Essa noção de *representância* diferencia-se, portanto, da de representação, na medida em que implica um face a face com o texto, um referente que Ricoeur qualificou como *lugar-tenência* do texto histórico em *Tempo e narrativa*. A esse polo de veridicidade enraizado no *lógos* grego, Ricoeur articula o polo judeu-cristão da fidelidade, interrogando-se sobre aquilo que se chama cada vez mais dever de memória. Como Yerushalmi, ele discute o imperativo do Deuteronômio, o "lembra-te". Assim, ante as atuais injunções de que há um novo imperativo categórico ligado ao dever de memória, Ricoeur inspira-se na prática analítica e prefere a noção de trabalho de memória à de dever de memória, do qual ele ressalta o paradoxo gramatical que consiste em conjugar no futuro uma memória guardiã do passado. O dever de memória é legítimo, sem dúvida, mas pode ser objeto de abuso: "A injunção

François Dosse

de se lembrar corre o risco de ser entendida como um convite dirigido à memória para curto-circuitar o trabalho da história".[39] Esse é o objetivo de uma memória feliz, pacificada, da qual devemos nos aproximar à custa de um verdadeiro trabalho de memória, que passa por uma rearticulação com a verdade. É nesse nível mesmo, o da exigência da veridicidade, que a memória se especifica como grandeza cognitiva. Ele abre a caixa preta da memória com o terceiro termo do tríptico: o esquecimento, que é um duplo desafio à intenção de verdade da história e à intenção de fidelidade da memória. Mais uma vez, é distinguindo que Ricoeur chega a articulações significantes. Ele diferencia o que pode ser a perda irreversível que as lesões corticais podem provocar, ou o incêndio de uma biblioteca, e o esquecimento de reserva, que, ao contrário, preserva e, portanto, vê-se como a própria condição da memória, como justamente percebeu Ernest Renan acerca da nação e Kierkegaard acerca da libertação da preocupação.

Esse esquecimento de reserva, oferecido à evocação, é um esquecimento que preserva: "O esquecimento ganha um significado positivo, na medida em que o ter-sido prevalece sobre o não ser-mais na significação vinculada à ideia do passado. O ter-sido transforma o esquecimento no recurso imemorial oferecido ao trabalho da lembrança".[40] Na guerra das memórias que atravessamos e ao longo da qual uma rude concorrência opõe a história à memória, Ricoeur intervém para dizer a indizibilidade de suas relações: "A competição entre a memória e a história, entre a fidelidade de uma e a verdade da outra, não pode ser resolvida no plano epistemológico".[41]

Na medida em que a história é mais distante, mais objetivante, mais impessoal em sua relação com o passado, ela

---

39 Ibid., p.106.
40 Ibid., p.574.
41 Ibid., p.648.

A história

pode desempenhar um papel de equidade a fim de moderar a exclusividade das memórias particulares. Segundo Ricoeur, ela pode contribuir desse modo para transformar a memória infeliz em memória feliz, apaziguada, em justa memória. É, portanto, uma lição de esperança que Ricoeur prodiga: um reencaminhamento da relação entre passado, presente e devir constitutivo da disciplina histórica, da parte de um filósofo que relembra os imperativos do agir a historiadores que tendem a se comprazer na repetição e nas comemorações.

## O futuro do passado

Hoje, a memória pluralizada, fragmentada, transborda por todos os lados o "território do historiador". Ferramenta importante do elo social, da identidade individual e coletiva, ela se acha no centro de um verdadeiro desafio e espera muitas vezes do historiador que lhe dê, retrospectivamente, o sentido, à maneira de um psicanalista. Instrumento de manipulação durante muito tempo, ela pode ser reinvestida numa perspectiva interpretativa aberta para o futuro, fonte de reapropriação coletiva e não mera museografia isolada do presente. A memória, supondo a presença da ausência, continua sendo o ponto de ruptura essencial entre passado e presente, desse difícil diálogo entre o mundo dos mortos e o dos vivos. Ciência da mudança, como dizia Marc Bloch, a história toma cada vez mais os caminhos obscuros e complexos da memória até em seus modos extremos de cristalização, tanto materiais quanto ideais, para compreender melhor os processos de transformação, os ressurgimentos e as rupturas instauradoras do passado. Muito longe das leituras fechadas, cuja única ambição é preencher casas e procurar causas, a história social da memória permanece atenta a qualquer alteração como fonte de movimento cujos efeitos devem ser acompanhados. Tem como objeto um ausente que

François Dosse

age, um ato que só pode ser atestado se for objeto de interrogação de seu outro: "Muito longe de ser o relicário ou a lata de lixo do passado, ela [a memória] vive de crer, dos possíveis e de aguardá-los, vigilante, à espreita".[42]

## Revisitar as áreas de sombra

Multiplicam-se, assim, os trabalhos sobre as áreas de sombra da história nacional. Quando Henry Rousso "trata" do regime de Vichy, não é para repertoriar o que aconteceu de 1940 a 1944; seu objeto histórico começa quando Vichy já não é um regime político em exercício. Este se revela como sobrevivência das fraturas que provocou na consciência nacional. É então que Rousso pode evocar "o futuro do passado".[43] Sua periodização utiliza explicitamente as categorias psicanalíticas, ainda que as trate de maneira puramente analógica. Ao trabalho de luto de 1944-1954 segue-se o tempo do recalque e o do retorno do reprimido, até que a neurose traumática se transforma em fase obsessiva. À pouca memória sobre esse período seguiu-se de repente um período de excesso, tanto que Rousso sentiu a necessidade de publicar em 1994, com Éric Conan, *Vichy, un passé qui ne passe pas* [Vichy, um passado que não passa], em que alertava contra os abusos da memória. Para além desses retornos patológicos, o contexto é propício a essa reciclagem incessante do passado. Há, em primeiro lugar, a crise de futuro por que passa nossa sociedade ocidental, que incita a reciclar tudo como objeto memorial. Por sua vez, o reino do instantâneo que os meios tecnológicos modernos suscitam tem como efeito um sentimento de perda inexorável, que é combatido por um frenesi compulsivo de devolver um presente ao que parece lhe escapar. Essa reação, embora legítima em princípio,

---

42 Certeau, *L'invention du quotidien*, t.1, p.131.
43 Rousso, *Le syndrome de Vichy*.

# A história

tem um efeito perverso, frisado recentemente por Rousso: "Essa valorização impede um real aprendizado do passado, da duração, do tempo transcorrido, e pesa sobre nossa capacidade de encarar o futuro".[44] Muitas vezes é difícil encontrar a distância correta para evitar a repetição das atitudes neuróticas. Ela exige dos passageiros do presente que somos e, em primeiro lugar, dos historiadores que assumam e transmitam a memória nacional quando se dissipa o tempo das testemunhas. É o caso da história do genocídio e do período do governo de Vichy. Ora, esse dever de memória lembra ao historiador sua função cívica, de "sentinela em alerta",[45] que não produz sobre os grandes traumas coletivos do passado "um saber frio. Ele participa da construção e da transmissão da memória social".[46]

A história da memória é um imperativo e deve beneficiar-se de toda a contribuição crítica do ofício de historiador, caso se queira evitar as patologias de uma memória muitas vezes cega, como foi o caso em relação ao regime de Vichy até a década de 1970. A ligação entre história e memória tornou-se forte e, sem esse laço, a história seria apenas exotismo, porque é pura exterioridade, e Ricoeur lembra como o presente é afetado pelo passado. Graças a essa aproximação, e como explica Lucette Valensi, o historiador não tem monopólio: "Os modos de elaboração de um grande trauma e os modos de transmissão da memória coletiva são múltiplos".[47] Aliás, a esse respeito, Pierre Vidal-Naquet assinala com bom humor que a história é séria demais para ser deixada aos historiadores, lembrando que as três obras mais importantes para o conhecimento do extermínio dos judeus não são de autoria de historiadores, mas de Primo

---

44 Id., *La hantise du passé*, p.36.
45 Valensi, [Présence du passé, lenteur de l'histoire,] *Annales ESC*, n.3, p.498.
46 Ibid.
47 Ibid., p.499.

Levi (romancista), Raoul Hilberg (cientista político) e Claude Lanzmann, com a filmagem de *Shoah*.[48]

Na década de 1980, o retorno da palavra de ex-colaboracionistas e de seus jovens êmulos negacionistas lembram ao historiador seu dever de memória, o contrato de verdade da disciplina à qual ele pertence. É nesse contexto que Vidal-Naquet desempenha um papel decisivo na contraofensiva dos historiadores a essas teses negacionistas.[49] Quanto aos sobreviventes desse período sombrio, eles sentem a urgência de testemunhar, de deixar suas memórias para as gerações futuras, por todos os meios a sua disposição.

## O silêncio não é o esquecimento

A história da memória está particularmente exposta à complexidade por sua situação central, no próprio âmago da inter-relação problemática para todas as ciências sociais entre o individual e o coletivo. Foi o que mostrou Michaël Pollak a respeito da memória dos deportados que voltaram dos campos de extermínio. Fazendo uma enquete com os sobreviventes de Auschwitz-Birkenau, ele mostra que silêncio não é esquecimento. O sentimento enterrado da culpa está no cerne da síndrome dos sobreviventes, pegos entre a raiva de transmitir e a incapacidade de comunicar.[50] Daí a função dos que vão enquadrar essa memória. Sua tarefa é apreender os limites flutuantes entre os possíveis do dito e do não dito e assim facilitar o luto dos indivíduos. As memórias coletivas, assim como as memórias individuais, estão sujeitas a muitas contradições, tensões e reconstruções. Assim, "o silêncio sobre si mesmo –

---

48  Vidal-Naquet, Le défi de la *Shoah* à l'historie. In: _____, *Les juifs, la mémoire et le présent*, t.2, p.223-34.

49  Id., *Les assassins de la mémoire*.

50  Pollak, *L'expérience concentrationnaire: essai sur le maintien de l'identité sociale*.

A história

diferente do esquecimento – pode ser uma condição necessária da comunicação".[51]

A maneira como Lucette Valensi estuda a grande batalha dos três reis de 1578, um dos confrontos mais sangrentos do século XVI entre o islã e a cristandade, leva a uma interrogação que parte das análises de Ricoeur sobre a identidade narrativa para restituir os usos sociais da memória:

> "Narração, diremos nós, implica memória": ao ler essa sentença em *Tempo e narrativa*, de Paul Ricoeur, fiz como se pudesse ser invertida. A lembrança é contar uma história a si mesmo: por fragmentos, por estilhaços dispersos, sem dúvida, mas é necessária uma história [...]. Há, portanto, uma forma de atividade narrativa, de "inserção na intriga", que me autorizava a situar os ressurgimentos da lembrança nos escritos que nos foram deixados por portugueses e marroquinos.[52]

## Entre repetição e criatividade

A inserção na intriga pode colocar-se a serviço da memória--repetição nas formas ritualizadas das comemorações. O que está em jogo nessas últimas está ligado à dialética da ausência que se torna presente por uma cenografia, uma teatralização e uma estetização da narrativa. O rito permite conservar a memória, reativando a parte criativa do acontecimento fundador da identidade coletiva. Essa função do rito como corte necessário, marco no fluxo indiferenciado do tempo, foi bem percebida por Saint-Exupéry: "'O que é rito?', pergunta o pequeno príncipe. 'É também uma coisa muito esquecida', diz a raposa. 'É o que faz um dia ser diferente dos outros dias; uma hora, das

---

51  Id., Mémoire, oubli, silence. In: _____, *Une identité blessée*, p.38.
52  Valensi, *Fables de la mémoire: la glorieuse bataille des trois rois*, p.275.

François Dosse

outras horas'".[53] O rito é um marcador de identidade por sua capacidade de estruturação da memória, cuja cristalização ele representa em camadas sucessivas, sedimentadas. No entanto, a memória coletiva não se situa exclusivamente no eixo da rememoração, porque a própria mediação da narrativa a leva para o lado da criatividade e contribui para criar uma reconstrução necessária, no sentido atribuído por Jean-Marc Ferry ao registro reconstrutivo do discurso.[54]

É difícil encontrar o equilíbrio entre a repetição do mesmo, do idêntico, que pode representar um fechar-se para o outro, e a atitude de fuga do passado, do legado memorial transmitido, à maneira de Nietzsche:

> É possível viver, e até viver feliz, quase sem nenhuma memória, como mostra o animal; mas é absolutamente impossível viver sem esquecimento. Ou, para me explicar de maneira ainda mais simples sobre meu tema: há um grau de insônia, de ruminação, de senso histórico, para além do qual o ser vivo é abalado e, por fim, destruído, quer se trate de um indivíduo, de um povo ou de uma civilização.[55]

Essa atitude tem o mérito de evocar o esquecimento necessário, mas, levada ao extremo, pode originar patologias profundas da memória e, portanto, da identidade.

O esquecimento pode ser concebido numa perspectiva construtiva, como mostra Ernest Renan numa palestra de 1882 sobre o que é uma nação, em que evoca um verdadeiro paradoxo da identidade nacional, plebiscito de todos os dias, no interior dessa tensão entre a adesão a um patrimônio comum e o esquecimento dos traumas e feridas do passado: "O esque-

---

53 Saint-Exupéry, *Le Petit Prince*, p.70.
54 Ferry, *Les puissances de l'expérience*.
55 Nietzsche, *Considérations inactuelles*, p.97.

## A história

cimento e, direi até, o erro histórico são um fator essencial na criação de uma nação".[56] Esse esquecimento necessário lembra que não cabe ao passado reger o presente, mas, ao contrário, cabe à ação presente utilizar as jazidas de sentido do espaço de experiência. Essa é a demonstração a que Jorge Semprun se dedicou em *L'écriture ou la vie* [A escrita ou a vida], quando conta como, sendo um ex-deportado que atravessou o indizível e a morte, teve de escolher o esquecimento temporário para continuar a viver e a criar. Mas o esquecimento dos acontecimentos traumáticos também pode ter como efeito seu retorno na forma de espectros que assombram o presente. A memória flutua, então, numa zona de sombras, não atribuída, condenada a vagar, e pode manifestar-se de maneira perigosa onde não se espera, podendo ser a origem de violências aparentemente despropositadas.

Para além da atual conjuntura memorial, sintomática, da crise de uma das duas categorias meta-históricas, o horizonte de expectativa, a ausência de projeto de nossa sociedade moderna, Ricoeur recorda a função do agir, da dívida ética da história com o passado. O regime de historicidade, sempre aberto para o devir, sem dúvida não é mais a projeção de um projeto plenamente pensado, fechado em si mesmo. A própria lógica da ação mantém aberto o campo dos possíveis. Por isso, Ricoeur defende a noção de utopia, não quando ela é o suporte de uma lógica louca, mas como função libertadora que "impede o horizonte de expectativa de se fundir com o campo de experiência. É isso que mantém a distância entre a esperança e a tradição".[57] Ele defende com a mesma firmeza o dever, a dívida das gerações presentes com o passado, fonte da ética de responsabilidade. A função da história permanece viva, portanto. A história não está órfã, como se crê, desde que se responda às exigências

---

56  Renan, *Qu'est-ce qu'une nation?*, p.41.
57  Ricoeur, *Du texte à l'action*, p.391.

François Dosse

do agir. O fraturamento dos determinismos provocado pela reabertura para os possíveis não comprovados do passado, para as previsões, expectativas, desejos e temores dos homens do passado permite atenuar a fratura postulada entre uma busca da verdade, que seria apanágio do historiador, e uma busca da fidelidade, que seria da alçada do memorialista. A construção ainda por vir de uma história social da memória permitiria pensar conjuntamente estas duas exigências:

> Uma memória submetida à prova crítica da história já não pode visar à fidelidade sem passar pelo crivo da verdade. E uma história, recolocada pela memória no movimento da dialética da retrospecção e do projeto já não pode separar a verdade da fidelidade, que está ligada, em última análise, às promessas não cumpridas do passado.[58]

Assim, o luto das visões teleológicas pode tornar-se uma oportunidade de revisitar, a partir do passado, os múltiplos possíveis do presente a fim de pensar o mundo de amanhã.

## A guerra das memórias e a história

O início da década de 2000 assistiu na França à multiplicação de sintomas de verdadeiras patologias memoriais. Estas se manifestaram numa desagradável tendência à judicialização, que levou o poder político a legislar em matéria memorial. A intenção era totalmente louvável algumas vezes, como foi o caso da aprovação da lei Gayssot, em 13 de julho de 1990, que visava a impedir as teses negacionistas que negam a existência das câmaras de gás do nazismo. No entanto, houve uma aceleração do gênero, claramente mais problemática. Em 29

---

58  Id., La marque du passé, *Revue de Métaphysique et de Morale*, n.1, p.31.

## A história

de janeiro de 2001, foi aprovada uma lei para qualificar como genocídio o massacre dos armênios em 1915; em 21 de maio de 2001, a chamada lei "Taubira" definiu o tráfico negreiro e a escravidão transatlântica como crime contra a humanidade desde o século XV; e, por fim, a lei de 23 de fevereiro de 2005 estipulou "que os programas reconhecem em especial o papel positivo da presença francesa além-mar, em especial na África do Norte". Com essas leis, o poder político consegue prescrever aos historiadores não só qual memória deve ser transmitida às novas gerações, mas, sobretudo, a maneira como deve ser apresentada. Uma verdadeira incongruência, quando se sabe que o princípio maior da deontologia predominante na educação nacional é o respeito à liberdade do docente.

Alguns grupos portadores de memória entenderam o que estava em jogo e a possibilidade de fazer valer seus direitos diante das autoridades públicas. Organizaram em associações cujo fundamento é assentar uma solidez memorial para além do desgaste do tempo, transmitir uma fidelidade memorial em relação à geração ascendente. Tudo isso é muito legítimo. Mas alguns, movidos por uma lógica exclusivista, tornam-se cegos, à custa dos piores anacronismos.

Entre os dirigentes políticos de todas as orientações, a irresponsabilidade também é amplamente compartilhada, e reina a maior desordem, tanto à direita quanto à esquerda. Michel Diefenbacher, deputado de direita da União por um Movimento Popular (UMP) e encarregado em 2003 do relatório sobre a presença francesa no Ultramar, pede a palavra na Assembleia Nacional em 11 de junho de 2004 para elogiar "a firme vontade da representação nacional de que a história ensinada aos nossos filhos, em nossas escolas, mantenha intacta a lembrança da maior epopeia da França". Retoma-se assim, como ressalta Romain Bertrand,[59] uma linguagem tipicamente colonialista,

---

59  Bertrand, *Mémoires d'Empire*.

François Dosse

a do século XIX eurocêntrico. Como diz com humor Pierre Nora, quando haverá uma lei para defender a causa dos russos brancos contra os crimes comunistas? Uma lei para indenizar os descendentes dos protestantes massacrados na noite de São Bartolomeu? Uma lei para os vandeanos dizimados durante a Revolução Francesa e, por que não, uma lei para os albigenses exterminados?[60]

No mesmo momento, quando um historiador laureado com o prêmio do Senado, autor publicado por Pierre Nora na editora Gallimard, é alvo de processos judiciais por sustentar que o tráfico de negros não dependia dos mesmos mecanismos mortíferos do genocídio dos judeus, e quando o Estado ordena a seus docentes que apresentem de forma positiva a colonização da África do Norte e dos Dom-Tom,* a indignação chega ao ápice. É criada uma nova associação, "Liberdade para a história", que convoca a população a assinar uma petição para exigir a anulação de todas as leis memoriais. Essa convocação, datada de 12 de dezembro de 2005, é assinada por dezenove historiadores (Jean-Pierre Azéma, Élisabeth Badinter, Jean--Jacques Becker, Françoise Chandernagor, Alain Decaux, Marc Ferro, Jacques Julliard, Jean Leclant, Pierre Milza, Pierre Nora, Mona Ozouf, Jean-Claude Perrot, Antoine Prost, René Rémond, Maurice Vaïsse, Jean-Pierre Vernant, Paul Veyne, Pierre Vidal--Naquet e Michel Winock).

O apelo recolhe em 16 de fevereiro de 2006 as assinaturas de 650 pesquisadores e docentes de história. René Rémond é sondado para ser o presidente da nova associação, e Pierre Nora ocupa a vice-presidência. Rémond define o caráter não corporativista desse combate pelas liberdades: "O texto pede liberdade para a história, não para os historiadores. A história

---

60 Nora, [Malaise dans l'identité historique,] *Le Débat*, n.141, p.49.
* Départements d'Outre-mer-Térritoires d'Outre-mer (Departamentos de Ultramar-Territórios de Ultramar), conjunto de territórios franceses situados fora do continente europeu. (N. T.)

# A história

não pertence a eles, tampouco aos políticos. Ela é um bem de todos".[61] E cabe a Rémond lembrar que, em última instância, é o cidadão que decide quanto à tensão entre o polo memorial e o polo da história. Daí a necessidade de esclarecê-lo em suas escolhas.

Uma missão parlamentar é implantada, sob a presidência de Bernard Accoyer, para tratar das questões memoriais e, diante do fogo cerrado das críticas dos historiadores que alertavam os parlamentares para os graves riscos de deriva, a comissão finalmente adotou um relatório que orientava não mais a adotar a via legislativa em matéria de memória. Podemos considerar que a batalha foi ganha no plano nacional, mas os objetivos deslocaram-se de imediato para o plano europeu, com a decisão do Conselho dos Ministros Europeus de abril de 2007 que institui na União Europeia novos delitos que ameaçam atentar contra a livre pesquisa histórica. Essa decisão instaura, para todos os casos de "banalização grosseira" dos genocídios, processos penais que tornam seus autores passíveis de prisão, sejam eles quais forem, exceto em caso de derrogações particulares. A associação "Liberdade para a História" decide, então, mudar de escala: por ocasião dos Encontros de História de Blois, em 2008, cujo tema é a Europa, ela lança o Apelo de Blois, pelo qual se dirige aos dirigentes políticos.

Nesse momento de apelo internacional, o novo presidente da associação, Pierre Nora e Françoise Chandernagor publicam um pequeno livro-manifesto em defesa da liberdade da história.[62] O eixo do combate pela liberdade da história deslocou-se, portanto, para o plano europeu.

---

61 Rémond, Contre les vérités officielles, *L'histoire*, n.306, p.84.
62 Nora; Chandernagor, *Liberté pour l'histoire*.

# Referências bibliográficas

AGOSTINHO. *Confessions*. Paris: Garnier-Flammarion, 1964. [Ed. Bras.: *Confissões*. 23.ed. Petrópolis: Vozes, 2008. 2v.]

ALTHUSSER, L. *Lire le Capital*. Paris: Maspero, 1965. 2v. (col. Théorie) [1971, 4v.]

_____. *Montesquieu:* la politique et l'histoire. Paris: PUF, 1959 [1981].

_____. *Pour Marx*. Paris: Maspero, 1969.

*Annales*, 1930.

*Annales*, n. 3-4, maio-ago. 1971.

ARIÈS, P. *Le temps de l'histoire*. Paris: Le Seuil, 1986.

ARISTÓTELES. *Métaphysique*. [Ed. Bras.: *Metafísica*. São Paulo: Loyola, 2002.]

_____. *Physique*. [Ed. Bras.: *Física I e II*. Campinas: Ed. Unicamp, 2009.]

_____. *Poétique*. Paris: Hachette, 1990.

ARON, R. *Essai sur une théorie de l'histoire dans l'Allemagne contemporaine, la philosophie critique de l'histoire*. Paris: Vrin, 1938.

_____. *Introduction à la philosophie de l'histoire*. Paris: Gallimard, 1981. (col. Tel.)

_____. *La philosophie critique de l'histoire*. Paris: Le Seuil, 1970. (col. "Points")

BARRET-KRIEGEL, B. *L'histoire à l'âge classique*. Paris: PUF, 1988. 4v. [1996]

_____. *La défaite de l'érudition*. Paris: PUF, 1996.

BARTHES, R. *Michelet par lui-même*. Paris: Le Seuil, 1975.

_____. *Michelet*. Paris: Le Seuil, 1988.

# François Dosse

BARTOSEK, K. *Les aveux des archives*: Prague-Paris-Prague, 1948-1968. Paris: Le Seuil, 1996.

BEAUNE, C. *Naissance de la nation France*. Paris: Gallimard, 1985. [1993]

BÉDARIDA, F. (Org.). *L'histoire et le métier d'historien en France (1945-1995)*. Paris: MSH, 1995.

_____. Écrire l'histoire du temps présent. Paris: CNRS, 1993.

BENJAMIN, W. *Charles Baudelaire, un poète lyrique à l'apogée du capitalisme*. Paris: Payot, 1982. [Ed. Bras.: *Charles Baudelaire*: um lírico no auge do capitalismo. 4.ed. Brasiliense, 2004.]

BENOIST, J. [La fin de l'Histoire, forme ultime du paradigme historiciste.] In: _____.; MERLINI, F. (Orgs.). *Après la fin de l'histoire*. Paris: Vrin, 1998.

_____.; MERLINI, F. (Org.). *Après la fin de l'histoire*. Paris: Vrin, 1998.

BENSAÏD, D. *Marx, l'intempestif*. Paris: Fayard, 1995.

BERGSON, H. *L'énergie spirituelle*. Paris: PUF, 1991.

_____. *Matière et mémoire*. Paris: PUF, 2008.

BERTRAND, R. *Mémoires d'Empire*. Bellecombe-en-Bauges: Croquant, 2006.

BIZIÈRE, J.-M.; VAYSSIÈRE, P. *Histoire et historiens*. Paris: Hachette, 1995.

BLANCHARD, J. *Annales ESC*, n.5, set.-out. 1991, p.1071-105.

BLOCH, M. *Apologie pour l'histoire*. Paris: Armand Colin, 1941. [1964, 1974]

_____. *L'étrange défaite*. Francs-Tireurs, 1946.

_____. *La société féodale*. Albin Michel, 1968.

_____. *Les caractères originaux de l'histoire rurale française*. Paris : Les Belles-Lettres, 1931.

BODIN, J. *La méthode de l'histoire*. [s.d.]

_____. Méthode pour une facile compréhension de l'histoire. In: _____., *Oeuvres philosophiques*. Paris: PUF, 1965.

BOITIER, J.; JULIA, D. *Passés recomposées*: champs et chantiers de l'histoire. Paris: Autrement, 1995.

BOLTANSKI, L.; THÉVENOT, L. *De la justification*. Paris: Gallimard, 1991.

BOSSUET. *Discours*. [s.d.]

BOURDÉ, G.; MARTIN, H. *Les écoles historiques*. Paris: Le Seuil, 1985. (Coleção Points.)

BOUTON, C. [Hegel penseur de "la fin de l'histoire"?] In: BENOIST, J.; MERLINI, F. (Orgs.). *Après la fin de l'histoire*. Paris: Vrin, 1998.

BOUTRY, P. De l'histoire des mentalités à l'histoire des croyances: la possession de Loudun, *Le Débat*, n.49, mar.-abr. 1988.

# A história

BOYER, A. *Introduction à la lecture de Popper*. Paris: Presses de l'ENS, 1994.

_____. *L'explication en histoire*. Lille: Presses universitaires de Lille, 1992.

_____. *L'explication historique*. Paris: PUL, 1992.

BRAUDEL, F. Écrits sur l'histoire. Paris: Flammarion, 1969.

_____. La longue durée, *Annales ESC*, n.4, out.-dez. 1958, p.725-53.

[Reed. in: _____, *Écrits sur l'histoire*. Paris: Armand Colin, 1969.]

_____. *La Méditerranée et le monde méditerranéen à l'époque de Philippe II*. Paris: Armand Colin, 1976. t.2. [1993]

BURGUIÈRE, A. (Org.). *Dictionnaire des sciences historiques*. Paris: PUF, 1986.

_____. *Annales*, n.3-4, [s.d.].

CARBONELL, C.-O. *Histoire et historiens*: une mutation idéologique des historiens français, 1865-1885. Toulouse: Privat, 1976.

CARR, E. H. *Qu'est-ce que l'histoire?* Paris: La Découverte, 1988. [1997]

CASTILLO, M. *Emmanuel Kant*: histoire et politique. Paris: Vrin, 1999.

CERTEAU, M. de. Cultures et spiritualités. *Concilium*, n.19, nov. 1966.

_____. *Histoire et psychanalyse entre science et fiction*. Paris: Gallimard, 1987. (Coleção Folio.)

_____. *L'absent de l'histoire*. Mame, 1973.

_____. *L'écriture de l'histoire*. Paris: Gallimard, 1975.

_____. L'histoire, une passion nouvelle, *Magazine littéraire*, n.123, abr. 1977, p.19-20.

_____. *L'invention du quotidien*. Paris: Folio, 1990.

_____. *La possession de Loudun*. Paris: Gallimard, 1990.

_____. *La prise de la parole*. Desclée de Brouwer, 1968.

_____.; JULIA, D.; REVEL, J. La Beauté du mort, *Politique aujourd'hui*, dez. 1970.

CHARTIER, R. [Elias: une pensée des relations.] *EspacesTemps*, n.53-4, 1993.

_____. [Le temps des doutes,] *Le Monde*, 18 mar. 1993.

_____. *Au bord de la falaise. L'histoire entre certitudes et inquietude*. Paris: Albin Michel, 1998.

_____. *Lectures et lecteurs dans la France d'Ancien Régime*. Paris: Le Seuil, 1987. [Ed. Bras. : *Leituras e leitores na França do Antigo Regime*. São Paulo: Ed. Unesp, 2003.)

CHATEAUBRIAND, F. A. R. *Mémoires d'outre-tombe*. Paris: Gallimard/Pléiade, 1951. t.2.

CHÂTELET, F. *La naissance de l'histoire*. Paris: Minuit, 1962. 2v. [1996]

CHAUNU, P. *Histoire, Science sociale*: la durée, l'espace et l'homme à l'époque moderne. Paris: Sedes, 1974.

311

# François Dosse

CHAUNU, P. *L'instant éclaté*: entretiens avec François Dosse. Paris: Aubier, 1994.

CHAUVY, G. *Aubrac Lyon 1943*. Paris: Albin, Michel, 1997.

CHESNEAUX, J. *Habiter le temps*. Montrouge: Bayard, 1996.

CÍCERO. *De Oratore*. Paris: Les Belles Lettres, 1921.

_____. *Les devoirs*. [s.d.]

CITRON, S. *Le mythe national*. Ivry-sur-Seine: Éd. Ouvrières, 1987.

CIZEK, E. *Histoire et historiens à Rome dans l'Antiquité*. Presses Universitaires de Lyon, 1995.

COLLIOT-THÉLÈNE, C. [Le concept de rationalisation: de Max Weber à Norbert Elias.] In: GARRIGOU, A.; LACROIX, B. (Orgs.). *Norbert Elias, la politique et l'histoire*. Paris: La Découverte, 1997.

_____. *Max Weber et l'histoire*. Paris: PUF, 1990.

COMMYNES, P. de. *Mémoires*. Apres. Philippe Contamine, Imprimérie Nationale, 1994. [Ed. R. Chantelauze, 1881, t.1].

CONDORCET. *Mathématique et société*. Hermann, 1974.

CONTAMINE, P. [Froissart: Art Militaire, pratique et conception de la Guerre.] In: PALMER, J. J. (Org.), *Froissart*: Historian. London, 1981.

CORBIN, A. *Le miasme et la jonquille*: l'odorat e l'imaginaire social, XVIIIe-XIXe siècle. Paris: Champs-Flammarion, 1986.

_____. *Le territoire du vide*: l'Occident et le désir de rivage 1750-1850. Paris: Champs-Flammarion, 1990.

_____. Le vertige des foisonnements, *Revue d'histoire moderne et contemporaine*, n.39, 1992.

_____. *Les filles de noce*: misère sexuelle et prostitution au XIXe siècle. Paris: Champs-Flammarion, 1982.

_____. *EspacesTemps*, 1995.

COULANGES, F. de. De l'analyse des textes historiques, 1887. [Reed. in: HARTOG, F. *Le XIXe siècle et l'histoire*: le cas Fustel de Coulanges. Paris: PUF, 1988.]

_____. *La monarchie franque*. Paris: Hachette, 1988.

D'ALEMBERT, J.; DIDEROT, D. *Encyclopédie*. [s.d.]

DANTO, A. *Analytical Philosophy of History*. Cambridge University Press, 1965.

DASTUR, F. *Heidegger et la question du temps*. Paris: PUF, 1990.

DELACROIX, C. [La falaise et le rivage. Histoire critique du "tournant critique",] *EspaceTemps*, n.59-60-61, p.86-111.

_____. et al. *Historiographies. Concepts et débats*. Paris: Gallimard, 2010. 2v. (Coleção Folio.)

DELACROIX, C.; DOSSE, F.; GARCIA, P. *Les courants historiques en France, XIXe-XIXe siècle*. Paris: Armand Colin, 1999. (Coleção "U")

# A história

[2.ed. Gallimard, coleção Folio, 2007. Ed. Bras.: *Correntes históricas na França*. São Paulo: Ed. Unesp/Edifora da FGV: 2012.]

DELEUZE, G. *Logique du sens*. Paris: Minuit, 1969.

DESANTI, J.-T. *Réflexion sur le temps*. Paris: Grasset, 1992.

DESCOMBES, V. *Le même et l'autre*. Paris: Minuit, 1979.

DETIENNE, M. *Comparer l'incomparable*. Paris: Le Seuil, 2000.

_____.; VERNANT, J.-P. *Les ruses de l'intelligence*: la mètis des Grecs. Paris: Flammarion, 1974.

DILTHEY, W. *L'édification du monde historique dans les sciences de l'esprit*. Paris: Cerf, 1988. [Ed. Bras.: A construção do mundo histórico nas ciências humanas. São Paulo: Ed. Unesp, 2010.]

DOSSE, F. *L'empire du sens, l'humanisation des sciences humaines*. Paris: La Découverte, 1995. [1997]

_____. *L'histoire em miettes, des annales à la nouvelle histoire*. Paris: La Découverte, 1987. [Presses Pocket/Poche-La Découverte, 2005.]

_____. *La marche des idées*: histoire des intellectuels, histoire intelectuelle. Paris: La Découverte, 2003.

_____. *Le pari biographique*: écrire une vie. Paris: La Découverte, 2005.

_____. *Renaissance de l'événement*: une énigme pour l'historien, entre sphinx et phénix. Paris: PUF, 2010. [Ed. Bras.: *Renascimento do acontecimento*. São Paulo: Ed. Unesp, no prelo.]

DRAY, W. *Laws and Explanation in History*. Oxford University Press, 1957.

DUBY, G. *Guillaume le Maréchal*. Paris: Fayard, 1984.

_____. *L'an mil*. Paris: Gallimard, 1980.

_____. *L'histoire continue*. Paris: Le Seuil, 1991. (Coleção Points Odile Jacob.)

_____. *Le dimanche de Bouvines*. Paris: Gallimard, 1973.

DUFOURNET, J. *Études sur Philippe de Commynes*. Champion, 1975

DUHEM, P. *La théorie physique, son object, sa structure*. Paris: Vrin, 1981.

DUMOULIN, O. *Le rôle social de l'historien*: de la chaire au prétoire. Paris: Albin Michel, 2003.

DURKHEIM, E. *Le suicide*, 1897. [Ed. Bras.: *O suicídio*. São Paulo: Martins Fontes, 2000.]

_____. Les études de science sociale, *Revue philosophique*, n.22, p.61-80.

_____. *Les règles de la méthode sociologique*. PUF, 1967.

ELIAS, N. *Du temps*. Paris: Fayard, 1996.

_____. *La Société des individus*. Paris: Fayard, 1991. [Ed. Bras.: *A sociedade dos indivíduos*. Rio de Janeiro: Zahar, 2005.]

# François Dosse

ELSTER, J. *Le laboureur et ses enfants*. Paris: Minuit, 1987.

FARGE, A. *Des lieux pour l'histoire*. Paris: Le Seuil, 1997.

————. *Le cours ordinaire des choses*: dans la cité au XVIIIᵉ siècle. Paris: Le Seuil, 1994.

————. *Le goût de l'archive*. Paris: Le Seuil, 1989.

FEBVRE, L. *Combats pour l'histoire*. Paris: Armand Colin, 1953.

————. resenha de *Apologie pour l'histoire*. In: ————., *Combats pour l'histoire*. Paris: Armand Colin, 1953.

FERRY, J.-M. *Les puissances de l'expérience*. Paris: Cerf, 1991. [1992]

FERRY, L. *Philosophie politique*. Paris: PUF, 1987.

FINLEY, M. I. *Mythe, mémoire, histoire*. Paris: Flammarion, 1981.

FOUCAULT, M. [Le retour de la morale,] *Les Nouvelles Littéraires*, 28 jun. 1984.

————. *Hommage à Hyppolite*. Paris: PUF, 1971.

————. *L'archéologie du savoir*. Paris: Gallimard, 1969.

————. *L'ordre du discours*. Paris: Gallimard, 1971.

————. *Les mots et les choses*: une archeologie des sciences humaines. Paris: Gallimard, 1966.

————. *Nietzsche, Freud, Marx*. In: Actes du Colloque de Royaumont, *Nietzsche*. Paris: Minuit, 1967.

————. *Surveiller et punir*. Paris: Gallimard, 1975.

FRANK, R. [Enjeux épistémologiques de l'enseignement de l'histoire du temps présent.] In: Actes de l'Université d'Été de Blois, *L'histoire entre épistémologie et demande sociale*. set. 1993. IUFM de Créteil, Toulouse, Versailles, 1994.

FREUD, S. *De la technique psychanalytique*. Paris: PUF, 1953.

————. *Métapsychologie*. Paris: Gallimard, 1952.

FREUND, J. *Sociologie de Max Weber*. Paris: PUF, 1966.

FUKUYAMA, F. *La fin de l'histoire et le dernier homme*. Paris: Flammarion, 1992.

GADAMER, H. G. *Vérité et méthode*. Paris: Le Seuil, 1976.

GAUCHET, M. (Org.). *Philosophie des sciences historiques*. Lille: Presses Universitaires de Lille, 1988.

————. L'élargissement de l'objet historique, *Le Débat*, n.103, jan.-fev. 1999, p.131-47.

————. *La condition historique*. Paris: Stock, 2003.

————. *Philosophie des sciences historiques*. Paris: PUL, 1988.

*Genèses*, n.10, jan. 1993.

GIDDENS, A. *Social Theory and Modern Sociology*. Stanford, 1987.

GINZBURG, C. *Le juge et l'historien*. Verdier, 1997.

————. *Mythes, emblèmes, traces*. Paris: Flammarion, 1989.

# A história

GINZBURG, C. Traces, racines d'un paradigme indiciaire. In: _____.,
*Mythes, emblèmes, traces*. Paris: Flammarion, 1989.
GIRARD, R. *Le bouc émissaire*. Grasset, 1982.
GLABER, R. *Histoires*. [s.d.]
GODDARD, J.-C. *Hegel et l'hégélianisme*. Paris: Armand Colin, 1998.
GREEN, A. *Le temps éclaté*. Paris: Minuit, 2000.
GRELL, C. *L'histoire entre érudition et philosophie*. Paris: PUF, 1993.
GROETHUYSEN, B. *Philosophie et histoire*. Paris: Albin Michel, 1995.
GUENÉE, B. (Org.). *Le métier d'historien au Moyen Âge*. Paris: Sorbonne, 1977.
_____. *Histoire et culture historique dans l'Occident medieval*. Paris: Aubier, 1980.
_____. Les grandes chroniques de France. In: NORA, P. (Org.), *Les lieux de mémoire*. Paris: Gallimard, 1986. t.2.
HAAR, M. *Heidegger et l'essence de l'homme*. Millon, 1990.
HABERMAS, J. *Le discours philosophique de la modernité*. Paris: Gallimard, 1988.
_____. Les tendances apologétiques dans l'historiographie contemporaniste allemande, *Die Zeit*, 11 jul. 1986. [Reed. in: VV.AA. *Devant l'histoire*. Paris: Cerf, 1988, p.47-58.]
HALBWACHS, M. *La mémoire collective*. Paris: PUF/Albin Michel, 1997.
_____. *Les cadres sociaux de la mémoire*. Paris: Albin Michel, 1994.
HARTOG, F. *L'histoire d'Homère à Augustin*. Paris: Le Seuil, 1999. (Coleção Points.)
_____. La Révolution française et l'Antiquité. In: _____., *La pensée politique*, 1, 1993.
_____. *Le miroir d'Hérodote*. Paris: Gallimard, 1980.
_____. *Le XIX$^e$ siècle et l'histoire*: le cas de Fustel de Coulanges. Paris: PUF, 1988.
_____. *Régimes d'historicité*: présentisme et expériences du temps. Paris: Le Seuil, 2003.
_____. Sur la notion de régimes d'historicité. In: DELACROIX, C.; DOSSE, F.; GARCIA, P. (Orgs.). *Historicités*. Paris: La Découverte, 2009.
_____.; LENCLUD, G. Régimes d'historicité. In: DUTU, A.; DODILLE, N. (Org.), *L'état des lieux en sciences sociales*. Paris: L'Harmattan, 1993.
HEGEL, G. W. F. *La phénoménologie de l'esprit*. Paris: Aubier, 1947. t.1. [1991]
_____. *La Raison dans l'histoire*. Paris: Christian Bourgois, 1965.
_____. *Principes de la philosophie du droit*. [Ed. Bras.: Princípios da filosofia do direito. São Paulo: Martins Fontes, s.d.]

HEIDEGGER, M. *Être et temps.* Paris: Gallimard, 1964. [1986] [Ed. Bras.: *Ser e Tempo.* Petrópolis: Vozes, 2006. 2v.]
HEINICH, N. *La sociologie de Norbert Elias.* Paris: La Découverte, 1997.
HEINZELMANN, M. In: *Histoires de France, historiens de France.* Société de l'histoire de France, Actes du Colloque International, Reims, 14-15 maio 1993.
HERÓDOTO. *Histoires.* Les Belles Lettres, 1970.
————. *L'enquête.* [s.d.]
HILDESCHEIMER, F. *Introduction à l'histoire.* Paris: Hachette, 1984.
HIRSCHHORN, M. *Max Weber et la sociologie française.* Paris: L'Harmattan, 1988.
Histoire et sciences sociales: tentons l'expérience, *Annales ESC,* n.6, nov.-dez. 1989.
Histoire et sciences sociales: un tournat critique?, *Annales ESC,* n.2, mar.-abr. 1988.
HONDT, J. *Hegel, philosophie de l'histoire vivante.* Paris: PUF, 1966.
HUPPERT, G. *L'idée de l'histoire parfaite.* Paris: EHESS/Flammarion, 1973.
HUSSERL, E. *Leçons pour une phénoménologie de la conscience intime du temps.* PUF, 1964.
JARCZYK, G.; LABARRIÈRE, P.-J. *De Kojève à Hegel.* Paris: Albin Michel, 1996.
JEANNENEY, J.-N. *Le passé dans le prétoire*: l'historien, le juge et le journaliste. Paris: Le Seuil, 1998.
JOHNER, A. *La violence chez Tite-Live*: mythographie et historiographie. Strasbourg, 1996.
JOUTARD, P. *La legende des camisards. Une sensibilité au passé.* Paris: Gallimard, 1977.
KANT, E. *Histoire et politique.* Paris: Vrin, 1999.
————. *Idée d'une histoire universelle au point de vue cosmopolitique.* In: ————., *La philosophie de l'histoire.* Paris: Denoël/Gonthier, 1947.
————. *La philosophie de l'histoire.* Paris: Denoël/Gonthier, 1947.
KENDALL, P.-M. *Louis XVI.* [s.d.]
KIRSCHER, G. *La philosophie d'Éric Weil.* Paris: PUF, 1989.
KOJÈVE, A. *Introduction à la lecture de Hegel.* Paris: Gallimard, 1985.
KOSELLECK, R. *L'expérience de l'histoire.* Paris: EHESS/Gallimard/ Le Seuil, 1997.
————. *Le futur passé*: contribution à la sémantique des temps historiques. Paris: EHESS, 1990.
KRACAUER, S. *L'histoire des avant-dernières choses.* Paris: Stock, 2006.
LA POPELINIÈRE, L. V. *Histoire de France.* [s.d.]

# A história

LA POPELINIÈRE, L. V. L'idée de l'histoire accomplie. In: _____., *L'histoire des histoires*. Paris: Fayard, 1989. t.2.

LABARRIÈRE, P.-J. La sursomption du temps et le vrai sens de l'histoire conçue, *Revue de Métaphysique et de Morale*, n.1, 1979.

LACROIX, B. *L'historien au Moyen Âge*. Paris: Vrin, 1971.

LANGLOIS, C.-V.; SEIGNOBOS, C. *Introduction aux études historiques*. Hachette, 1898. [Kimé, 1992]

LATOUR, B. *Les microbes*: guerre et paix, suivi de Irréductions. Métailié, 1984.

LAVISSE, E. verbete "Histoire". In: BUISSON, F. *Dictionnaire de pédagogie*. Paris: Hachette et Cia., 1887.

LE GOFF, J. *Pour un autre Moyen Âge*. Paris: Gallimard, 1977.

_____. *Saint Louis*. Paris: Gallimard, 1996.

_____.; CHARTIER, R.; REVEL, J. (Org.). *La nouvelle histoire*. Paris: Retz, 1978.

LE ROY LADURIE, E. L'histoire immobile: leçon inaugurale au Collège de France, 30 nov. 1973. [Reed. in: _____., *Le territoire de l'historien*. Paris: Gallimard, 1978. t.2.]

_____. *Le territoire de l'historien*. Paris: Gallimard, 1973. 2v. [1978]

LEDUC, J. *Les historiens et le temps*. Paris: Le Seuil, 1999. (Coleção Points.)

LEPETIT, B. L'histoire prend-elle les acteurs au sérieux?, *EspaceTemps*, n.59-60-61, p.112-22.

_____. *Les formes de l'expérience*. Paris: Albin Michel, 1995.

LÉVINAS, E. La trace. In: _____., *Humanisme de l'autre homme*. Fata Morgana, 1972.

LÉVI-STRAUSS, C. Histoire et ethnologie. In: _____., *Anthropologie structurale*. Plon, 1958.

_____. *La pensée sauvage*. Plon, 1962.

LIPOVETSKY, G. *L'ère du vide*. Paris: Gallimard, 1983.

LORAUX, N. Thucydide a écrit la guerre du Péloponnèse, *Metis*, v.I, n.1, 1986, p.139-61.

_____.; MIRALLES, C. (Orgs.). *Figures de l'intellectuel en Grèce ancienne*. Belin, 1998.

MABILLE, B. *Hegel*: l'épreuve de la contingence. Paris: Aubier, 1999.

MABILLON, J. *Brèves réflexions sur quelques règles de l'histoire*. Paris: POL, [s.d.].

MARROU, H.-I. *De la connaissance historique*. Paris: Le Seuil, 1955. [1983]

MARX, K. *Contribution à la critique de l'économie politique*. Paris: Éd. Sociales, 1969.

_____. *Le 18 brumaire*. Paris: Éd. Sociales, 1969.

MARX, K. *Lettre à Wedemeyer*, 5 mar. 1852.

_____. *Manuscrits de 1844*. Paris: Éd. Sociales, 1972.

_____.; ENGELS, F. *L'idéologie allemande*. Paris: Éd. Sociales, 1971.

MEAD, G. H. *The Philosophy of the Present*. LaSalle, Ill.: Open Court Public Company, 1932.

MESNARD, P. *L'essor de la philosophie politique au XVIe siècle*. Paris: Vrin, 1936.

MESURE, S. *EspaceTemps*, n.53-54, 1993, p.19-27.

MICHELET, J. *Histoire de France*. In: _____., *Oeuvres complètes*. Paris: Flammarion, 1974. t.4.

_____. *Histoire de France*: le Moyen Âge. Paris: Robert Laffont, 1981.

_____. Journal. In: _____., *Journal intime*. Paris: Gallimard, 1959. t.1.

_____. *Le peuple*. Paris: Calmann-Lévy, 1877.

_____. *Nos fils*. Paris: A. Lacroix, 1869. v.2.

MILO, D. S. *Trahir le temps*. Paris: Les Belles Lettres, 1991.

MOMIGLIANO, A. *Problèmes d'historiographie ancienne et moderne*. Paris: Gallimard, 1983.

MONOD, G. Du progrès des études historiques en France depuis le XVIe siècle, *Revue historique*, n.1, 1876.

MONTAIGNE, M. de. *Essais*. Paris: Furne, 1831. [Ed. Bras.: *Ensaios*. 2.ed. São Paulo : Martins Fontes, 2002.]

MONTESQUIEU. *Considérations sur les causes de la grandeur et de la décadence des romains*. [s.d.]

_____. *De l'esprit des lois*. Paris: Les Belles Lettres, 1950-1961. [Ed. Bras.: *O espírito das leis*. 9.ed. São Paulo: Saraiva, 2008.]

MOSÈS, S. *L'ange de l'histoire*. Paris: Le Seuil, 1992.

MOURIER, P.-F. *Cicéron, l'avocat de la République*. Michalon, 1996.

MÜLLER, B. *Correspondance de Marc Bloch et Lucien Febvre*. Paris: Fayard, 1994.

NAÏR, S. Marxisme ou structuralisme? In: AVENAS, D. et al. *Contre Althusser*. Paris: 10/18, 1974.

NIETZSCHE, F. *Considérations inactuelles*. Paris: Aubier, [s.d.]. [Gallimard, coleção Folio Essais, 1992, 2t.]

_____. *Humain trop humain*. Paris: Gallimard, 1968.

_____. *La volonté de puissance*. Paris: Gallimard, [s.d.]. t.1.

_____. *Seconde considération intempestive*. Paris: Garnier-Flammarion, 1988.

NOIRIEL, G. *Que'est-ce que l'histoire contemporaine?* Paris: Hachette, 1998.

_____. *Sur la "crise" de l'histoire*. Paris: Belin, 1996.

NORA, P. (Org.). *Essais d'ego-histoire*. Paris: Gallimard, 1987.

# A história

NORA, P. [De l'histoire contemporaine au présent historique,] *Écrire l'histoire du temps présent*, IHTP, 1993.

_____. [Malaise dans l'identité historique,] *Le Débat*, n.141, set.-out. 2006.

_____. Comment on écrit l'histoire de France. In: _____., *Les lieux de mémoire*. Paris: Gallimard, 1984.

_____. Le retour de l'événement, *Communications*, n.18, 1972. [Reed. e rev. in: NORA, P.; LE GOFF, J. (Orgs.), *Faire de l'histoire*. Paris: Gallimard, 1974. t.1.]

_____. *Les lieux de mémoire*. Paris: Gallimard, 1984-1992. 7v.

_____.; CHANDERNAGOR, F. *Liberté pour l'histoire*. Paris: CNRS, 2008.

_____.; LE GOFF, J. (Org.). *Faire de l'histoire*. Paris: Gallimard, 1974. 3v.

ORCIBAL, J. *Études d'histoire et de littérature religieuses XVIe-XVIIIe siècle*. Klincksieck, 1997.

PASSERON, J.-C. *Le raisonnement sociologique*: l'espace non poppérien du raisonnement naturel. Nathan, 1991.

PASSERON, R. [Poïétique et histoire,] *EspacesTemps*, n.55-6, 1994.

PAYEN, P. *Les îles nômades*: conquérir et résister dans *L'enquête* d'Hérodote. Paris: EHESS, 1997.

PÉCHANSKI, D.; POLLACK, M.; ROUSSO, H. *Histoire politique et sciences sociales*. Bruxelles: Complexe, 1991.

PEDECH, P. *La méthode historique de Polybe*. Paris: Les Belles Lettres, 1964.

PERROT, M. (Org.). *L'impossible prison*. Paris: Le Seuil, 1980.

PETIT, J.-L. [La construction de l'événement social,] *Raisons pratiques*, n.2, 1991.

PHILONENKO, A. *La théorie kantienne de l'histoire* Paris: Vrin, 1998.

POIRRIER, P. *Les enjeux de l'histoire culturelle*. Paris: Le Seuil, 2004.

POLÍBIO. *Histoires*. Paris: Les Belles Lettres, 1969.

POLLAK, M. *L'expérience concentrationnaire*: essai sur le maintien de l'identité sociale. Paris: Métailié, 1990.

_____. Mémoire, oubli, silence. In: _____., *Une identité blessée*. Paris: Métailié, 1993.

POMIAN, K. *L'ordre du temps*. Paris: Gallimard, 1984.

POPPER, K. *Conjectures et réfutations*. Paris: Payot, 1985.

_____. *La connaissance objective*. Paris: Aubier, 1991.

_____. *La société ouverte et ses ennemis*. Paris: Le Seuil, 1979. 2v.

PRIGOGINE, I.; STENGERS, I. *Entre le temps et l'éternité*. Paris: Fayard, 1988.

# François Dosse

PROST, A. *Douze leçons sur l'histoire*. Paris: Le Seuil, 1996. (Coleção Points.)

———. Seignobos revisité, *Vingtième siècle*, n.43, jul.-set. 1994, p.110-7.

PROUST, F. *L'histoire à contre-temps*. Paris: Cerf, 1994. [Le Livre de Poche, coleção Biblio Essais, 1999.]

QUÉRÉ, L. [Evénement et temps de l'histoire,] *Raisons pratiques*, n.2, 1991.

RANCIÈRE, J. entrevista, *Politis*, 21 jan. 1993.

———. *Les noms de l'histoire*: essais de poétique du savoir. Paris: Le Seuil, 1992.

RAULET, G. *Kant*: histoire et citoyenneté. Paris: PUF, 1996.

RÉMOND, R. (Org.). *Pour une histoire politique*. Paris: Le Seuil, 1988.

———. [Contre les vérités officielles,] *L'histoire*, n.306, fev. 2006.

RENAN, E. *Qu'est-ce qu'une nation?* Paris: Presses Pocket, 1992.

REVEL, J. (Org.). *Jeux d'échelles*. Paris: Hautes Études/Gallimard/Le Seuil, 1996.

RICOEUR, P. [Evénement et sens,] *Raisons pratiques*, n.2, 1991.

———. [Histoire et rhétorique,] *Diogène*, n.168, out.-dez. 1994.

———. [Remarques d'un philosophe,] *Écrire l'histoire du temps présent*, IHTP, 1993.

———. *Du texte à l'action*. Paris: Le Seuil, 1986.

———. Événement et sens, *Raisons pratiques*, n.2, 1991.

———. Husserl et le sens de l'histoire. In: ———., *À l'école de la phénoménologie*. Paris: Vrin, 1986.

———. La marque du passé, *Revue de Métaphysique et de Morale*, n.1, 1998.

———. *La mémoire, l'histoire, l'oubli*. Paris: Le Seuil, 2000.

———. *La nature et la règle*. Paris: Odile Jacob, 1998.

———. La philosophie et le politique devant la question de la liberté. In: Rencontres Internationales de Genève, *La liberté et l'ordre social*, Genève, 1969.

———. La philosophie politique d'Éric Weil. In: ———., *Lectures I*. Paris: Le Seuil, 1991

———. *Lectures I*. Paris: Le Seuil, 1991.

———. *Soi-même comme un autre*. Paris: Le Seuil, 1990.

———. *Temps et récit*. Paris: Le Seuil, 1983-1985. 3v. [1991]

RIOUX, J.-P. (Org.). *Pour une histoire culturelle*. Paris: Le Seuil, 1997.

———. [Peut-on faire une histoire du temps présent? In: CHAUVEAU, A.; TÉTART, P. (Orgs.).] *Questions à l'histoire des temps présents*. Complexe, 1992.

# A história

RIOUX, J.-P.; SIRINELLI, J.-F. *Pour une histoire culturelle*. Paris: Le Seuil, 1997.

ROMILLY, J. de. *Histoire et raison chez Thucydide*. Paris: Les Belles Lettres, 1956.

_____. *Thucydide et l'impérialisme athénien*. [s.d.]

ROUSSO, H. *La hantise du passé*. Paris: Textuel, 1998.

_____. *Le syndrome de Vichy*. Paris: Le Seuil, 1987. [Points-Seuil, 1990.]

_____.; CONAN, E. *Vichy, un passé qui ne passe pas*. Paris: Fayard, 1994. [Gallimard, coleção Folio-Histoire, 1996.]

SAHLINS, M. *Des îles dans l'histoire*. Paris: Gallimard/Seuil/Hautes Études, 1989.

SAINT-EXUPÉRY, *Le Petit Prince*. Paris: Gallimard, 1988. [Ed Bras.: *O pequeno príncipe*. 48.ed. Agir, 2000.]

SAMARAN, C. (Org.). *L'histoire et ses méthodes*. Paris: Gallimard, 1961. (Coleção La Pléiade.)

SARDAN, J.-P. O. de. L'espace webérien des sciences sociales, *Géneses*, n.10, jan. 1993.

_____. L'unité épistémologique des sciences sociales. In: Actes de l'université d'été de Blois, *L'histoire entre épistémologie et demande sociale*, set. 1993, IUFM de Créteil, Toulouse, Versailles, 1994.

SCHAPP, W. *Enchevêtré dans des histoires*. Paris: Cerf, 1992.

SEIGNOBOS, C. *L'histoire dans l'enseignement secondaire*. Paris: Armand Colin, 1906.

_____. *La méthode historique appliquée aux sciences sociales*, 1901.

SERRES, M. *Rome, le livre des fondations*. Grasset, 1983.

SIMIAND, F. Méthode historique et sciences sociales, *Revue de synthèse historique*, 1903.

SIRINELLI, J.-F. *Dictionnaire de la vie politique française au XX$^e$ siècle*. Paris: PUF, 1995.

SOT, M. *Flodoard de Reims*: um historien et son église. Paris: Fayard, 1993.

STENGERS, I. *L'invention des sciences modernes*. Paris: La Découverte, 1993.

STONE, L. Retour au récit ou réflexions sur une nouvelle vieille histoire. *Le Débat*, n.4, 1980, p.116-42.

TÁCITO. *Annales*. [Ed. Bras.: *Anais*. São Paulo: Ediouro, s.d.]

_____. *Histoires*. [s.d.]

TACKETT, T. *Le roi s'enfuit*: Varennes et l'origine de la Terreur. Paris: La Découverte, 2004.

TAINE, H. *Essai sur Tite-Live*. [s.d.]

THIERRY, A. *Dix ans d'études historiques*. Paris: J. Tessier, 1834. [Reed. in: GAUCHET, M. *Philosophie des sciences historiques*. Lille: Presses Universitaires de Lille, 1988.]

THIERRY, A. *Lettres sur l'histoire de France.* Le Courrrier Français, 1820.

TITO LÍVIO. *Histoire romaine.* [Ed. Bras.: *História de Roma.* [s.l.], 2009.]

TUCÍDIDES. *Histoire de la guerre du Péloponnèse.* Paris: Les Belles Lettres, 1991.

VALENSI, L. [Présence du passé, lenteur de l'histoire,] *Annales ESC,* n.3, maio-jun. 1993.

————. *Fables de la mémoire:* la glorieuse bataille des trois rois. Paris: Le Seuil, 1992.

VAN PARIJS, P. *Le modèle économique et ses rivaux.* Droz, 1990.

VAYSSE, J.-M. *Hegel, temps et histoire.* Paris: PUF, 1998.

VEYNE, P. *Comment on écrit l'histoire.* Paris: Le Seuil, 1971. [1978]

VICO, G. *Principes.* Paris: Nagel, 1953.

VIDAL-NAQUET, P. Le défi de la *Shoah* à l'historie. In: ————., *Les juifs, la mémoire et le présent.* Paris: La Découverte, 1991. t.2.

————. *Les assassins de la mémoire.* Paris: La Découverte, 1987.

VIGNAUX, G. *Les sciences cognitives, une introduction.* Paris: La Découverte, 1992.

VILAR, P. *Une histoire en construction:* approches marxistes et problématiques conjoncturelles. Paris: Gallimard/Le Seuil, 1982.

VOLTAIRE. Considérations sur l'histoire. In: ————., *Oeuvres complètes,* Garnier, [s.d.]. t.16.

————. Correspondances. In: ————., *Oeuvres complètes,* Garnier, [s.d.]. t.35.

————. *Essai sur les moeurs.* Garnier, 1963.

VON WRIGHT, G. H. *Explanation and Understanding.* Oxford: Routledge and Kegan, 1971.

WEBER, M. *Économie et société I.* Plon, 1971.

WEIL, É. *Philosophie politique.* Paris: Vrin, 1956.

WHITE, H. *Metahistory:* The Historical Imagination in Nineteenth-Century Europe. The Johns Hopkins University Press, 1973.

WIEVIORKA, A. *L'ère du témoin.* Paris: Plon, 1998.

YERUSHALMI, Y. H. *Zakhor:* histoire juive et mémoire juive. Paris: La Découverte, 1984. [1991]

ZINK, M. *Froissart et le temps,* PUF, 1998.

ZINOWITZ-STEARS, C.; STEARS, P. N. *Emotion and Social Change:* Toward a New Psychohistory. Nova York: Holmes and Meier, 1988.

# Índice onomástico

**A**

Agostinho, santo, 1, 145, 148, 149, 156
Aimoíno de Fleury, 226
Alembert, Jean d', 29
Althusser, Louis, 57, 257-63
André de Fleury, 226
Anscombe, Elisabeth, 162
Arendt, Hannah, 235
Argenson, marquês de, 58, 276
Ariès, Philippe, 202
Aristóteles, 124, 145-48, 156, 163, 243, 247, 293
Aron, Raymond, 88, 178, 205, 210, 246
Azéma, Jean-Pierre, 306

**B**

Bachelard, Gaston, 194, 258
Barret-Kriegel, Blandine, 29
Barthes, Roland, 123, 124, 142, 143, 164
Bataille, Georges, 246
Bayet, Albert, 62
Beda, o Venerável, 224
Benjamin, Walter, 181-84

Benoist, Jocelyn, 253
Bergson, Henri, 281-83
Berr, Henri, 63
Bloch, Marc, 28, 37, 65-69, 75, 297
Bodin, Jean, 48-50
Bossuet, 55, 229-31
Bouglé, Célestin, 62
Boulainvilliers, conde de, 117, 275-78
Bouton, Christophe, 249
Boutry, Philippe, 132, 133
Boyer, Alain, 178, 180
Braudel, Fernand, 3, 69-73, 75, 79, 84, 120, 136, 138, 171, 202, 203
Broca, 282
Budé, Guillaume, 20, 53, 270
Burguière, André, 73, 74

**C**

Caillois, Roger, 246
Canguilhem, Georges, 194
Cassiodoro, 222
Castillo, Monique, 235, 236
Certeau, Michel de, 60, 77, 78, 124-33, 139, 141, 170, 204, 211, 295

Chartier, Roger, 85, 86, 163
Cícero, 8, 93-96, 98, 101, 105, 205, 223, 272
Clari, Robert de, 106
Commynes, Philippe de, 112-16
Condorcet, 54, 60
Contamine, Philippe, 114
Copérnico, 195
Corbin, Alain, 82, 83, 140
Cujas, Jacques, 21, 50, 53
Cuvier, Georges, 28, 196

**D**

Danto, Arthur, 162
Darbo-Peschanski, Catherine, 47
Darwin, Charles, 185, 195
Descartes, René, 188
Diácono, Paulo, 224, 229
Dilthey, Wilhelm, 86, 87, 89, 154, 155, 159, 160, 234
Dray, William, 161
Droysen, 159
Dubos, abade, 58, 276
Duby, Georges, 120, 142, 208, 287
Dufournet, Jean, 115, 116
Duhem, Pierre, 76
Dupleix, Scipion, 272
Durkheim, Émile, 62, 63, 74
Duruy, Victor, 32

**E**

Eginhardo, 224
Elias, Norbert, 159, 188-92
Elster, Jon, 180
Ésquilo, 217
Estienne, Henri, 13
Eusébio de Cesareia, 222, 223
Ewald, François, 202

**F**

Farge, Arlette, 136, 151, 201
Febvre, Lucien, 2, 36, 65, 66, 69, 82, 131, 142

Ferro, Marc, 73, 137, 306
Ferry, Jean-Marc, 177, 178, 302
Ferry, Luc, 241
Fessard, Gaston, 246
Feuerbach, Ludwig, 259
Fichte, Johann Gottlieb, 236, 259
Flodoardo de Reims, 225, 226
Foucault, Michel, 28, 84, 192-204
Frank, Robert, 169
Fréret, Nicolas, 272
Freud, Sigmund, 195, 196, 290-93
Freund, Julien, 88, 89
Froissart, Jean, 109-12
Fukuyama, Francis, 251-53
Fustel de Coulanges, Numa Denis, 32, 37

**G**

Gadamer, Hans Georg, 147, 160
Galileu, 173
Giddens, Antony, 81
Ginzburg, Carlo, 142, 150
Girard, René, 101
Glaber, Raul, 107, 226-28
Goubert, Pierre, 75
Gregório de Tours, 223, 224
Guenée, Bernard, 23
Guibert de Nogent, 106, 228
Guilherme de Malmesbury, 24
Guilherme de Tiro, 24
Guilherme, o Bretão, 268
Guizot, François, 117, 279
Gurvitch, Georges, 62, 71, 246

**H**

Haar, Michel, 158
Halbwachs, Maurice, 62, 283-85, 287
Hallé, Jean-Noël, 83
Hartog, François, 11, 13, 14, 37, 212-14
Hauser, Henri, 65
Hegel, Friedrich, 60, 61, 239, 241-52, 259-61

# A história

Heidegger, Martin, 154-59, 183
Heinich, Nathalie, 189
Heródoto, 7-11, 13-17, 47, 51, 164, 217, 218, 229
Hilberg, Raoul, 300
Hincmar, 225, 226, 266
Hirschhorn, Monique, 89
Homero, 9, 15
Hugo de Fleury, 226, 266
Husserl, Edmund, 151-54, 156
Hyppolite, Jean, 200, 246

**I**
Iser, Wolfgang, 147

**J**
Jauss, Robert, 147
Jean Lemaire de Belges, 268
João da Cruz, são, 130
Joinville, João de, 107, 108, 116
Julia, Dominique, 131

**K**
Kant, Emmanuel, 60, 156, 234-39, 242, 243, 259
Kirscher, Gilbert, 247
Kojève, Alexandre, 243-45, 248, 249, 251
Koselleck, Reinhart, 80, 161, 166, 167, 209

**L**
La Mettrie, 282
La Popelinière, 50-54
Labarrière, Pierre-Jean, 243
Labrousse, Ernest, 82
Lacan, Jacques, 246, 263
Lacoste, Yves, 11
Lamarck, 196
Langlois, Charles-Victor, 30, 34, 35, 127, 165, 207
Lanzmann, Claude, 300
Latour, Bruno, 77, 83

Lavisse, Ernest, 32, 280, 281
Le Goff, Jacques, 73, 78, 107, 108, 140
Le Roy Ladurie, Emmanuel, 74-76, 204
Léonard, Jean, 202, 203
Léry, Jean de, 129
Levi, Primo, 298-99
Lévinas, Emmanuel, 150
Lévi-Strauss, Claude, 68, 69, 71-76, 129, 196, 198, 199, 263
Loraux, Nicole, 15

**M**
Mabille, Bernard, 241-43
Mabillon, Jean, 27-29
Mably, abade, 277
Mallarmé, Stéphane, 193
Mandrou, Robert, 131-33, 202
Mantoux, Paul, 64
Maquiavel, 116
Marechal, Guilherme, 108, 142
Marie, Pierre, 282
Marjolin, Robert, 246
Marx, Karl, 57, 60, 253, 254-61, 279
Mauss, Marcel, 62
Mead, Georges, 175, 176, 209, 210
Merleau-Ponty, Maurice, 177, 246
Merton, 180
Mézeray, François Eudes de, 271-74
Michelet, Jules, 119-23, 174, 233
Momigliano, Arnaldo, 26, 234
Monod, Gabriel, 31-33, 35, 38
Montaigne, Michel de, 21
Montesquieu, 50, 54-58, 276
Moreau, Jacob-Nicolas, 276
Mosès, Stéphane, 182, 248

**N**
Newton, Isaac, 173, 260
Nietzsche, Friedrich, 184-88, 193, 200, 211, 248, 302
Nora, Pierre, 3, 78, 173, 206, 207, 285, 289, 294, 306, 307

# O

Orcibal, Jean, 127, 128

# P

Papenbroeck, 27
Parijs, Philippe Van, 180
Pasquier, Étienne, 270, 271
Passeron, Jean-Claude, 91
Passeron, René, 174
Péguy, Charles, 30, 120
Perrot, Michelle, 201, 202
Platão, 20, 106, 293, 295
Plutarco, 13, 21, 139, 141
Políbio, 41-47, 218, 219
Polin, Raymond, 246
Pollak, Michaël, 300
Popper, Karl, 175, 178-181
Prigogine, Ilya, 172
Primat, 267
Propp, Vladimir, 196
Prost, Antoine, 2, 35, 36, 306
Proust, Françoise, 293

# Q

Queneau, Raymond, 246
Quéré, Louis, 175, 209, 210

# R

Rancière, Jacques, 123, 135, 136
Ranke, Léopold von, 159
Raulet, Gérard, 239
Rémond, René, 306, 307
Renan, Ernest, 32, 296, 302
Revel, Jacques, 74, 131
Ribot, Théodule, 282
Richer, 266
Ricoeur, Paul, 4, 77, 79, 84, 137, 146,
   147, 149, 150, 152-55, 157, 158,
   160, 163, 164, 167, 168, 207, 243-
   47, 291-97, 299, 301, 303
Rigord, 23, 24, 267, 268
Roques, Mario, 128
Rosenzweig, Franz, 181

Rousseau, Jean-Jacques, 186
Rousso, Henry, 298, 299
Rubinstein, Moses, 248

# S

Saint-Exupéry, Antoine de, 301
Salústio, 96-98, 229
Sardan, Jean-Pierre Olivier de, 88
Sartre, Jean-Paul, 69
Schleiermacher, 159
Scott, Walter, 112, 119
Seignobos, Charles, 30, 34-36, 65,
   127, 165, 207
Semprun, Jorge, 303
Serres, Michel, 100
Sholem, Gershom, 181
Simiand, François, 63-66, 68, 71,
   138
Simmel, Georg, 89
Simon, Richard, 231
Sirinelli, Jean-François, 140
Sócrates, 20, 186
Sófocles, 217
Sot, Michel, 225, 226
Spinoza, Baruch, 231, 232
Stengers, Isabelle, 172
Stone, Lawrence, 124, 134
Suger, 266, 267
Surin, Jean-Joseph, 130, 132

# T

Tácito, 101-06, 220, 221
Taine, Hyppolite, 32, 100
Thierry, Augustin, 112, 118, 119,
   256, 278
Tito Lívio, 98-101, 220, 272
Tucídides, 14-20, 47, 98, 99, 164

# V

Valensi, Lucette, 299, 301
Valéry, Paul, 174
Valla, Lorenzo, 21-24

# A história

Vaysse, Jean-Marie, 250
Veyne, Paul, 124, 125, 306
Vico, Giambattista, 106, 232-34
Vidal-Naquet, Pierre, 299
Villehardouin, Geoffroi de, 106, 107
Voltaire, 54, 57-60, 186

**W**
Weber, Max, 86-91, 159, 177, 178
Wedemeyer, 256
Weil, Éric, 246, 247
White, Hayden, 163
Wright, Georg Henrik von, 162

SOBRE O LIVRO

*Formato:* 14 x 21 cm
*Mancha:* 23 x 39 paicas
*Tipografia:* Gatineau 10,5/14
*Papel:* Off-white 80 g/m² (miolo)
Cartão Supremo 250 g/m² (capa)
*1ª edição:* 2012

EQUIPE DE REALIZAÇÃO

*Capa*
Estúdio Bogari

*Edição de Texto*
Mariana Echalar (Preparação de Original)
Henrique Zanardi (Revisão)

*Editoração Eletrônica*
Eduardo Seiji Seki (Diagramação)

*Assistência Editorial*
Alberto Bononi

Impressão e acabamento